문호준 박사의 **편지**

문호준 박사의 **편지**

🏛 법률출판사

**문호준 박사의 편지**

초판1쇄 인쇄 _ 2025. 8. 25.

초판1쇄 발행 _ 2025. 8. 29.

지은이 _ 문호준

발행인 _ 김용성

발행처 _ 법률출판사

등   록 _ 제1-1982호

서울시 동대문구 휘경로 2길3. 4층

TEL: 02-962-9154 / FAX: 02-962-9156

ISBN 978-89-5821-469-4  (03300)

lawnbook@hanmail.net

값 18,000원

**프롤로그**

## 편지를 쓰는 마음으로

　이 책은 대통령께 특별히 보낸 편지글 형식에서 시작되었습니다. 그러나 페이지를 넘기다 보면 곧 알게 될 것입니다. 이 편지는 단순히 한 정치인을 향한 비판이 아니라 우리가 살아가는 대한민국의 민낯과 그것을 바꾸고자 하는 국민의 한사람으로서 절박한 목소리를 담았습니다.

　처음 글을 쓰기 시작했을 때 제 마음속에는 온갖 생각의 소용돌이를 통해서 분노와 실망이 뒤엉켜 있었습니다. 하지만 그보다 더 강했던 감정은 말해야 한다는 책임감이었습니다.

　「침묵은 곧 동조」라는 사실을 우리는 이미 너무 많은 역사를 통해 배웠기 때문입니다.

　우리가 살아가는 이 시대는 정보가 넘쳐나는 시대이자 거짓도 그만큼 쉽게 번지는 시대입니다. 난데없는 계엄, 내란으로 치달았던 계엄의 밤을 보면서 생각이 깊어졌지요. 학연과 지연, 권력의 사유화, 그리고 허위 사실의 유포가 공공연히 이루어지는 현실을 보면서 저는 글로 기록하는 일을 멈출 수 없었습니다.

　우리 모두가 잘못된 것을 목격하고도 말하지 않는다면 그것은 결국 다음 세대가 그 대가를 치르게 될 일이라는 생각이 머릿속을 떠나지 않았습니다. 그래서 대통령이라는 권력의 정점에 있는 사람에게 한 시민의 목소리를 담아 보내기 시작했습니다.

편지를 쓰는 동안 저는 수많은 장면들을 떠올렸습니다. 광장에서 마주친 얼굴들, 온라인에서 오가는 뜨거운 논쟁, 그리고 가짜 뉴스가 퍼져 나가는 속도를 말입니다. 어떤 날은 글을 쓰다 손이 떨렸고, 어떤 날은 답답함에 가슴이 먹먹했습니다.

그러나 그 모든 과정 안에서 한 가지는 분명해졌습니다. 이 글은 나 혼자의 기록이 아니라 우리 모두의 목소리를 대변하는 글이라는 것입니다. 누군가는 직접 말하지 못하더라도 이 기록 속에서 자신의 생각과 감정을 발견할 수 있을 거라 믿어 용기를 냈습니다.

이 작업은 결코 혼자의 힘으로 완성되지 않았습니다. 제 곁에는 늘 묵묵히 의견을 나누고 방향을 잡아주며, 때로는 비판과 격려를 동시에 건네는 친구가 있었습니다. 그 친구는 이 책이 단순한 분노의 기록으로 끝나지 않도록 균형과 사실을 지키는 길로 이끌어 주었습니다. 이 시대를 어떻게 기록해야 할지 고민했습니다. 덕분에 이 책은 단순한 고발문이 아니라 앞으로 미래를 위한 제언과 다짐의 형태를 갖추게 되었습니다.

이 서문에서 저는 한 가지를 분명히 하고 싶습니다.

이 책은 정파적 이익을 위한 글이 아닙니다.

특정 정치 세력을 무너뜨리기 위해서도 아니고, 반대로 특정 세력을 지키기 위해서도 쓰이지 않았습니다. 오직 국민의 눈으로 본 현실과 시민의 권리로서의 비판을 기록하기 위해 쓰였습니다.

우리는 권력자에게 박수를 보내는 것보다, 그 권력이 국민을 위한 방향으로 쓰이고 있는지 감시하는 것이 더 중요한 시대에 살고 있습니다.

대한민국의 민주주의는 결코 완성된 상태가 아닙니다.

우리는 여전히 학연과 지연의 그늘에서 자유롭지 않습니다.

선거철마다 정치인의 세 치 혀끝에 흔들리는 장면을 목격합니다.

허위 정보가 사실인 양 포장되어 퍼져나가고 이를 옹호하는 목소리가 버젓이 방송과 인터넷을 장악하기도 합니다.

심지어 계엄이나 불법적 권력 행사조차 정당화하려는 움직임이 있습니다. 이런 흐름을 멈추기 위해서는 국민 개개인이 깨어 있는 시민으로 서야 합니다. 그래서 이렇게 편지 글을 쓰고 있는 것입니다.

이 책 속의 편지들은 그 깨어 있음의 작은 증거입니다.

때로는 날카롭게

때로는 간곡하게

때로는 차분하게 쓴 글들입니다.

한편 한편에는 우리 사회의 부끄러운 장면과 동시에 그것을 바꾸고자 하는 의지가 담겨 있습니다. 저는 이 편지들이 단지 한 시기의 기록으로만 머물지 않기를 바랍니다. 훗날 누군가 이 책을 펼쳤을 때, 그 시절에도 이런 목소리가 있었구나 하고 기억하게 되길 바랍니다.

이 글을 읽는 독자 여러분께 부탁드립니다. 읽고 나서 생각해 주십시오. 그리고 그 생각을 주변 사람들과 나누어 주십시오. 동의하지 않는 사람과도 대화를 시도하고, 서로의 근거를 확인해 보십시오. 민주주의는 토론과 검증을 통해 자라나고, 무관심과 방관 속에서 서서히 죽어갑니다. 우리가 오늘 말을 멈춘다면 내일은 말할 자유마저 잃게 될 수 있음을 명심해야 하지 않겠습니까? 서문을 쓰는 지금도 저는 걱정과 희망을 동시에 품고 있습니다.

"걱정은 우리가 여전히 잘못된 길로 빠질 수 있다는 것이고"

"희망은 우리가 그 길을 되돌릴 수 있는 힘을 가지고 있다는 사실입니다"

대통령에게 보낸 편지들은 바로 그 힘을 믿는 증거였습니다. 글쓰기는 손으로 하는 일이지만, 변화를 만드는 일은 결국 마음과 마음이 연결될 때 가능하다는 것을 우리는 의심하지 않습니다.

이 책은 그런 우려와 염려를 통해 각성하고자 하는 저의 목소리이자 우리모두의 목소리입니다. 권력 앞에서 주저하지 않고, 진실을 향해 한 걸음 더 나아가려는 사람들의 기록이라고 보면 무방할 것입니다.

독자 여러분이 이 책의 마지막 장을 덮는 순간, 그 목소리가 여러분 안에서도 살아나길 진심으로 바랍니다. 그리고 그 목소리가 더 넓게 퍼져서 이 나라가 더 나은 길로 나아가게 하는 힘이 되기를 바랍니다.

이제 우리의 편지를 시작하려 합니다. 이 편지는 새로운 세상을 꿈꾸고자하는 나의 친구 겸(謙)이와 담(潭)이, 정기룡, 장석진, 장병홍 그리고 이 편지의 출간을 위해 협력하여 준 법률출판사 김용성 사장께 깊은 감사를 드립니다. 이 편지를 통해 좀 더 나은 새로운 세상을 간절히 바라면서 서문을 마치겠습니다.

2025년 8월 18일
무더위가 한창 기승을 부릴 때
문 호 준 씀

# 차 례

### 편지를 쓰는 마음으로

### 제1장 새 정부에 띄우는 편지

회복과 통합의 길 위에서 _ 016

소통과 협력으로 _ 020

분열의 정치 끝내고 국민의 고통을 줄여 _ 023

민생의 우선순위를 지켜주십시오. _ 026

민생의 무게를 가벼이 여기지 마시길 _ 029

노동 존중, 아동, 청년, 어르신이 모두 잘사는 나라 _ 033

국민 생명과 안전, 국토의 균형발전 _ 036

가게, 소상공인 활력증진 및 외교안보 강국 _ 039

회복, 성장, 행복 3대 비전 실현하기 _ 042

저출생, 고령화 위기, 아이-어르신 국가 돌봄 및 기후위기 적극대응 _ 045

경제강국, 내란극복, 민주주의 회복 _ 048

인공지능 100조 투자 약속 _ 051

우리가 함께 지켜야 할 약속 _ 054

검찰 개혁의 문제 _ 055

대통령님과 그를 사랑하는 국민께 상법개정안 _ 058

## 제2장 역대 대통령 취임사를 살펴보며

이승만 대통령 취임사 중에서 _ 062

윤보선 대통령 취임사 중에서 _ 064

박정희 대통령 취임사 중에서 _ 065

최규하 대통령 취임사 중에서 _ 068

전두환 대통령 취임사 중에서 _ 070

노태우 대통령 취임사 중에서 _ 073

김영삼 대통령 취임사 중에서 _ 076

김대중 대통령 취임사 중에서 _ 079

노무현 대통령 취임사 중에서 _ 082

이명박 대통령 취임사 중에서 _ 085

박근혜 대통령 취임사 중에서 _ 088

문재인 대통령 취임사 중에서 _ 091

윤석열 대통령 취임사 중에서 _ 094

이재명 대통령 취임사 중에서 _ 098

## 제3장 조국 일가와 정치검찰의 그늘

조국 일가와 정치검찰의 그늘 _ 108

권력 앞에서 조국 가족이 겪은 시련 _ 112

검찰개혁과 권력기관 견제 _ 조국 사태가 남긴 교훈 _ 117

조국 대표는 마녀사냥, 인권침해의 표본 _ 121

마녀사냥을 멈춰라 _ 124

조국 사건을 보며 경고한다 _ 128

조국의 특별사면 _ 131

## 제4장 조희대 대법원장에게

사법테러라는 저항에 즈음하여 _ 138

조희대 대법원장께 _ 143

국민은 왜 판결을 두려워하는가. _ 146

법정과 권력 사이에서 _ 150

사법개혁의 진위(眞僞)에 대해 _ 153

사법테러라는 표현을 보면서 _ 156

정의란 무엇인가? _ 159

## 제5장 내란 청소

내란 동조자 한덕수 전 국무총리를 규탄한다 _ 167

최상목 전 경제부총리 내란 동조 _ 170

전광훈은 내란 선동자, 그는 악마였다 _ 173

일타강사 전한길의 내란 선동 _ 176

유튜버들의 내란 동조와 돈벌이 전락 _ 179

유튜버 법제정 및 책임 강화 _ 182

이완규, 함상훈 헌법재판관 지명 철회를 보면서 _ 185

## 제6장 윤석열의 7대 실정

헌정질서 파괴와 내란기도 _ 190

검찰권력의 사유화 및 사법농단 _ 193

언론 탄압과 표현의 자유 위축 _ 197

민생외면과 경제 실정 _ 200

외교, 안보의 실패와 국격 추락 _ 204

국민통합 실패와 갈등 조장 _ 208

국정 무책임과 무능한 리더십 _ 211

이제는 바른 길로 나아가야 할 때 _ 215

무인기 사건과 이적죄의 그림자 _ 218


## 제7장 3대 특검

3대특검에 대하여 _ 224

내란 특검 _ 227

김건희 특검에 즈음하여 _ 230

채상병 특검에 대해 _ 234

내란 외환 특검 11건에 관해 _ 237

내란특검의 시대적 사명과 법치의 회복을 위하여 _ 241

김건희 특검 16건 해부와 분석 _ 245

채상병 특검법 8건 정밀 분석 _ 250

## 제8장 국민의힘에 보낸다

국민의힘 의원과 당원 여러분께 드리는 고언의 편지 _ 256

진짜 보수라면, 이제는 협력할 때입니다 _ 260

국민의힘은 살아남으려면 인적청산부터 시작하라 _ 263

국민의힘 의원들과 당원 여러분께 드리는 편지 (1) _ 266

국민의힘 의원들과 당원 여러분께 드리는 편지 (2) _ 270

보수정치의 오래된 실패를 넘어서 _ 273


## 제9장 국민도 깨어 있어야

정신을 깨우는 나라, 깨어 있는 국민 _ 278

광장에 선 교회, 권력에 취한 신앙 _ 283

내란의 기억 _ 287

자본시장의 신뢰를 위협한 사모펀드 꼼수, 방시혁 고발 사건의 본질 _ 292

권력의 남용과 여론조사의 민낯 _ 296

권성동과 통일교 _ 300


## 제10장 검찰공화국을 넘어서

지금은 시대적 전환기 _ 306

김건희와 검찰의 나라 _ 309

검찰 공화국을 넘어, 진정한 민주 공화국을 되찾자 _ 312

검찰개혁, 반드시 이루어져야 할 시대의 사명 _ 316

국회의원 수를 줄여야 하는 이유 _ 320
함께 사는 길, 노란봉투법의 의미를 되새기며 _ 323
방송3법 개정안을 보면서 _ 326
세계는 이미 수사와 기소를 분리 _ 329
예산 낭비를 막는 참된 행정혁신을 위하여 _ 333
이제는 지방의회를 다시 생각할 때 _ 336
지방 자치제 비교 사례와 대안 _ 339
절약이 곧 정의, 국가 예산 줄여야 _ 343
특수부의 시대는 끝내야 합니다 _ 346
형사법 개정은 공정한 민주주의를 위한 선택 _ 349

## 제1장
## 새 정부에 띄우는 편지

회복과 통합의 길 위에서

소통과 협력으로

분열의 정치 끝내고 국민의 고통을 줄여

민생의 우선순위를 지켜주십시오.

민생의 무게를 가벼이 여기지 마시길

노동 존중, 아동, 청년, 어르신이 모두 잘사는 나라

국민 생명과 안전, 국토의 균형발전

가계, 소상공인 활력증진 및 외교안보 강국

회복, 성장, 행복 3대 비전 실현하기

저출생, 고령화 위기, 아이-어르신 국가 돌봄 및 기후위기 적극대응

경제강국, 내란극복, 민주주의 회복

인공지능 100조 투자 약속

우리가 함께 지켜야 할 약속

검찰 개혁의 문제

대통령님과 그를 사랑하는 국민께 상법개정안

## 회복과 통합의 길 위에서

사랑하고 존경하는 대통령님께!

이 편지를 쓰는 마음은 다만 바람 같기를 바랍니다. 부디 이 글의 첫 문장을 열어두고 가슴으로 읽어 주시기를 소원합니다.
새로운 정부가 문을 열었습니다.
많은 이들이 마음속에 한줄기 빛을 품었을 것입니다.
그러나 그 빛이 저마다의 마음속에서 꺼지지 않게 하는 일
그것은 이제 대통령님과 우리 모두가 함께 짊어져야 할 무거운 숙제입니다.
지난 시절 우리는 큰 상처를 겪었습니다.
갈등은 너무도 깊어 서로의 눈길조차 외면하게 만들었고
대립은 날선 말과 혐오의 벽으로 자라나 우리 안의 신뢰를 앗아갔습니다.
선거가 끝나면 갈라졌던 민심을 하나로 묶어야 했지만
어느새 선거가 끝나도 갈등은 더 단단해졌습니다.
대립이 정치의 생명줄처럼 자리 잡은 이 쓸쓸한 풍경을
이제는 거둘 때가 아닐까요.

존경하고 사랑하는 이재명 대통령님

이제 정치가 국민을 가르치려 해서는 안 됩니다.

정치가 국민의 갈등을 먹고 자라서도 안 됩니다.

정치의 본디 역할은 상처를 꿰매고 찢긴 마음을 봉합하는 것입니다.

국민이 서로 손을 잡고 일어설 수 있도록 다리가 되어주는 것, 그것이 국가가 존재하는 가장 깊은 이유일 것입니다.

회복은 상처를 덮는다고 끝나지 않습니다.

낡은 잘못을 덮어둔다고 해서 사라지지 않듯이

아픔은 더 깊이 고개를 내밀어 우리를 또다시 무너뜨리곤 합니다.

그래서 정치의 회복은 곧 진실의 회복이어야 합니다.

국민은 누구보다 진실 앞에서 너그러울 수 있습니다.

부끄러움이 있어도

잘못이 드러나도

그것을 함께 껴안고

다시는 되풀이하지 않겠다고

약속할 수 있다면 너그러울 수 있습니다.

통합은 더 어렵습니다.

국민이 모두 같을 수는 없으니까요.

생각도 다르고

처한 자리도 다릅니다. 하지만 생각이 달라서 등을 돌리는 정치라면, 그것은 이미 국민을 떠난 권력일 뿐입니다. 진정한 통합은 다름을 있는 그대로 품을 수 있는 용기에서 시작됩니다. 그 용기가 대통령님의 눈빛과 말씀 그리고 국정의 구석구석에 살아 있어야 합니다.

이제 우리는 다시 묻습니다. 이재명 정부는 무엇으로 통합을 이룰 것인가요. 저마다의 자유가 서로 부딪히지 않도록 약한 사람들의 권리가 무너지지 않도록, 가장 먼저 책임을 져야 하는 이가 누구인지 분명히 해야 합니다.

힘없는 이들이 서로를 탓하도록 내버려 두는 정치는 이제 끝나야 합니다. 국민이 서로 협력하여 일어설 수 있도록 기회를 주고, 두려움에 떨지 않게 길을 열어주어야 합니다.

회복과 통합은 말로만 이루어지지 않습니다.

부패한 관습은 단호히 끊어내야 하고

권력기관은 국민을 위한 도구임을 잊지 않아야 합니다.

그 모든 변화는 대통령님 한 분의 결단과 실천에서 시작됩니다.

높은 자리에 머무는 것이 아니라 낮은 곳으로 걸어 들어가는 용기

이해관계로 뭉친 기득권을 끊어내는 결단

그 길만이 국민의 신뢰를 잃지 않는 길이라고 확신합니다.

갈등의 정치는 우리 모두를 지치게 했습니다. 이제는 국민 스스로 알고 있습니다. 서로가 서로를 미워하도록 부추기는 정치가 얼마나 허망한지를, 그리고 그 끝에는 다시 국민의 눈물만이 남는다는 것을요.

대통령님은 그 눈물을 닦아주어야 할 사람입니다.

그래야만 국민이 더 이상 권력을 두려워하지 않고

정치가 국민 위에 군림하지 않게 되지 않겠습니까? 부디 국민 앞에 자주 걸어 나오십시오. 비판이 두렵더라도 귀를 열어두십시오. 잘못을 덮지 않고, 아픔을 껴안고, 다름을 존중하는 것. 그것이 회복이며 그것이 통합입니다.

국민이 서로를 의심하지 않고 다시 손잡을 수 있도록 대통령님께서 그 첫 손을 내밀어주셔야 합니다. 권력은 언제나 흔들리지만, 신뢰는 흔들림 없이 사람을 지켜줍니다.

사랑하는 대통령님, 이제 시작입니다. 갈등과 대립의 정치를 마침표로 삼고, 회복과 통합의 정치를 첫 문장으로 삼아주시기를 소원합니다. 이 길 끝에 우리가 다시 마주 잡은 손에는 부끄럽지 않은 자유와 책임, 그리고 협력이라는 이름이 새겨져 있기를 간절히 바랍니다. 그 길을 당신과 국민이 함께 걸어가기를 이 작은 편지에 담아 보냅니다.

## 소통과 협력으로

사랑하는 국민 여러분께

오늘 저는 갈등과 대립의 정치를 끝내야 한다는 우리의 다짐을 다시 한 번 편지로 전하고자 합니다. 이제는 국민 누구도 상처받지 않는 정치, 서로를 향한 손가락질 대신 손을 맞잡는 정치를 만들어야 할 때입니다.

돌아보면 우리의 정치사는 싸움의 연속이었습니다.

승자와 패자가 갈려 서로의 상처를 덧나게 했습니다.

국민은 늘 그 대립의 틈새에서 분열의 고통을 견뎌야 했습니다.

「이명박 정부는 경제성장을 앞세웠지만, 지역과 세대 간 갈등은 풀지 못했습니다.」

「박근혜 정부는 국민과의 소통을 닫아버려 결국 국정농단이라는 쓰라린 상처를 남겼습니다.」

「문재인 정부는 촛불의 염원을 안고 출발했지만, 진영의 벽을 완전히 허물지 못했습니다.」

「윤석열 정부는, 갈등을 조장하고, 승자와 패자로 나뉘어 상처를 더 깊게 덧나게 만들고, 국민 모두에게 분열의 고통을 너무 많이 안겨줬으며, 윤석열 과 김건희는 온갖 비리에 얼룩져 있습니다.」

그 시간을 지나며 우리는 갈등의 정치를 끝내야 한다는 값진 깨달음을 얻었습니다. 서로를 적으로만 대하면 아무것도 이루어지지 않습니다. 다른 목소리를 틀렸다고 몰아붙이면 사회는 금세 금이 갑니다.

정치는 국민 모두의 삶을 지키는 울타리가 되어야지 국민 위에 군림하는 칼이 되어서는 안 됩니다.

이제는 대립이 아니라 협력의 언어로 나아가야 합니다.

서로의 다름을 존중하고

서로의 상처를 보듬어야 합니다.

상대를 꺾는 것이 아니라 함께 걸어가는 길을 찾아야 합니다.

갈등이 완전히 사라질 수는 없습니다. 하지만 국민을 위하는 일이라면 나와 다른 목소리에도 귀 기울이고

더 나은 해답을 위해 손을 내밀 수는 있습니다.

그것이 성숙한 민주주의의 첫걸음입니다.

이재명 정부가 맡은 가장 큰 사명은 국민을 다시 하나로 엮어내는 일입니다. 더 이상 편 가르지 않고, 상처 입은 이웃의 마음까지 살피며 따뜻한 공동체를 만들어가야 합니다. 함께하면 못해낼 일이 없다는 것을 우리는 지난 역사 속에서 이미 증명해왔습니다.

사랑하는 대통령님, 저는 믿습니다.

우리가 대립의 정치를 넘어 화합의 정치를 실천한다면 대한민국은 더 큰 꿈을 꿀 수 있을 것입니다. 그 길 끝에는 언제나 국민 여러분의 희망과 사랑이 함께할 것입니다.

새 정부는 이 약속을 지키기 위해 통합과 소통의 국가 비전을 실천해주셔야 합니다. 국민 참여형 의사결정 구조를 확대해 작은

목소리까지 국정에 담아주십시오. 지역·세대·계층 갈등을 줄이는 사회적 대타협 기구를 운영하고, 권력기관이 국민의 뜻을 받들어 개혁으로 신뢰를 회복해야 합니다.

정치권 스스로 혐오와 배제의 언어를 멈추고, 국민 화합의 모범을 보여주어야 하지 않겠습니까? 새 정부가 이런 길을 걸을 때 국민은 묵묵히 함께 손을 맞잡아 줄 것입니다.

우리의 작은 용기와 협력이 대한민국을 더 단단하고 아름답게 만들 것입니다. 리더가 먼저 손을 내밀 때 국민은 따르며 마음을 함께 나눌 것입니다. 이재명 정부에 대한 국민적 지지는 매우 높습니다. 그 첫 번째 이유는 이미 대통령님은 실천하고 계시기 때문이며, 두번째는 우리 국민이 믿음을 지니고 있기 때문일 것입니다.

이재명 대통령께서 그동안 수많은 핍박을 받고 오른 자리이기 때문에 국민의 지지와 성원은 갈수록 늘어날 것입니다. 하지만 믿었던 길을 벗어나 권력과 독선으로 흐를 때 윤석열 정부를 탄핵한 것처럼 결코 구경만 하지 않는다는 사실도 잊지 말아야 할 것입니다.

국민은 모든 준비를 하며 이 대통령의 성공을 기다리고 있다는 사실을 꼭 기억해주시기 바랍니다.

## 분열의 정치 끝내고 국민의 고통을 줄여

저는 그저 글을 쓰며 살아가는 작은 지식인에 불과합니다. 권력도 없고, 이름도 드러낼 곳 없는 사람입니다. 하지만 이 시간만큼은 제 작은 목소리가 대통령님의 마음에 스며들기를 간절히 바랍니다.

돌이켜보면 지난 윤석열 정부의 세월은 우리에게 깊은 상처로 남았습니다. 권력은 국민을 섬기는 것이 아니라 국민 위에 군림하는 칼이 되었고, 끝내는 독선과 불통으로 인해 대통령이 파면당하고, 현재는 교도소에서 보내고 있습니다. 헌정사 초유의 사태를 겪었습니다.

국민은 분열되었고, 고통은 깊어졌습니다.

대통령님, 부디 이 고통의 역사를 다시 쓰지 않게 해주십시오.

정치는 다투는 자리가 아니라 국민의 짐을 함께 들어주는 울타리가 되어야 합니다.

권력자들의 편 가르기 속에서 가장 큰 상처를 입는 것은 늘 가장 작은 사람들입니다. 분열은 쉽게 조장되지만, 통합은 어렵고 더딥니다. 그러나 국민의 마음을 다시 하나로 모으지 않고서는 그 어떤 정책도, 그 어떤 성과도 진정한 열매가 될 수 없을 것입니다.

이번에는 대통령님께서 그 어려운 길을 마다하지 않고 걸어주시길 소망합니다. 윤석열 정부는 반대의 목소리를 귀찮은 짐처럼 여기고, 국민의 비판을 적대시하다가 결국 스스로 무너졌습니다.

대통령님께서는 어떠한 목소리라도 배척하지 않는 지도자가 되어주십시오. 비판이 쓰리고 아플지라도 그 속에 국민의 진심이 있음을 잊지 말아주십시오. 정치는 국민의 삶을 지키는 마지막 보루입니다. 그 보루가 독선으로 허물어질 때 고통은 늘 국민의 몫이 됩니다.

새 정부는 상처 입은 국민의 마음을 덮는 것에 그치지 않고, 깊이 들여다보고 치유하는 정부가 되어야 합니다. 대통령님께서는 권력을 나누고 권한을 낮추어 국민께 돌려주십시오. 권력은 움켜쥘수록 국민과 멀어지고 나눌수록 국민과 가까워집니다. 진영의 이익보다 국민의 평안을 먼저 살펴주시길 바랍니다.

저는 대통령님께서 국민 통합의 길을 선택하리라 믿습니다.

서로가 갈라져 등을 돌린 마음들을 다시 잇고

억울한 사람

외로운 목소리까지 따뜻이 품어 주십시오.

대통령님은 어린 시절부터 철저히 이런 길을 겪어오지 않았습니까? 그것이 분열의 정치를 끝내는 첫걸음일 것입니다. 저 같은 이름 없는 이의 목소리까지 귀 기울여 듣는 정부라면 국민을 다시는 고통 속에 내버려두지 않을 것입니다.

대통령님께서 그 험난한 길을 먼저 걸어주시길 부디 간절히 부탁드립니다. 이 힘없는 지식인의 작고 떨리는 바람이 새 정부의 과제 속에 작은 불씨로 남아 끝내는 국민 모두의 평안으로 이어지길 소망합니다.

  대통령님의 어머니가 공중화장실에서 청소를 하지 않았습니까? 소년공으로 장애를 입으면서도 근면, 성실하게 일했고, 어려운 역경 속에서 대학에 진학하고, 결국 법조인의 뜻을 이루지 않았습니까? 항상 이 모습만 기억하면 저는 이재명 대통령님께서 우리 역사의 훌륭한 지도자로 자리매김하게 되고, 국민의 삶이 훨씬 자유롭고 행복해질 것이라고 믿습니다.

  이제 대통령님께서는 누구의 눈치를 보지 않아도 되지 않습니까? 오직 국민의 눈치만 살펴주십시오. 반드시 역사에 길이 기억될 지도자로 남아주시길 당부드립니다.

## 민생의 우선순위를 지켜주십시오.

존경하는 이재명 대통령님!

지금 이 시기는 그 어느 때보다 진실한 회복이 필요한 때입니다.

대통령님께서 말씀하셨듯 이 나라는 너무 오랫동안 갈등과 정쟁의 피로에 시달려왔습니다. 그 사이 국민의 삶은 보이지 않는 낭떠러지에 있었습니다.

지난 정부의 실패를 곱씹고 새로운 정부가 걸어야 할 길을 생각할 때 저는 민생이라는 단어보다 절박하고 중요한 말은 없다고 느낍니다.

윤석열 정부는 출범 초부터 전 문재인 정권에 대한 무차별적인 수사와 적폐청산이라는 이름의 정치보복에 눈이 멀어 국정의 많은 자원을 쏟았습니다.

윤석열은 권력을 잡자마자 문재인 정부의 청와대, 국정원, 군, 환경부, 검찰 인사까지 촘촘하게 들여다보지 않았습니까? 전직 장관과 청와대 비서관들까지 줄줄이 피의자로 불러냈습니다. 저는 개인적으로 윤석열은 검찰을 사유화 했다고 생각됩니다만 제가 잘못 생각한 것인지 모르겠습니다. 하지만 그 과정에서 실종된 것은 바로 국민이었습니다.

윤석열의 잘못된 정책으로 물가가 치솟고, 자영업자들은 코로나 피해에서 회복도 하기 전에 금리 인상, 소비 위축, 정책 지원

부재로 다시 무너졌고, 지금도 무너지고 있습니다. 중소기업과 영세상인은 하루하루 버티는 것이 아니라 도산을 준비하는 심정일 것입니다. 건설경기 또한 급격히 식어 수많은 하청 노동자와 장비업자들이 거리로 내몰렸습니다. 심지어 PF 대란으로 굵직한 시행사와 중견 건설사들마저 부도와 더불어 부도의 위기를 맞았고, 부동산 시장은 전례 없이 얼어붙었습니다.

경제의 가장 아래에서 일하던 건설 노동자, 배달 노동자, 임시직 근로자들은 단기 일자리조차 사라지자 길바닥에 주저앉아야 했습니다. 경기 불황은 곧바로 서민 가계를 덮쳤던 것입니다. 연체율이 급등하며 수많은 시민이 신용불량 직전의 삶에 놓였습니다. 이런 상황에서 윤석열 정부는 무얼 하고 있었는지 묻지 않을 수 없습니다. 민생은 뒷전이었고, 검찰 수사가 국정의 중심에 있었습니다.

이제는 달라져야 합니다. 이재명 정부는 민생을 가장 앞에 세워야 합니다. 이미 대통령님께서 민생경제 회복이 곧 개혁이라고 선포하신 만큼, 서민을 위한 회복 프로젝트, 기업의 연착륙, 신용 회복과 금융 안전망 확보는 실천으로 이어져야 합니다. 그리고 무엇보다 전 정권 수사나 정치보복에 시간을 허비하지 않는다는 단호한 선언이 필요합니다.

검찰은 범죄를 수사하고 기소하는 기능에 충실하면 됩니다. 그것이 법치이지, 특정 정권의 정치적 도구가 되어 전 정권을 무너뜨리는 방식으로 국정의 중심에 서는 것이 법치는 아닙니다.

국민은 정권이 바뀔 때마다 과거만 파헤치는 정치에 신물이 났습니다. 미래로 가야 할 시간이 자꾸 과거로 끌려가면 국민의 내일은 도무지 나아질 수 없습니다.

대통령님께서는 성남시장 시절에도, 경기도지사로서도 행정은 곧 민생이라는 철학을 실천하셨습니다. 저는 그 원칙이 이재명 정부 5년의 중심에 서 있기를 간절히 바랍니다. 지금은 적폐 수사나 정쟁, 또한 누구를 잡아들이는 이벤트도 아닙니다. 국민의 통장 잔고가 걱정이고, 아이들 급식비가 고민이지 않습니까? 주거비에 떨고 있는 청년들의 현실이 문제라고 하지 않을 수 없습니다.

정치가 할 일은 싸움이 아니라 봉사입니다.

수사를 정치로 삼는 시대를 끝내고

사람의 삶을 구제하는 행정의 시대를 여는 일이 무엇보다 중요합니다.

그것이 바로 이재명 정부가 역사에 새길 수 있는 가장 위대한 공적이 될 것입니다. 그리고 그런 시대를 대통령님께서 여시리라 저는 믿습니다. 국민이 마침내 숨을 쉴 수 있는 정치를 보고 싶습니다.

## 민생의 무게를 가벼이 여기지 마시길

한 시대의 잘못된 통치는 백성들의 일상 속에 고통과 피로의 흔적으로 남습니다. 윤석열 정부 2년 반, 그 시간은 민생의 무게를 외면한 채 기득권의 갑옷을 입고 국민 위에 군림하려 했던 시간으로 기억됩니다.

권력을 잡았지만

책임은 없고 의지를 말했지만

해법은 없었으며

국민의 삶은 말끝마다 언급되었지만, 윤석열 정권에서 단 한 번도 그 마음 깊이 닿지 못했습니다.

윤석열 정권은 경제를 몰랐고

민생을 외면했습니다.

대통령으로서 거시경제의 흐름을 꿰뚫지 못했고

서민의 삶의 구조를 이해하지 못했습니다.

국가는 가계부채에 신음하는 국민들을 외면했고

금리 인상의 칼날은 서민의 숨통을 죄었습니다.

자영업자와 소상공인은 코로나의 그림자를 막 벗어나려던 찰나 고금리 · 고물가 · 고환율의 삼중고를 맞이해야 했습니다. 하지만 윤석열 대통령은 이들의 삶을 어루만지기보다, '자유'라는 구호 아래 무책임한 시장 방임을 고집했습니다.

경제 위기 속에서도 정부는 대기업과 부유층의 부담을 줄여주는 감세정책을 밀어붙였고, 그 결과는 국가 재정의 악화로 이어졌습니다.

서민을 위한 복지 정책은 축소되었고
공공서비스는 곳곳에서 금이 가기 시작했습니다.
민생 예산은 삭감되었으며
청년과 어르신, 장애인과 돌봄이 필요한 이들을 위한 사회안전망은 축소의 방향으로 흐르기 시작했습니다.
윤석열 정권은 가장 약한 곳부터 무너뜨렸고
고통은 가장 낮은 곳부터 퍼져가고 있습니다.

경제 정책의 핵심은 신뢰입니다. 하지만 윤석열 정부는 예측 불가능한 기조 변화와 말을 바꾸는 시행령으로 시장의 신뢰를 잃었습니다. 부동산 정책 하나만 보더라도, 임기 초 '시장 안정'을 외치며 규제 완화를 쏟아냈고, 그 여파로 집값은 일부 지역에서 다시 급등세를 보였습니다.

서민들은 내 집 마련의 꿈이 다시 멀어지는 것을 체감했고
무주택 청년은 절망의 벽 앞에 다시 섰습니다.
청약제도는 헝클어졌고
전월세 시장은 다시 불안에 휘말렸습니다.
그 모든 혼란의 책임이 '민간'에게 돌아갔고
국가는 무기력하게 뒷짐만 졌습니다.
소상공인을 향한 시선도 차가웠습니다. 전기료와 가스비 인상

은 연쇄적으로 자영업자에게 타격을 주었고, 이는 곧 물가 상승과 소비 위축으로 이어졌습니다. 경기 하락의 악순환 속에서도 정부는 아무런 유연성을 보이지 않았습니다. 윤석열 정권은 오히려 "자영업은 구조조정이 필요하다"는 식의 비정한 말만 남겼습니다. 생계를 이어가기 위해 하루 15시간 일하는 이들에게, 정글에서 살아남으라는 훈계는 모욕일 뿐입니다.

윤석열 정부의 실책으로 민생 외면은 단순한 정책 실패가 아니라, 태도의 실패였습니다.

국민의 삶을 수치로만 이해하고

실생활의 고통을 정무적 판단으로 외면한 것입니다.

윤석열은 도어스테핑에서 경제를 모르던 대통령이 엉뚱한 비유로 상황을 오도했고, 장관들은 통계로 실정을 미화하기 바빴습니다.

고통받는 국민은 외면받고

실책을 지적하는 목소리는 탄압받았습니다.

경제적 실패보다 무서운 것은

국민의 말을 듣지 않으려는 권력의 고집이었습니다.

대통령님. 정치란 민심의 온도에 귀 기울이고, 무너진 삶을 일으켜 세우는 일 아닐까요. 단 한 사람의 삶이라도 더 나아지도록 고민하고, 도움이 필요한 이에게 국가는 다정하고 따뜻한 손을 내밀어야 한다고 생각합니다. 정치적 구호가 아닌 실질적 변화로 민생을 끌어안는 일이야말로 대통령의 첫 번째 책무일 것입니다.

대통령님께서는 그 무게를 감당해내실 분이라 믿습니다.

이제 이재명 정부의 시간이 시작되었습니다.

국민은 다시 한번 기대를 품고 있습니다. 약속하셨던 '국가책임 돌봄'과 '전환적 복지', 그리고 '국민 속의 경제'를 실현해주시길 간절히 바랍니다. 이전 정부의 실패에서 무엇을 거둬들여야 할지, 대통령님은 분명히 아실 거라 믿습니다. 권력은 거대하되, 그것이 국민의 삶에 얼마나 닿아 있는지를 평가받아야 한다는 것을요.

기억해주십시오.

윤석열 정부는 민생의 고통을 외면하고

경제적 고통을 방치했기에 탄핵까지 이르게 된 것입니다.

대통령님께서 걸어가실 길은 그와는 정반대이기를

언제나 국민의 삶을 최우선에 두는 길이기를 기원합니다.

어지럽고 무너졌던 민생의 현장을

대통령님의 정치로 다시 일으켜주시길 간절히 바랍니다.

오늘도 국민은 출근길 지하철 안에서, 빵 한 조각을 사들고 점심을 준비하며, 아이의 학원비를 걱정하며 하루를 시작합니다. 그런 작고 사소한 삶의 무게가 가볍게 느껴지는 세상에서 벗어나야 합니다. 그리운 민생의 나라를 위하여, 대통령님께 진심을 담아 이 편지를 올립니다.

## 노동 존중, 아동, 청년, 어르신이 모두 잘사는 나라

  국민들의 삶에서 가장 소중하면서도 가장 쉽게 무너지고 잊히는 가치가 무엇인가 생각해보았습니다. 저는 그것이 노동의 존엄이라고 믿습니다. 그리고 그 존엄 위에 세대가 함께 잘 사는 공동체가 세워질 때 비로소 이 나라의 희망도 견고해질 것입니다.
  노동은 곧 사람의 삶입니다.
  그러나 우리는 오랫동안 노동을 헐값에 취급하던 시대를 지나왔습니다. 땀 흘린 대가가 정직하게 돌아오지 않았고 권력과 자본은 언제나 약한 노동자의 어깨 위에 더 무거운 짐을 얹었습니다.
  그 고단한 어깨 위에서 가족이 살아가고
  아이들이 자라고
  세대가 이어져 왔음을 생각하면 저는 가슴이 먹먹해집니다.
  대통령님께서 약속하신 노동 존중사회는 그저 임금을 조금 더 높이는 일에 그쳐서는 안 될 것입니다.
  일하는 사람이 차별받지 않고
  위험 속에 내몰리지 않고
  정직한 땀방울이 권리로서 존중받는 사회로 이어져야 할 것입니다.
  그 기본이 지켜질 때만이 노동은 사람을 살리고 이 나라의 경제도 숨 쉴 수 있다고 믿습니다.

비정규직 노동자가 정규직의 절반 임금으로 같은 일을 하는 현실

현장에서 안전장비 하나 제대로 지급받지 못해 목숨을 잃는 청춘들

구직난과 구조조정 사이에서 매일같이 위태로운 청년 노동자들이 많지 않습니까?

이제는 달라져야 합니다.

대통령님께서 반드시 그 고단한 어깨를 가장 먼저 살펴주십시오.

노동이 곧 사람을 지탱한다면

그 사람을 이어갈 미래는 곧 아이와 청년

그리고 어르신입니다.

저는 이 나라가 아이를 낳아 키우기 두려운 나라가 되지 않기를 바랍니다. 한 아이가 태어날 때 부모는 희망으로 기뻐해야지 경제적 불안과 돌봄의 무게로 눈물짓는 나라라면 어떤 비전도 공허할 뿐입니다.

대통령님께서 말씀하신 대로 아이들은 안전하고 건강하게 자라야 하고, 청년들은 마음껏 도전하고 실패할 자유가 있어야 하며, 어르신들은 일생의 수고를 보답받으며 존엄한 노후를 누려야 합니다. 이 세 가지가 모두 지켜지지 않으면 세대는 단절되고, 공동체는 갈라지게 될 것입니다.

특히 청년들이 스스로 미래를 설계할 수 있는 나라를 만들어주십시오. 빚으로 시작하는 청춘이 아니라 꿈으로 시작할 수 있는 청춘으로 바꿔주셔야 합니다. 교육, 주거, 일자리 그 어느 것도 청

년의 짐이 되어서는 안 됩니다. 청년이 당당히 일어서야 노동 존중사회도 지속 가능한 나라의 미래도 가능할 것입니다.

그리고 저 옛날부터 멀리바다 밖에 가족을 위해 돈벌이를 나가며 평생을 바친 어르신들을 더 이상 가난과 외로움 속에 방치하지 말아주십시오. 노동 존중이 청년의 문제라면 존엄한 노후는 어르신들의 권리입니다. 땀 흘려 이 나라를 지켜낸 분들이 가장 외로운 식탁 앞에서 끼니를 걱정하지 않는 나라, 그것이 바로 대통령님이 약속하신 새로운 복지의 첫걸음이라 믿습니다.

이재명 대통령님,

이 나라는 지금도 노동으로 숨을 쉽니다.

그 노동은 아이와 청년, 어르신의 삶으로 이어집니다.

노동이 존중받고, 세대가 서로 돌보며 함께 어깨를 나눌 수 있을 때 비로소 우리는 국민통합이라는 큰 집을 완성할 수 있을 것입니다. 이 나약한 지식인의 간절한 마음이 대통령님의 결심을 지켜주는 등불이 되기를 바랍니다.

노동과 세대가 함께 존중받는 나라, 그 당연하고도 지난한 꿈을 이번에는 반드시 이뤄주십시오. 2025년 8월 어느 찌는 듯한 여름날 국민의 한 사람으로부터 간절한 당부를 드립니다.

## 국민 생명과 안전, 국토의 균형발전

 대통령님, 저는 앞서 두 편지에서 국민의 고단한 삶과 이 나라의 큰 울타리에 대해 작은 바람을 올렸습니다. 오늘은 국민의 생명과 안전 그리고 국토의 균형발전이라는 더더욱 오래된 숙제를 생각하며 또 한 번 부족한 글을 바칩니다.

 먼저, 국민의 생명과 안전은 어떤 국가 과제보다 우선되어야 할 기본이라 믿습니다. 그러나 우리는 지난 세월, 그 기본조차 지켜내지 못한 순간들을 너무나 많이 경험했습니다. 건강한 사람이 무너지고 안전해야 할 곳이 무너지고, 그때마다 국민은 다시는 이런 일이 없기를 바랐지만 정치는 늘 다른 변명만 내놓았습니다.

 한때는 재난 현장에서 국민이 서로의 손을 잡아야 했습니다. 가족의 안부조차 확인하지 못한 채 울부짖던 목소리를 대통령님도 분명 기억하실 것입니다. 무안 공항 비행기 추락 사건을 떠올려보십시오. 생명을 지키는 것은 정부의 가장 본질적인 책임임을 이번 정부만큼은 단 한순간도 잊지 않으시길 간절히 바랍니다. 대통령님께서 약속하신 안전 공약에는 골목길 하나까지도 위태롭지 않게 살피겠다는 뜻이 담겨 있음을 국민은 믿고 있습니다.

 안전은 특정 시설이나 산업만의 문제가 아닙니다. 학교, 병원, 노인과 아이가 머무는 곳, 골목 상점 하나까지 정부의 따뜻한 손길이 닿아야 진정한 국민안전이 될 것입니다. 그리고 저는 대통령님께서 함께 약속하신 국토 균형발전에 대해 특히 더 간절한 바람이 있습니다.

수십 년 동안 대한민국은 수도권으로 기울어진 무게를 제대로 바로잡아보지 못했습니다. 한쪽은 넘쳐나고 한쪽은 텅 비어버린 땅에서 수많은 국민은 가족과 삶을 떠나야 했습니다. 행정수도의 완전한 이전은 단지 건물을 옮기는 일이 아닙니다. 삶의 무게를 골고루 나누고 기회와 자원이 서울이라는 한 지점에만 집중되지 않게 하는 국가적 결단이어야 합니다.

수도권과 지방 모두가 고루 숨 쉬며 자생할 수 있을 때 비로소 국민통합은 빈말이 되지 않을 것입니다. 대통령님께서 세종과 충청권에 국정을 이끌 본거지를 두겠다고 약속하신 것은 국토균형발전의 실마리가 되어줄 큰 약속이라 믿습니다.

행정수도가 완성되고 교통과 산업, 교육과 문화가 골고루 연결될 때 국민은 더 이상 고향을 등지고 떠나지 않아도 될 것입니다. 국민의 안전이 보장되고, 어느 지역에 살든 차별 없이 혜택을 누릴 수 있는 나라야말로 진정한 선진국이라 생각합니다.

이제는 더 이상 몇몇 도시에만 사람이 몰려 소멸 위기에 놓인 시골과 작은 도시가 생기지 않도록 국가가 책임지고 돌봐주셔야 합니다. 대통령님, 국민은 더 이상 안전 때문에 균형 잃은 땅 때문에 눈물 흘리지 않길 바랍니다.

가장 기본적인 생명과 안전이 보장되고 국토 곳곳이 함께 숨 쉬는 나라라면 국민은 그 어디에 살든 당당히 이 나라의 미래를 꿈

꿈 수 있을 것입니다. 저는 오늘도 작은 하나의 지식인의 간절함으로 이 글을 올립니다.

 어떤 공약보다 먼저 지켜야 할 국민의 안전과 균형발전의 약속이 대통령님의 손끝에서 흔들리지 않길 소망합니다. 그래서 어느 대통령보다 성공하고, 길이 후손에 기억될 대통령, 진흙 속에 꽃을 피워낸 역경을 이긴 지도자의 상으로 남아주시길 당부드립니다.

## 가게, 소상공인 활력증진 및 외교안보 강국

　존경하는 대통령님, 국민의 가장 가까운 삶과 국가의 가장 든든한 울타리에 대해 작은 건의를 올리고자 합니다. 가게와 소상공인에게 새로운 활력을 불어넣는 일 그리고 외교·안보 강국으로 국민을 지키는 일. 이 두 가지는 그 어떤 화려한 비전보다 국민의 마음에 직접 닿는 과제일 것입니다.

　대통령님, 우리의 골목과 시장은 한때 나라의 숨결이었습니다. 어려운 살림에도 가게 문을 열고 불을 밝히고 서로 웃음으로 위로하던 그 골목은 이 나라의 진정한 버팀목이었습니다. 그러나 언젠가부터 대형 자본과 팬데믹, 경기침체가 덮치며 가게 문은 닫히고 소상공인의 희망은 사라져갔습니다.

　여러 정부가 지원책을 말했지만 정작 골목 끝 작은 가게까지 따뜻한 손길이 닿지 못한 적이 많았습니다. 지원은 있었으나 체감은 없었다는 이웃의 푸념이 아직도 곳곳에 남아있음을 대통령님께서는 잊지 않으시길 바랍니다.

　이제는 그들의 삶이 정부의 정책으로 다시 숨을 쉴 수 있도록 한층 더 촘촘하고 세심한 손길이 필요합니다. 대통령님께서 약속하신 가게·소상공인 활력 증진은 단지 지원금 몇 푼을 더 얹어주는 일이 아니라 무너진 상권을 살리고 새로운 기회를 만들어주는 일이라 믿습니다. 작은 가게에도 기술이 들어오고, 골목 장사에도 혁신이 스며들어야 합니다. 누구도 낙오되지 않고 한 사람의 땀방울이 정직하게 보답받도록 하는 나라, 그것이 바로 대통령님께서 말씀하신 공정이 아니겠습니까.

외교와 안보의 강국은 이 소상공인의 삶을 지켜주는 더 큰 울타리이기도 합니다. 아무리 안에서 열심히 살아도 밖에서 나라가 흔들리면 국민의 삶은 하루아침에 무너질 수 있습니다. 분단의 현실 속에 살아온 우리는 누구보다 그 사실을 잘 압니다. 세계는 이미 흔들리고 있습니다.

강대국의 이익이 바람결에 따라 우리 삶에 스며들고, 경제 전쟁과 외교 충돌은 서민의 밥상물가까지 뒤흔듭니다. 이럴 때일수록 대통령님께서 말씀하신 외교·안보 강국은 구호가 아니라 국민의 안전과 생존을 위한 약속이어야 합니다. 외교는 더 이상 몇몇 외교관의 전유물이 되어서는 안 됩니다. 국익을 위해 한 걸음 더 발로 뛰고 어려운 이웃국과도 다리를 놓으며 때로는 강단 있게 우리 원칙을 지켜내는 담대한 외교를 보여주십시오.

그 신뢰 위에 무너지지 않는 안보가 설 것입니다. 대통령님, 국민은 늘 불안 속에서 살아왔습니다. 정치가 흔들릴 때마다 안보는 멀어지고 외교의 실책은 다시 우리 골목 상권을 흔들었습니다.

이제는 국민이 다시는 안보와 외교 앞에 흔들리지 않도록 대통령님께서 그 무거운 방패가 되어주시길 간절히 바랍니다. 저는 믿습니다. 골목 가게의 불이 다시 켜지고 서민의 손길에 온기가 돌아오며 그 위를 든든히 지켜주는 외교·안보의 울타리가 함께할 때 비로소 이 나라의 국민통합은 말이 아닌 삶이 될 것입니다.

 부디 이번에는 달라야 합니다. 누구도 문 닫지 않는 가게, 누구도 전쟁의 두려움에 잠 못 드는 나라. 그 소박하고도 당연한 꿈을 이루는 정부가 되어주십시오. 이 작은 지식인의 떨리는 소망이 대통령님의 발걸음을 밝히는 등불이 되길 기도합니다.

## 회복, 성장, 행복 3대 비전 실현하기

대통령님, 어느새 우리 모두는 또 한 번의 큰 선택을 지나왔습니다. 국민은 오래된 상처를 다시는 되풀이하지 않기 위해, 분열과 불신의 시대를 끝내기 위해 대통령님께 새로운 길을 맡겼습니다.

그리고 대통령님께서는 회복, 성장, 행복이라는 세 가지 비전을 내걸고 그 길의 큰 그림을 국민 앞에 밝혀 주셨습니다. 먼저, 상처 입은 국민의 삶을 다시 일으키는 회복의 비전이 마음에 깊이 와 닿았습니다.

지난 세월 우리는 많은 것을 잃었습니다. 팬데믹이 남긴 상처, 갈등의 정치가 남긴 분열, 무너진 신뢰와 아픈 마음까지 말입니다. 이제는 국민의 마음부터 다시 회복시키는 것이 무엇보다 절실한 때입니다.

그러나 회복만으로는 부족하겠지요. 대통령님은 멈춰선 경제와 주저앉은 기회를 다시 일으켜 세우는 성장의 깃발도 드셨습니다. 이 나라는 늘 위기 속에서도 성장을 통해 새로운 길을 찾아왔습니다. 모두가 일할 수 있고, 함께 잘살 수 있는 나라. 서로가 서로의 어깨가 되어 주는 나라. 그것이 대통령님께서 말하신 **성장의 정의**라 생각합니다. 그리고 결국 회복과 성장이 향하는 곳은 **행복**입니다.

정치는 국민을 행복하게 하기 위해 존재한다는 너무나도 단순한 진리를 우리는 때때로 잊고 살았습니다. 대통령님은 국민의 삶에 웃음이 돌아오게 하겠다고 약속하셨습니다. 그 약속이 어느 화려한 말보다 저희에게는 큰 위로가 됩니다.

회복, 성장, 행복.

이 세 단어는 따로 떨어진 목표가 아니라 결국 국민을 하나로 이어주고 다시는 갈라지지 않게 하는 약속이라 믿습니다. 분열의 상처가 깊었던 만큼 통합의 길은 멀고도 험할 것입니다.

그러나 대통령님이 그 길을 끝까지 걸어 주신다면 국민은 따라 걸을 것입니다. 대통령님께서 국민통합을 위해 먼저 손을 내밀어 주시길 바랍니다. 회복은 국민의 마음을 치유하고 성장은 국민의 기회를 살리고, 행복은 국민의 삶에 작은 빛이 되어 줄 것입니다.

이 세 가지가 조화롭게 이어질 때 진정한 통합이 비로소 완성될 것입니다. 부디 지난 정부들처럼 국민의 목소리를 외면하지 마시고, 어떤 비판도 아픈 진심으로 들어주십시오. 국민이 믿고 기댈 수 있는 정부라면 국민은 다시 함께 손을 잡을 것입니다.

대통령님께서 걸어가실 통합의 길이 곧 국민 모두의 길이 될 것입니다. 대통령님, 저희는 이미 많은 상처를 안고 살아왔습니다. 그 상처를 덮어두지 않고 회복시키고 성장을 통해 다시 일어설 힘을 만들며 행복을 통해 함께 웃을 수 있는 나라를 만들어 주십시오.

그 길의 끝에 국민통합이 굳건히 서게 될 것입니다. 이 작은 국민의 바람이 대통령님의 걸음을 지켜주는 희망의 등불이 되길 소망합니다.

  저는 대통령님이 제시한 전국민 AI 무료활용이란 공약을 처음 접하고 국민의 가려운 곳을 누구보다 잘 아는 지도자라는 생각을 가졌습니다. 결국 이렇게 대통령 자리에 오를 수 있었기에 이 편지글도 쓰게 되었지요.

## 저출생, 고령화 위기, 아이-어르신 국가 돌봄 및 기후위기 적극대응

 대통령님, 이제 대통령님께서 공약한 10개의 주제 가운데 이 부족한 글도 어느덧 마지막으로 이어집니다. 앞서 국민의 삶의 터전을 말씀드렸고, 노동과 세대가 서로를 떠받치는 나라를 이야기했습니다.

 이 나라가 마주한 가장 근본적이면서도 위태로운 두 가지 숙제를 작은 지식인의 마음으로 다시 한 번 전하고자 합니다. 하나는 저출생과 고령화라는 거대한 위기입니다. 다른 하나는 누구도 피할 수 없는 기후 재난입니다. 이 두 가지는 결코 개인의 책임으로만 돌릴 수 없는 시대적 과제입니다. 그 무게를 정부가 외면한다면 국민은 더 이상 희망을 말할 수 없게 될 것입니다. 대통령님, 아이 울음소리가 사라진 골목은 한 나라의 미래가 서서히 스러져가는 소리와 다르지 않습니다.

 오늘날 부모가 아이를 낳아 기르는 것은 축복이 아니라 두려움이 되고 말았습니다. 양육의 고통, 주거와 교육의 부담, 돌봄의 부재가 한 가정의 행복을 **빼앗아가고** 있습니다. 저출생 극복은 출산 장려금 몇 푼으로 될 일이 아닐 것입니다.

 아이 한 명이 태어나면, 그 아이는 곧 이 나라의 내일이 됩니다. 국가는 아이가 자라는 모든 순간을 책임져야 합니다. 학교 안

밖에서 안전과 건강을 지키고, 부모가 마음 편히 일할 수 있는 돌봄 인프라가 있어야 합니다. 그래야 부모는 내일을 두려워하지 않고 아이를 품을 수 있을 것입니다. 그리고 고령화는 이미 현실입니다. 노년의 삶은 곧 오늘의 노동의 결실이자 미래 세대의 미래이기도 합니다.

오랜 세월 가족을 위해 몸 바쳐온 어르신이 말년에 외로움과 가난 속에 방치된다면 그 공동체는 결코 건강할 수 없습니다.

대통령님께서 약속하신 국가 돌봄은 단순한 복지가 아닙니다. 아이와 어르신 모두가 국가의 품 안에서 존엄과 안전을 누리는 것은 국민이 마땅히 누려야 할 권리입니다. 온 마을이 아이를 키우고, 온 사회가 어르신을 모실 수 있도록 정부가 먼저 손을 내밀어 주셔야 합니다. 아이는 부모가 낳았어도 키우고 가르치는 것은 모두의 몫이 아니겠습니까?

이제 기후 위기에 대해 말하지 않을 수 없습니다. 세계는 기상이변의 연속선 상에서 공존하며 대립하고 있는데요. 폭염과 홍수, 가뭄과 산불은 이제 더 이상 먼 나라 이야기가 아닙니다. 찌는 듯한 더위, 푹푹 찌는 더위를 우리를 막 견뎌냈습니다. 기후 위기는 국민의 삶을 한순간에 무너뜨리고 가장 약한 이들에게 가장 큰 고통을 줍니다.

이제는 환경 보호라는 말로만 설명할 수 없는 국가의 안전과 경제, 그리고 생존의 문제입니다. 대통령님께서 약속하신 기후 위기 대응은 앞으로 세대에게 가장 중요한 유산이 될 것입니다.

재생에너지 확대와 온실가스 감축, 친환경 산업 전환, 무엇보다 기후로 피해를 입은 국민들을 보호하는 안전망까지 빈틈없이 추진되어야 할 것입니다. 기후 정의는 곧 사회적 정의입니다. 대통령님께서 늘 강조하신 RE100 프로젝트 등은 결코 소홀히 해서는 안 될 것입니다.

대통령님, 저출생과 고령화 그리고 기후 위기는 그 누구의 책임만이 아닙니다. 이 나라 모두의 문제이고 정부가 가장 먼저 나서야 할 숙제입니다. 아이 울음소리가 다시 골목마다 퍼지고 어르신의 말년이 눈물 대신 미소로 채워지며 맑은 공기와 안전한 자연을 후손에게 물려주는 나라가 되어야 하지 않겠습니까?

그 소박하지만 절실한 바람이 이 시대를 살고 있는 저의 간절한 기도입니다. 이 나약한 지식인의 작디작은 목소리가 대통령님의 무거운 책무에 작은 힘이라도 되길 바랍니다.

아이부터 어르신까지 누구도 버려지지 않고 지구라는 집마저 함께 돌보는 나라. 그래서 모범이 되고 세계 속에서도 우뚝 선 나라. 가장 안전하고 번영한 나라, 이런 나라로 만들어주십시오.

그 길의 끝에서 우리 국민 모두가 다시 희망을 말할 수 있기를 진심으로 바랍니다. 대통령님은 충분히 해낼 수 있습니다. 온갖 역경을 극복하고 그 자리에 오른 만큼 이것은 우리 나라의 숙명이자 대통령님의 사명이 되었습니다. 이제 아무 생각하지 말고 국민과 나라, 미래를 보면서 전진하면 되지 않겠습니까?

## 경제강국, 내란극복, 민주주의 회복

저는 이름 없는 글쟁이에 지나지 않는 사람입니다. 지식인이라 부르기조차 부끄러운 나약한 마음으로 이 글을 올립니다. 그럼에도 오늘만큼은 제 작은 글이 대통령님의 마음에 한 점의 고민으로라도 머물기를 간절히 바랍니다.

대통령님께서 내걸어주신 세계 경제를 선도하는 강국, 그리고 내란 극복과 민주주의 위상 회복이라는 두 축의 비전을 바라보며 저는 그 길의 무게를 생각해봅니다. 이제 우리는 더 이상 과거로 돌아갈 수 없음을 우리국민 모두가 너무나도 잘알고 있습니다.

권력이 국민 위에 군림하던 시대는 반드시 끝나야 하고 반목과 내란으로 얼룩진 상처 위에 다시는 피멍이 들어서는 안 될 것입니다. 돌이켜보면 우리는 이미 큰 상처를 경험했습니다. 윤석열 정부의 독선과 불통은 결국 내란과 같은 위기를 불러왔고, 국민은 거리로 나와 헌정 질서를 바로잡았습니다. 그 과정에서 잃은 것들이 너무 많았습니다.

민주주의의 위상은 허물어졌고, 국민의 신뢰는 깊은 골로 빠졌습니다. 대통령님께서 이 아픔을 누구보다 잘 알고 계시리라 믿습니다. 이제는 과거의 실패가 더 큰 성장의 밑거름이 되어야 합니다.

대통령님께서 약속하신 세계 경제를 선도하는 강국의 길은 그저 몇몇 대기업과 숫자에만 기대는 성장이 아니라 국민 모두가 함께 일어나고, 함께 잘살 수 있는 성장이 되어야 합니다.

산업과 일자리, 기술 혁신과 교육까지, 그 어느 것도 국민을 배제해서는 안 됩니다. 민주주의의 위상 회복은 어쩌면 경제보다 더 디고 어렵게 다가올지도 모릅니다. 내란의 그림자를 딛고 일어서는 길은 단지 제도와 법으로만 되는 일이 아닙니다.

국민이 다시 정치와 권력을 믿을 수 있도록 권력이 국민의 품으로 돌아가도록 대통령님께서 먼저 낮아져 주셔야 합니다. 대통령님께서 언제나 말씀하셨듯이 강한 경제는 열린 민주주의 위에 자랄 수 있습니다.

경제가 국민의 삶을 돌보고, 민주주의가 국민의 목소리를 담아낼 때 우리는 비로소 진정한 선진국으로 나아갈 수 있을 것입니다. 다시 한 번, 권력은 국민의 것임을 보여주십시오.

저는 문득 우리가 세계를 향해 손 내밀 때 국민의 가슴에도 자긍심이 피어나야 한다고 믿습니다. 빈곤과 불평등이 남아 있다면 내부에 불신과 상처가 남아 있다면 아무리 거창한 경제 지표도 국민의 삶을 바꾸지 못할 것입니다. 경제 강국의 의미는 곧 국민의 삶의 질로 증명되어야 합니다.

내란의 상처를 극복하고 민주주의의 위상을 다시 세우는 길은 결국 국민의 마음을 얻는 데서 시작됩니다. 권력기관의 개혁, 공정한 사법, 독립적인 언론과 자유로운 토론의 장 이 모든 주제가 말입니다. 이 모든 것이 대통령님의 진심어린 약속으로 구체화되어야 합니다. 그리고 국민은 그 약속을 보고, 다시 믿고, 함께 걸어갈 것입니다. 대통령님, 저는 오늘도 책상 앞에 앉아 무기력한 글로 국민의 희망을 떠올려 봅니다.

그러나 희망은 저 같은 글쟁이의 머릿속에서만 자라는 것이 아닙니다. 대통령님이 먼저 실천하고, 권력이 국민과 함께 숨 쉬어야 비로소 이 땅에 새로운 봄이 올 것입니다. 부디 이번에는 다르다는 것을 보여주십시오. 세계가 놀랄 만큼 강한 경제와 국민 모두가 자랑스러워할 민주주의를 보여주십시오.

그 두 기둥이 다시는 흔들리지 않도록 대통령님께서 국민과 함께 굳건히 지켜주십시오. 이 나약한 지식인의 간절한 소망이 대통령님의 길 위에 작은 등불로 남기를 소망합니다.

그리고 언젠가 이 땅의 모든 국민이 우리의 대통령은 우리와 함께 있었다고 말할 수 있기를 바랍니다.

## 인공지능 100조 투자 약속

 이 글을 올리며 저는 한편으로 두려움과 기대를 함께 품습니다. 두려움은 기술이 사람을 앞서버릴 때의 공포이고, 기대는 기술이 사람을 살리는 희망 때문입니다.
 대통령님께서 국민 앞에 약속하신 인공지능 100조원 투자는 그 두려움과 기대를 어떻게 균형 있게 길로 만들어낼 것인가에 대한 무거운 질문이자 결심이라 생각합니다.
 대통령님, AI는 더 이상 먼 미래의 이야기가 아닙니다. 이미 국민의 삶 구석구석에 파고들어 편리함과 함께 위협과 불안을 동시에 안겨주고 있습니다. AI는 한순간에 산업의 생태계를 바꿔놓고, 일자리를 없애기도 하고 새로운 기회를 만들어주기도 합니다. 결국 AI는 우리가 어떻게 준비하고, 어떻게 다루느냐에 따라 약이 될 수도, 독이 될 수도 있는 양날의 무서운 칼과 같습니다. 대통령님께서 100조 원의 국가적 투자를 선언하셨다는 것은 이 나라가 기술 종속국이 아니라 기술 주도국으로 나서겠다는 역사적 선언이라 믿습니다. 하지만 국민은 한 번 더 묻고 싶습니다. 그 막대한 투자금이 단지 숫자로만 존재하지 않도록 무엇부터 어떻게 준비하실 것인지 그 실천의 길을 대통령님은 국민과 어떻게 함께 걸으실 것인지 제시해야 합니다.
 먼저 저는 사람 중심의 AI 전략이 반드시 전제되어야 한다고 믿습니다. 기술은 언제나 사람을 위해 존재해야 합니다. 기업과 정부가 AI 산업에 투자할 때 그 열매가 극소수에게만 돌아가서는 안 됩니다.

기술 발전이 곧 국민의 일자리와 안전망으로 연결되어야 하며, 노동의 가치를 대체하거나 빼앗는 것이 아니라 노동을 보완하고 더 나은 삶으로 이끄는 수단이어야 할 것입니다. 둘째로 저는 인재 생태계 구축이 가장 시급하다고 생각합니다.

100조원의 예산이 아무리 커도 그 기술을 설계하고 운영하고 지켜낼 사람이 없다면 우리는 다시 외국 기술에 의존할 수밖에 없습니다. 어린 학생부터 대학원 연구자, 현장의 숙련 노동자까지 모두가 AI라는 거대한 흐름 속에서 각자의 역할을 찾을 수 있어야 합니다.

교육 시스템의 전면적 혁신이 필요합니다. 학교 교육에 데이터 리터러시와 알고리즘 이해를 포함시키고, 산업 현장에는 중소기업까지 AI 기술이 쉽게 스며들 수 있도록 훈련과 컨설팅, 현장 파견 지원 등을 실질적으로 확대해야 할 것입니다.

기업의 몫으로만 돌려두어서는 중소상공인과 지방 기업은 AI 혁신의 열매를 맛볼 수 없을 것입니다. 셋째로 윤리와 규제의 균형을 간과해서는 안 됩니다. 기술은 늘 사람보다 빠르고 법은 기술보다 늘 한발 늦습니다.

그러나 AI만큼은 윤리와 안전장치가 먼저 설계되어야 합니다. 국민의 개인정보와 인권이 침해되지 않도록 정부가 강력한 가이드 라인을 제시하고 기업과 연구자, 시민단체가 함께 참여하는 윤리위원회를 상시 운영해야 할 것입니다. 넷째로는 산업 간 불균형

해소에 대한 고민입니다.

　AI는 대기업과 특정 산업에 집중될수록 그 혜택은 커지지만 동시에 양극화도 깊어집니다. AI 기술이 의료, 돌봄, 교육, 농업과 같은 국민 생활 밀착 분야에도 적극적으로 스며들 수 있도록 관련 스타트업과 지역 기업을 과감히 지원하고 실험과 실패에 관대한 제도를 만들어 주십시오.

　대통령님, AI는 거대한 물결입니다. 어떤 정부도 어떤 국민도 이 흐름을 피할 수는 없습니다. 그러나 우리는 이 물결에 휩쓸려 떠내려가지 않고 국민 모두가 이 물결 위에 당당히 서 있을 수 있어야 합니다.

　기술이 삶을 빼앗지 않고, 국민을 더 행복하게 하는 도구로 존재할 때 비로소 100조원 투자라는 말이 공허한 선언이 되지 않을 것입니다. 부디 대통령님께서 이 길을 혼자 결정하지 마시고 국민과 전문가, 노동자와 기업이 모두 손을 맞잡을 수 있도록 진정한 AI 국민 통합 거버넌스를 세워주시길 바랍니다. AI 정책의 중심에는 늘 사람이 있고, 그 사람이 더 나은 삶을 살 수 있다는 희망이 있음을 이번만큼은 꼭 보여주십시오. 이 부족한 지식인의 작은 글이 대통령님께서 준비하시는 거대한 비전에 조금이나마 힘이 될 수 있기를 바랍니다.

　기술은 사람을 위해, 사람은 서로를 위해 존재할 때 비로소 이 땅에 진짜 미래가 올 것입니다. 2025년 어느 찌는 듯한 여름날에 국민으로서 힘없는 한 지지자의 입장에서 대통령을 아끼는 마음으로 편지글을 드립니다.

## 우리가 함께 지켜야 할 약속

 이 편지들을 쓰며 저는 한없이 작은 국민으로 돌아갔습니다. 권력에 가까워질 수 없는, 그러나 권력을 가장 간절히 바라는 사람으로서 이 나라의 내일을 위한 소망들을 한 줄 한 줄 적었습니다.
 이재명 대통령께서 내걸어 주신 회복과 성장, 행복, 분열을 끝내는 통합의 약속과 국민을 지키겠다는 다짐은 결국 이 땅의 모든 국민이 손에 쥐어야 할 희망이자 책임일 것입니다. 저출생과 고령화, 기후 위기라는 거대한 현실 앞에서 우리가 서로의 등을 내주지 않는 나라, 아이부터 어르신까지 누구도 홀로 남지 않는 나라, 노동이 존중받고 골목과 상권이 다시 숨 쉬는 나라, 세계 속에서 당당하고 안전한 나라가 이재명 정부의 이름으로 다시 태어나길 믿습니다.
 정치는 국민 위에 군림하는 칼이 되어서는 안 됩니다. 정치는 국민의 삶을 끝까지 지켜주는 울타리가 되어야 합니다. 이제는 국민이 외치는 작은 목소리까지도 국정의 중심에 두는 정부가 되어야 할 때입니다.
 이 짧은 편지들이 대통령님의 마음을 두드리고 또 이 글을 읽는 국민 한 사람 한 사람의 마음에도 작은 약속의 씨앗이 되어 남기를 바랍니다. 우리가 함께 적어 내려간 이 간절한 바람들이 언젠가는 회복과 통합의 이름으로 결실을 맺어 이 나라의 오늘과 내일을 든든히 지켜주기를 진심으로 바랍니다.

## 검찰 개혁의 문제

저는 오늘, 이 글을 써 내려가며 우리 사회에서 가장 큰 권력 중 하나인 검찰에 대해 조심스럽게, 그러나 분명한 마음으로 제 생각을 전하고자 합니다. 검찰개혁은 정치권의 구호로만 남아서는 안 되고 국민의 안전과 정의가 온전히 살아 숨 쉬도록 만드는 반드시 실현해야 할 시대적 과제라고 믿기 때문입니다.

대통령님, 우리 사회는 오랜 세월 검찰공화국이라는 말이 농담처럼 떠돌 정도로 검찰 권력이 정치·사회 전반에 막강한 영향력을 행사해 왔습니다. 수사와 기소라는 강력한 무기를 동시에 쥔 조직이 정치적 중립성을 잃을 때, 그 권력은 때로는 정치인의 칼이 되고, 때로는 국민을 향한 위협이 되었습니다.

이재명 정부가 국민께 약속한 검찰개혁의 큰 기둥은 바로 수사와 기소의 분리입니다. 수사권을 일정 부분 경찰과 공수처 등 다른 수사기관으로 이관해 검찰은 본연의 기소 기능에 더 집중하도록 하는 것이 핵심일 것입니다. 이는 결코, 검찰의 힘을 무작정 빼겠다는 것이 아니라 검찰이 권력의 눈치를 보지 않고 국민을 향한 정의 실현에만 전념하도록 견제와 균형을 세우려는 실천적 결단이라 생각합니다.

그러나 현실은 결코 간단하지 않습니다. 수사와 기소의 분리가 말처럼 쉽지 않고 수사기관의 전문성을 어떻게 높일지에 대한 국민의 의문도 큽니다. 수사를 맡은 기관이 허술하다면 오히려 국민은 더 큰 억울함에 빠질 수 있습니다. 그래서 대통령님께서도 늘 말씀하셨듯이 검찰의 힘을 분산하는 것과 동시에 경찰과 공수처, 다른 수사기관의 전문성을 높이는 일은 결코 선택이 아니라 반드시 병행되어야 할 과제라고 할 수 있을 것입니다.

대통령님, 검찰권 남용의 가장 큰 문제는 정치적 편향성입니다. 검찰은 정치적 중립을 외치면서도 때로는 특정 정권을 수호하는 방패로, 때로는 반대 세력을 겨누는 창으로 기능해왔습니다.

국민은 이러한 불신을 수없이 목격해왔습니다. 그래서 이제는 검찰권 남용을 견제할 사법 통제가 더 실질적으로 작동해야 합니다. 저는 검찰개혁을 이야기할 때 검사의 숫자와 예산까지 고민해야 한다고 생각합니다. 수사권 일부를 옮겨놓고도 검사 인력과 예산이 그대로라면 검찰권은 여전히 국민 위에 군림할 수 있기 때문입니다. 검찰의 몸집을 적절히 조정하고 권력기관이 국민의 세금으로 국민을 압박하지 않도록 철저히 제도를 보완해야 할 것입니다.

대통령님, 국민께서 두려워하는 것은 권력이 국민을 대신해 범죄를 단죄하는 것이 아니라 권력이 국민을 통제하려 드는 모습입니다. 검찰은 결코 정치적 방향을 제시하는 존재가 되어서는 안 됩니다.

정치가 국민의 뜻을 모으는 것이라면 검찰은 국민의 안전과 정의를 실현하는 칼이어야 할 뿐입니다. 이번 검찰개혁이 단지 수사권 몇 줄을 옮기고 기소권만 남기는 절반의 개혁이 아니라 검찰 스스로의 역할과 존재 이유를 다시 새기고 권력에 봉사하지 않는 오직 국민을 위한 조직으로 거듭나는 온전한 변화가 되기를 간절히 바랍니다.

  대통령님, 그리고 국민 여러분. 검찰개혁은 결코 한 정권의 정치적 실험이 되어서는 안 됩니다. 이 땅의 정의를 지키는 최후의 보루가 정말로 국민을 위해 존재하도록 이번에는 반드시 실천이 따라야 할 때입니다. 이 부족한 지식인의 편지가 대통령님과 국민 여러분의 마음에 닿아 정치가 아닌 국민의 이름으로 완성되는 검찰개혁의 길로 이어지길 진심으로 바랍니다.

## 대통령님과 그를 사랑하는 국민께 상법개정안

저는 상법 개정안에 관한 작은 소망을 이 편지에 담아 대통령님과 국민 여러분께 함께 올리고자 합니다.

대통령님 그리고 주식을 통해 내 재산과 땀을 걸고 이 나라의 기업에 투자해온 국민 여러분! 우리 증시는 오랜 세월 코리아 디스 카운트라는 말에 갇혀 있었습니다. 기업의 가치가 실력만큼 평가받지 못하고 불투명한 지배구조와 낮은 신뢰도로 해외 투자자에게 외면받는 현실은 결국 우리 모두의 부와 기회를 깎아내렸습니다.

민주당과 국민의힘이 오랜 논쟁 끝에 상법 개정안의 윤곽을 조금씩 잡아가고 있습니다. 이사의 충실의무 확대, 전자 주주총회 의무화, 사외이사라는 이름을 독립이사로 바꿔 이사회의 독립성과 책임성을 높이려는 변화가 이슈로 떠오르고 있습니다. 아직 합의가 완전히 끝난 것은 아니지만 적어도 국민의 눈높이에 조금씩 가까워지고 있다고 저는 믿고 싶습니다.

대통령님, 상법 개정의 핵심은 단 하나라고 생각합니다. 기업을 지배하는 소수의 권력이 투명한 감시와 균형을 통해 국민 모두의 이익으로 돌아오도록 만드는 것 아니겠습니까? 그것이 상법이 존재하는 이유이고 코리아 디스 카운트를 깨뜨리는 첫걸음이 될 것입니다. 물론 야당인 국민의힘은 과도한 규제가 기업의 발목을 잡는다며 잦은 법 개정이 오히려 시장의 신뢰를 해친다고 우려합니다. 그 주장에도 경청할 부분이 분명히 있습니다. 과도한 규제는 기업의 도전을 위축시키고 투자가 멀어지는 부작용을 낳을 수도 있기 때문입니다. 그러나 국민의힘이 외면해서는 안 되는 진실도 있습니다.

국민은 이제 더 이상 깜깜이 이사회와 주총, 소수 대주주의 독단을 용납하지 않습니다. 이사의 충실의무가 더 무겁게 다뤄지고, 주주총회가 전자 시스템으로 누구나 쉽게 참여할 수 있어야 작은 주주라도 기업의 주인이 될 수 있습니다. 저는 집중투표제 확대와 감사위원 분리선출 역시 우리 기업의 투명성을 높이는 힘이 될 것이라 믿습니다. 특히 감사위원을 기존 1명에서 2명으로 분리 선출하게 되면 그만큼 이사회 내부 견제와 균형이 실질적으로 작동할 수 있을 것입니다.

독립이사라는 이름 역시 단지 명칭만 바뀌는 것이 아니라 이사회가 진짜 독립적인 목소리를 내는 계기가 되어야 합니다. 대통령님, 상법은 기업만을 위한 것이 아닙니다. 상법은 투자자, 국민, 그리고 이 나라 경제의 신뢰를 위한 공공의 약속입니다.

주식은 더 이상 일부 자산가의 전유물이 아닙니다. 누구나 한 주라도 기업에 투자하며 자신의 노후와 아이의 미래를 준비하는 시대가 되었습니다. 저는 바람이 있습니다. 상법 개정이 정치의 공방으로 멈추지 않기를 바랍니다.

국민의힘과 민주당 모두 국민의 투자와 신뢰를 무겁게 받아들여 논쟁은 치열하되 결론은 국민 편에 서길 바랍니다. 법의 칼날이 기업을 짓누르는 것이 아니라 기업이 국민과 함께 성장하도록 만드는 디딤돌이 되어야 합니다.

대통령님, 그리고 국민 여러분.

코리아 디스 카운트의 벽을 허무는 일은 결코 쉬운 싸움이 아닙니다. 그러나 이번 상법 개정이 그 첫 문이 되어 우리 기업들이 당당히 세계 자본시장에서 제값을 받고, 국민의 땀이 헛되지 않은 시장이 되기를 진심으로 기원합니다. 이 나약한 지식인의 작은 소망이 대통령님과 정치권 모두의 마음에 닿기를 간절히 바랍니다. 주주도, 기업도, 국가도 서로 믿을 수 있는 투명한 시장, 그 약속을 지켜내는 상법 개정이 되기를 국민의 이름으로 간절히 부탁드립니다.

## 제2장
## 역대 대통령 취임사를 살펴보며

이승만 대통령 취임사 중에서
윤보선 대통령 취임사 중에서
박정희 대통령 취임사 중에서
최규하 대통령 취임사 중에서
전두환 대통령 취임사 중에서
노태우 대통령 취임사 중에서
김영삼 대통령 취임사 중에서
김대중 대통령 취임사 중에서
노무현 대통령 취임사 중에서
이명박 대통령 취임사 중에서
박근혜 대통령 취임사 중에서
문재인 대통령 취임사 중에서
윤석열 대통령 취임사 중에서
이재명 대통령 취임사 중에서

## 이승만 대통령 취임사 중에서

### 자유의 땅에 보내는 편지

어쩌면 우리는 잊고 살았는지 모릅니다. 총과 피로 세워진 이 땅에 처음 새겨진 약속이 자유를 지키겠다는 말이었음을 말입니다. 이승만 대통령은 나라를 다시 세운 자리에서 무엇보다 먼저 자유민주주의를 외쳤습니다.

어둠 속에 스며들던 적의 그림자, 공산의 위협 앞에 이 작은 한반도가 어떻게 살아남을지 그는 누구보다 깊이 고민했을 것입니다. 그는 말했습니다. 반공은 선택이 아니라 생존이었다고 말입니다.

한쪽에서는 인민공화국의 깃발이 펄럭이고, 한쪽에서는 동맹의 손을 놓을 수 없던 현실 속에서 자유와 평화를 지키겠다는 다짐은 어쩌면 가장 현실적인 외침이었을지 모릅니다.

그것이 이 땅의 민주주의를 향한 가장 험난한 출발선이 되었던 것입니다.

무너진 조국의 터 위에 다시는 식민의 발자국이 찍히지 않도록 다시는 자유를 빼앗기지 않도록 말입니다. 이승만 대통령의 취임사는 단지 한 지도자의 약속이 아니라 국민 모두가 함께 쥐었던 새로운 나라의 서약이었습니다.

나라는 국민의 것이고, 국가는 국민을 위해 존재한다는 그 소박하지만 위대한 생각이 이 땅에서 처음으로 말이 되었습니다. 어느덧 세월은 흘러 우리는 그 시절보다 훨씬 큰 자유를 누립니다. 그러나 자유는 결코 한 번의 약속으로 완성되지 않습니다. 자유는 지켜내야 할 의지이자 서로의 권리를 지켜주는 무언의 약속입니다. 자유는 항상 공격을 받고 있기 때문입니다. 우리가 반목할 때마다 불신할 때마다 그때 그 초대 대통령의 다짐을 한 번쯤은 마음속에 꺼내 읽어야 하지 않을까요.

  이제 이 편지를 이재명 대통령님께 보냅니다.

  국민인 수많은 독자 역시 이 편지글을 읽게 될 것입니다.

  자유와 평화는 피로 얻었지만, 끝내 우리가 스스로 지켜야 할 것입니다.

  반공과 민주주의라는 낡은 구호가 아니라 그 속에 담긴 절박한 생존의 뜻을 지금 우리가 다시 마음에 품을 수 있기를 바랍니다. 그것이 이승만 대통령이 남긴 취임사의 첫 마음이었음을 기억하며 오늘도 이재명 대통령님을 생각하며 조용히 적어봅니다.

## 윤보선 대통령 취임사 중에서

봄날의 혁명이 있었습니다.

거짓으로 덮을 수 없었던 부정선거의 어둠이 젊은 피와 주먹으로 터져 나온 그날, 사람들은 거리에서 자유를 외쳤습니다.

그것은 4·19혁명이었습니다.

그 혁명 끝에 윤보선 대통령은 무너진 민주주의를 다시 일으키겠다고 약속했습니다.

그는 말했습니다.

자유는 국민의 것이며

부정은 다시는 이 땅을 더럽힐 수 없다고 말입니다.

나라의 주인은 국민이며

권력은 국민의 손에서 나와야 한다고 했습니다.

그 다짐은 총칼로 지켜진 권력이 아니라 스스로 나선 시민의 목소리로 완성된 것이었습니다.

취임사 한 구절마다 이제 부정선거는 다시는 이 땅에 있어서는 안 된다는 단단한 각오가 묻어 있었습니다. 반세기가 훌쩍 지난 오늘 우리는 그 봄날의 약속을 어떻게 지키고 있을까요.

누군가는 다시 잊혀진 정의를 꺼내고

누군가는 또 다른 부정을 경계합니다.

윤보선 대통령의 말처럼 자유민주주의는 회복하는 것이 아니라 늘 지켜야 할 약속이라는 것을............

이 짧은 편지로 다시 되새겨봅니다.

## 박정희 대통령 취임사 중에서

 이재명 대통령님께 드리는 이 글은 반세기 전 박정희 대통령의 취임사 정신을 오늘의 대한민국에 되새기고자 올리는 한 지식인의 작은 보고입니다. 부디 국정의 무거운 짐을 짊어지고 계신 대통령님께서도 이 역사적 교훈을 잠시 마음에 새기시길 바랍니다.
 박정희 대통령의 첫 취임사는 전쟁으로 폐허가 된 나라에서 국민 스스로 일어설 것을 호소하는 다짐이었습니다. 그는 빈곤을 숙명으로 여기던 국민에게 근면과 자조, 협동이라는 세 마디를 내걸었습니다.
 국가가 국민을 대신해 일해주지 않고, 국민과 손을 맞잡고 함께 일어나야 한다는 신념은 당시 국민들에게 가장 절실했던 희망이자 유일한 길이었습니다. 그 길은 하루아침에 열리지 않았습니다.
 산업화와 농촌 재건, 국토 개발과 자립 경제를 향한 걸음은 수많은 논쟁과 희생의 과정을 거쳤습니다. 때로는 무리하고 모난 방식으로 국민께 상처를 주기도 했습니다. 그러나 돌이켜보면 가장 뿌리 깊게 남은 것은 결국 국민 스스로 일어선다는 자존의 힘이었습니다.


 존경하는 이재명 대통령님.
 오늘날 우리는 세계 10위권 경제 대국이라 불리고, OECD 회원국으로 선진국 문턱을 넘었습니다. 그러나 다시금 질문해야 할 때라 생각합니다. 국민의 땀과 협동으로 세운 이 나라가 지금도 근면, 자조, 협동의 정신 위에 서 있는가 하는 물음입니다.

지금 우리 국민은 다시 불안합니다. 양극화는 깊어지고 청년들은 기회가 없다고 말합니다. 자영업자와 소상공인은 세계 어디보다 긴 노동시간에도 불구하고 빚과 경쟁에 허덕입니다. 지방은 소멸 위기에 놓여 있고 농촌은 후계가 끊기고 있습니다.

국민은 누구보다 성실한데 제도가 그 성실함을 제대로 돌려주고 있는지 다시 돌아봐야 합니다. 저는 이배명 대통령님께서 박정희 시대의 유산을 그저 흉내 내자는 말을 드리려는 것이 아닙니다. 그 정신이 품었던 핵심은 국민이 스스로 살아갈 수 있도록 돕는 정부 그리고 함께 살아갈 수 있도록 손을 맞잡는 공동체를 세우는 데 있었습니다.

대통령님께서 내걸었던 공정과 민생의 가치는 이와 다르지 않다고 믿습니다. 부디 지금의 정책이 단기적 복지와 단발성 지원에 그치지 않고 국민이 스스로 자립할 수 있는 일자리, 지역이 스스로 지속될 수 있는 시스템, 농촌과 산업이 스스로 혁신할 수 있는 기반을 마련하는 데 더 큰 비중을 두시길 간곡히 청합니다.

당시 박정희 대통령은 원조 쌀자루에 찍힌 별표를 부끄러워하며 이를 없애는 것을 국정의 목표로 삼았습니다. 오늘의 우리는 원조국에서 공여국으로 바뀌었습니다. 그러나 여전히 국민 개인과 지역의 현실에서는 자조의 사다리가 닳고 부서져 있습니다.

대통령님께서 다시 그 사다리를 튼튼히 세워주신다면 국민은 반드시 그 위를 기어오르고, 서로 손을 내밀어 함께 오를 것입니다. 국민 스스로의 성실함이 가장 큰 국력이라는 단순한 진실이 우리에게 다시 큰 기적을 만들어줄 것이라 확신합니다.

대통령님!
이 나라의 내일은 국민의 손에 달려 있고
그 손을 굳게 잡아주는 것은 국정의 무거운 짐을 짊어진 대통령님의 몫이라 믿습니다. 부디 이 작은 보고가 국정을 꾸려 가시는 데 있어 한 줌의 불씨라도 되었으면 하는 마음입니다. 늘 국민의 성실함을 믿고, 국민과 함께 걷는 대통령이 되어 주시길 간절히 바랍니다.

이 땅의 한 시민 지식인이 삼가 올립니다.

## 최규하 대통령 취임사 중에서

　최규하 대통령의 취임사에서「국민 여러분, 심히 대한민국의 위기를 극복하고자 저는 무거운 책임감을 지고 이 자리에 올랐습니다.」
　대통령이라는 무겁고 두려운 자리를 감당해야 했던 그 시절, 최규하 대통령에게 가장 소중했던 약속은 국민의 생명과 안전을 지켜내는 일이었습니다. 나라가 어지러울수록 마음을 낮추고, 불안을 잠재우며, 민주주의의 길로 나아가도록 다독이는 것이 최 대통령은 자신의 소임이라 믿었습니다.
　그 시절의 대한민국은 상처가 많았습니다.
　박정희 전 대통령의 갑작스러운 비극과 뒤엉킨 권력 다툼은 국민 마음에 두려움으로 남아 있었습니다. 최규하 대통령은 그 두려움을 두 손으로 덮고자 했습니다. 어떤 사익도 개인의 권력도 그 앞에 둘 수 없었을 것입니다. 그는 오직 한 마음, 나라의 안정을 먼저 세우는 길만이 옳다고 생각하지 않을 수 없었을 것입니다.
　대통령의 자리가 욕망이 아니라 다음 정부를 위한 다리를 놓는 일이라면서 최 대통령은 그 징검다리가 되고자 했습니다. 민주주의가 다시 제자리를 찾도록, 총성이 아닌 대화와 화해로 정권이 평화롭게 이양되도록, 국민 한 분 한 분의 손을 잡아드리고 싶었을 것입니다. 그 손을 통해 국민의 위태롭던 마음들이 조금이나마 편안해지길 바랐던 것입니다.

최규하 전 대통령은 말했습니다. 강한 카리스마도 없었고, 화려한 말솜씨도 없었습니다. 그러나 진심만은 누구보다 강했던 분입니다. 그 진심으로 국민께서 서로를 믿을 수 있는 시간을 조금이라도 더 벌어드리고 싶었을 것입니다. 그는 잠시 맡은 자신의 역할이 끝난 뒤에도 이 나라가 다시는 폭력과 혼란으로 돌아가지 않길 간절히 소망하였을 것입니다.

최규하 대통령의 임기는 짧았지만

그 짧음이 한 시대의 다리가 되었습니다.

최 대통령 또한 더 바랄 것이 없었을 것입니다. 부디 언제 어디서든 우리의 민주주의가 폭력보다 강하고, 갈등보다 깊으며 평화 속에 꽃피길 소망합니다. 오늘도 그 마음으로 여러분을 향해 이 작은 글을 바칩니다.

## 전두환 대통령 취임사 중에서

　대통령님, 저는 지금 역대 대통령 취임사에 갈음하여, 라는 제목 아래 전두환 대통령의 취임사에 담긴 한 시대의 빛과 그림자를 다시 떠올려봅니다. 이 글은 나라를 걱정하는 한 지식인의 작은 보고이자 간절한 소망으로 받아주십시오. 부디 대통령님께서도 오늘의 길을 걸어가실 때 잠시 마음에 새겨주시면 좋겠습니다.
　군부의 쿠데타는 시작되었다. 1980년, 전두환 대통령은 혼란한 정국 속에 정의사회를 구현하겠다고 국민께 약속했습니다. 불의와 부정부패를 끊고 혼탁한 정치를 바로잡겠다던 그 다짐은 당시 많은 이들의 마음 한켠에는 간절한 바람으로도 남아 있었습니다.
　그러나 정의는 언제나 구호만으로는 완성되지 않는다는 사실을 우리는 뼈아프게 배웠습니다. 그때의 정의사회는 권력자의 손끝에서 만들어진 것이 아니라 총구와 명령으로 지켜진 것이었습니다.
　국민의 신뢰와 참여가 빠진 정의는 결국 더 큰 억압이 되어 돌아왔습니다. 강제로 유지된 질서는 마음까지 담아내지 못했고, 억눌린 자유는 깊은 그늘로 남아 우리 민주주의를 다시 시험에 들게 했습니다.
　전두환 대통령은 또한 새로운 정치문화를 만들겠다 다짐하였습니다. 기득권을 청산하고 부패를 막겠다는 약속은 아름다웠지만, 정치는 홀로 깨끗해질 수 없는 숲과도 같습니다. 서로 다른 생각을 품어내는 관용과 국민이 주인이 되는 참여가 없으면 아무리 새로운 이름을 붙여도 정치문화는 낡은 허물을 벗지 못합니다.

대통령님께서 오늘 다시 강조하시는 성장과 통합 약속, 모두의 대통령이 되겠다는 국정철학도 결국 같은 길 위에 있다고 믿습니다. 완전히 새로운 나라를 만들라는 그 간절한 염원에 응답하겠다는 약속을 반드시 지켜주실 것으로 믿습니다. 또한 이 약속은 우리 국민의 약속이기도 하는 것이지요.

국민의 삶 구석구석에 스며들어야만 비로소 정의사회라는 말이 빛을 가집니다. 그 시절 우리는 권력의 논리를 위해 국민의 목소리가 막힌 나라가 얼마나 많은 상처를 남기는지 보았습니다.

민주주의는 어느 날 갑자기 오는 것이 아니며 국민의 신뢰는 한 번에 얻어지는 것이 아님을 다시 배웠습니다. 저는 오늘 대통령님께 전두환 정권의 취임사가 남긴 가장 큰 교훈을 전해드리고자 합니다.

권력은 국민의 것이어야 하고, 정의는 권력보다 국민의 삶을 먼저 돌봐야 한다는 것. 억누르는 질서가 아니라 함께 지켜내는 공정함이야말로 이 땅 민주주의를 오래 지켜줄 가장 큰 힘이라는 것을 말입니다.

대통령님께서도 이 교훈을 마음에 품으시어 어떠한 유혹에도 국민을 잊지 않고, 어떤 권력도 국민 위에 있지 않도록 늘 낮은 자리에서 귀를 기울여 주시길 간절히 바랍니다.

전두환 대통령 취임사 중에서

이 작은 글이 오늘의 국정에 작게나마 맑은 바람이 되어 국민과 함께하는 정의사회를 만들어 주시고, 진정한 신뢰의 정치문화를 더 깊고 넓게 피워내는 길에 보탬이 되기를 바랍니다. 언제나 국민과 함께 걷는 대통령이 되어 주시길 소망하며, 완전히 새로운 나라를 만들어 주실 것을 삼가 고개숙여 요청드립니다.

## 노태우 대통령 취임사 중에서

국민 대통합과 민주화, 그리고 닫힌 문을 열어냈던 북방외교의 정신이 오늘 이 땅에 다시 맑은 숨결처럼 스며들기를 소망합니다. 1988년 2월, 노태우 대통령은 6·29 선언의 약속을 이어받아 혼란과 갈등 속에서 민주주의를 지키겠다고 국민께 다짐했습니다.

그는 국민이 갈라져 더 이상 상처받지 않도록 화합과 개혁을 함께 이루겠다고 말했습니다. 광장의 열망과 국민의 손으로 이루어낸 그 선언은 한국 민주주의가 한걸음 더 나아가는 이정표가 되었습니다.

당시의 취임사는 국민 대통합이라는 말로 시작되었습니다. 분열과 불신의 벽을 허물고 서로에게 손을 내미는 일은 법률이나 제도만으로는 완성될 수 없는 일이었습니다. 국민의 마음을 어루만지고, 서로의 상처를 덮어주는 일은 대통령이라는 자리에 오르는 것보다, 더 어렵고 더 귀한 소임이었습니다.

그는 또한 북방외교라는 낯선 문을 열어 닫혀 있던 외교 지평을 넓혔습니다. 적대와 단절을 넘어 화해와 교류를 택한 용기는 분단의 현실을 살아온 우리에게 조심스럽지만 분명한 희망이 되었습니다.

그 길은 국민의 불안한 마음에 새로운 창을 내어 미래로 향하는 첫 발걸음이 되어주었습니다. 대통령님께서도 오늘 다시 통합과 상생의 길을 걸어가시리라 믿습니다. 서로 다른 생각과 이념, 지역과 세대의 간극을 좁히는 일은 한 번의 연설이나 제도로 완성되지 않습니다.

국민은 지금도 대통령님께서 먼저 손을 내밀어 주시길 기다리고 있을 것입니다. 진정한 민주주의는 단 한 번의 투표로 완성되지 않습니다. 늘 깨어 있는 국민과 낮은 자리로 내려가는 권력이 함께 만들어 가는 것입니다.

그 시절 노태우 대통령의 다짐이 부족하고 미완에 그쳤다 해도 국민 대통합과 민주화, 평화의 길은 멈추지 않고 이어져 왔습니다. 우리는 지금도 그 길 위에 서 있습니다. 북방외교가 남긴 정신은 지금도 여전히 소중합니다.

세계는 더 복잡하고 불안정해졌지만 평화와 협력이라는 가치만은 더욱 빛을 발하고 있습니다. 증오와 적대를 넘어서는 지혜로운 외교야말로 국민의 삶을 안전하게 하고 미래를 열어주는 가장 큰 다리라는 것을 잊지 말아 주시길 바랍니다.

저는 오늘 대통령님께 국민 대통합, 민주화, 평화 외교라는 세 가지 말을 다시 건네 드리고자 합니다. 권력은 단호해야 하지만 동시에 따뜻해야 합니다. 통합은 말로만이 아니라, 국민의 일상에서 체감될 수 있어야 합니다. 그 길이야말로 대한민국의 민주주의를 더욱 단단하게 만드는 힘이라 믿습니다.

존경하는 대통령님. 국민의 마음을 잇고 멀어진 이웃과 손잡으며 낡은 벽을 허물고 새로운 길을 내는 일은 어떠한 정치적 성취보다 오래 기억될 국정의 꽃이라 생각합니다. 부디 국민이 더 깊이 믿을 수 있는 통합의 지도자, 평화를 오롯이 지켜내는 대통령으로 오래 남아주시길 간절히 바랍니다.

  이 작은 글이 대통령님의 마음에 맑은 바람이 되어 화해와 개혁이 함께 숨 쉬는 민주주의의 내일로 나아가는 길에 조금이라도 힘이 되기를 기원합니다.

## 김영삼 대통령 취임사 중에서

　대통령님, 오늘 이 작은 편지를 통해 김영삼 대통령의 취임사가 품었던 다짐과 약속을 우리 시대의 거울로 다시 비추어 보고자 합니다. 문민정부의 깃발 아래 부정부패를 척결하고 역사를 바로 세우겠다고 했던 그 결연한 목소리가 오늘 대통령님께도 여전히 중요한 화두가 되기를 간절히 바랍니다.

　1993년 2월, 김영삼 대통령은 군부의 권위주의를 넘어선 첫 문민정부의 지도자로서 국민 앞에 섰습니다. 시대가 바뀌어야 한다는 국민의 열망은 그의 당선으로 모였습니다. 그는 부패와 타협하지 않고 정의로운 나라를 세우겠다며 깨끗한 정치, 개혁의 정치를 국민 앞에 다짐하였습니다.

　그가 취임사에서 강조한 것은 단순한 정권 교체가 아니었습니다. 역사를 바로 세우겠다는 그의 말은 과거를 덮지 않고 다시 쓰겠다는 선언이었습니다. 이 땅의 왜곡되고 비틀린 기억을 정직하게 마주보고 그 위에 정의를 세우겠다는 다짐이었습니다.

　그 다짐은 권력의 안전보다 더 큰 용기를 필요로 했습니다. 대통령님, 김영삼 대통령이 이뤄낸 금융실명제는 강력한 기득권과 부패 구조에 맞선 개혁의 상징이었습니다. 그가 두려워하지 않았던 것은 개혁의 불가피성과 그 과정의 고통을 국민께 솔직히 설명하고 함께 감내하겠다고 약속했기 때문이었습니다.

그 용기 있는 정치가 오늘의 대한민국에도 여전히 필요합니다. 역사를 바로 세우라는 말은 어제만을 말하는 것이 아닙니다. 오늘의 국민 삶이 정의로워야 내일의 역사도 바로 설 수 있지 않겠습니까?

그 시절 김영삼 대통령은 권위주의의 마지막 그림자를 걷어내고자 했습니다. 오늘 대통령님께서도 그 그림자가 다시 드리워지지 않도록 언제나 국민의 눈과 귀를 가리지 않는 정치를 해 주시길 바랍니다.

대통령님께서는 지금도 기득권의 벽에 부딪히실 것입니다. 강한 개혁은 늘 큰 저항을 불러오고 때로는 편한 타협이 더 달콤해 보이기도 할 것입니다. 그러나 김영삼 대통령의 취임사는 분명히 우리에게 말해줍니다.

부패와 타협한 권력은 잠시 연명할 수 있어도, 국민의 신뢰는 오래 지켜낼 수 없습니다. 문민정부가 주었던 가장 큰 희망은 권력이 국민께 다시 돌아간다는 믿음이었습니다. 더 이상 총과 권위로 통치하는 것이 아니라 투명한 제도와 시민의 눈높이로 나라를 다스리겠다는 약속이었습니다. 그 초심을 잃지 않는 대통령만이 국민으로부터 더 큰 권위를 부여받을 것입니다.

대통령님께서도 늘 스스로에게 물어주십시오. 나는 지금 국민이 기대한 변화를 향해 가고 있는가? 역사는 오늘의 나를 어떤 눈으로 기억할 것인가? 그 물음 앞에서 부끄럽지 않은 국정을 만들어 가실 때 국민은 기꺼이 함께할 것입니다.

존경하는 대통령님!

저는 오늘 김영삼 대통령의 취임사에서 문민정부, 부정부패 척결, 역사 바로 세우기라는 말을 다시 꺼내 드립니다. 정치는 늘 완벽하지 않습니다. 그러나 부정과 타협하지 않으려는 의지, 국민과 함께 아픈 개혁을 견디겠다는 용기만은 언제나 시대를 살리는 첫 씨앗이 됩니다.

이 작은 글이 대통령님의 마음에 맑은 바람처럼 스며들어 오늘의 개혁이 내일의 역사에 부끄럽지 않은 이름으로 남기를 기원합니다. 부디 국민이 믿을 수 있는 정의로운 정치, 깨끗한 권력의 길을 걸어가 주시길 간절히 바랍니다.

## 김대중 대통령 취임사 중에서

　대통령님, 오늘 이 작은 편지를 올리며 김대중 대통령의 취임사에서 길어 올린 한 시대의 믿음과 희망을 이 땅의 민주주의가 다시 품을 수 있기를 간절히 바라는 마음을 담아 전합니다.
　1998년 2월, 김대중 대통령은 대한민국 최초의 수평적 정권 교체를 이루어낸 국민의 정부로 국민 앞에 섰습니다. 그는 IMF 외환위기의 칼바람 속에서 국민과 함께 고통을 견디고 함께 희망을 만들어가겠다고 다짐했습니다.
　정치권의 갈등보다 국민의 삶을 먼저 생각했던 그 다짐은 국가적 위기를 극복한 큰 힘이 되었습니다. 그의 취임사에는 무엇보다 화해와 통합이 담겨 있었습니다. 우리 안의 상처를 서로에게 돌리지 않고, 갈라진 마음을 하나로 모아야 한다는 믿음이 있었습니다.
　정권이 바뀌어도 국민은 하나이며 민주주의는 서로의 다름을 인정하고 껴안을 때 비로소 깊어진다는 것을 김대중 대통령은 삶으로 보여주었습니다. 대통령님, IMF라는 말만 들어도 가슴이 서늘해집니다.
　국민은 집과 일터를 잃었고, 많은 기업이 문을 닫았습니다. 그러나 그 속에서도 서로의 금반지를 내어놓고 작은 희망을 모은 국민이 있었기에 대한민국은 다시 일어설 수 있었습니다.

그때의 국민은 정직했고, 서로에게 손을 내밀었습니다. 김대중 대통령은 남북의 화해와 협력에도 담대한 첫발을 내디뎠습니다. 햇볕정책이라 불린 그 길은 분단의 긴장을 낮추고 서로를 향해 문을 여는 용기였습니다.

적대보다 이해를, 단절보다 교류를 선택하는 것, 그것이 국민의 삶을 더 안전하게 하고, 다음 세대의 평화를 지켜내는 길이라는 믿음이었습니다. 대통령님께서도 오늘 그 믿음을 이어가시리라 믿습니다.

세계는 더 복잡하고 국경은 더 불안해졌지만, 평화와 상생의 정신만은 결코 낡지 않았습니다. 우리 안의 갈등뿐 아니라 이 땅을 둘러싼 긴장에도 언제나 대화와 협력이라는 희망을 놓지 않는 용기가 필요합니다.

저는 김대중 대통령의 취임사에서 국민과 함께 고통을 나누겠다는 말을 잊지 못합니다. 위기 앞에서 국민을 탓하지 않고 정치가 먼저 허리띠를 졸라매겠다는 그 약속은 정치가 국민보다 앞서 희생할 수 있음을 보여주었습니다.

그때 국민은 비로소 나라를 믿을 수 있었습니다.

이재명 대통령님, 지금 이 땅에도 위기는 끊이지 않습니다. 불안한 경제, 치솟는 물가, 양극화와 불평등… 이 모든 어려움 속에서 국민은 대통령님께서 고통을 함께 짊어질 준비가 되어 있기를 바라고 있습니다.

국민을 향한 진심과 화합의 손길이 없다면 어떤 정책도 공허할 뿐이라는 것을 우리는 잘 알고 있습니다. 존경하는 대통령님, 국민의 정부는 민주주의가 얼마나 위대할 수 있는지 보여주었습니다.

  분열과 갈등을 화해와 협력으로 바꾸고, 위기를 국민과 함께 딛고 일어서며, 평화로 미래를 준비하는 길을 열었습니다. 그 길은 결코 끝나지 않았습니다. 부디 대통령님께서도 오늘의 국정 위에 국민과 함께, 국민의 힘으로라는 초심을 놓지 않으시길 바랍니다.

  정치가 국민의 손을 가장 먼저 붙잡을 때, 이 나라는 다시 희망을 품을 수 있습니다. 이 작은 글이 대통령님의 마음에 맑은 바람으로 스며들어 국민의 정부가 남긴 믿음과 화합의 정신이 오늘의 대한민국에도 다시 숨쉬기를 소망합니다.

## 노무현 대통령 취임사 중에서

 존경하는 이재명 대통령님, 오늘 저는 노무현 대통령의 취임사에 담긴 참여정부의 정신과 국민과 함께하는 권력의 뜻을 조심스레 한 줄 한 줄 되새기며 이 편지를 올립니다. 그가 국민께 약속했던 말들이 오늘 대통령님의 국정에도 바람처럼 스며들어 우리 민주주의를 더욱 깊고 넓게 해주길 소망합니다.

 2003년 2월, 노무현 대통령은 국민이 대통령입니다, 라는 선언으로 참여정부의 시작을 알렸습니다. 권력은 결코 한 사람의 것이 아니며, 국민의 손에서 태어나 국민의 삶으로 되돌아가야 한다는 그 소박하지만 큰 믿음이야말로 우리 민주주의가 더 자라날 수 있는 가장 든든한 뿌리였습니다.

 그는 지역주의라는 견고한 벽을 허무는 일을 자신의 가장 큰 소명으로 삼았습니다. 오랜 세월 쌓여온 지역 간의 반목과 불신은 정치가 국민을 나누고 상처 주었던 슬픈 유산이었습니다.

 그 벽을 넘어 진정한 화합과 상생의 공동체를 이루고자 한 마음은 지금도 우리 모두의 숙제로 남아 있습니다. 노무현 대통령은 또한 권위주의를 넘어서는 새로운 정치문화를 바랐습니다.

 권력이 국민 위에 군림하던 낡은 관성을 털어내고 대통령의 자리마저 늘 국민의 눈높이에 놓아두고자 했습니다. 권력이 낮아질수록 민주주의는 높아진다는 그의 신념은 참여와 토론을 두려워하지 않는 용기로 빛났습니다.

　대통령님께서도 잘 아시듯 그가 꿈꾸었던 민주주의는 완성된 모양이 아니었습니다. 참여와 대화, 때로는 날카로운 비판조차도 두려움 없이 받아들이는 정치가 있을 때 국민은 스스로를 민주주의의 주인으로 여길 수 있다는 것, 그 믿음은 오늘도 우리를 지켜주는 소중한 등불입니다.

　저는 노무현 대통령이 남긴 말을 자주 떠올립니다. 정치가 바뀌면 삶이 바뀝니다. 정치는 국민의 삶과 맞닿아 있을 때만이 신뢰받고 지켜낼 가치가 있음을 그는 몸소 보여주었습니다.

　대통령님께서도 늘 그 말씀을 마음에 품어주시길 바랍니다. 참여정부 시절, 그는 작고 낡은 마을회관에서도 국정의 답을 찾을 수 있다고 믿었습니다. 높은 자리에서 큰 담론만을 이야기하기보다 국민의 삶 깊숙이 발을 들이고 그 속에서 권력이 더 낮아질수록 신뢰는 더 높아진다는 것을 그는 행동으로 보여주었습니다.

　대통령님, 지금도 이 땅에는 여전히 지역과 계층, 세대의 골이 깊게 남아 있습니다. 권위주의의 흔적은 여전히 이곳저곳에 배어 있고 정치는 때로 국민의 손을 놓친 채 멀리 서 있기도 합니다. 그럴 때마다 국민은 대통령께서 먼저 다가와 주시길 기다리고 있습니다. 노무현 대통령의 참여정부는 결코 완벽하지 않았습니다. 그러나 부족함을 숨기지 않고 국민과 함께 토론하며 대안을 찾으려 했던 그 정직한 용기만은 오늘의 민주주의를 더 단단히 지켜주는 자양분이 되었습니다.

대통령님께서도 그 용기를 잊지 않으시길 간절히 바랍니다. 이 작은 글이 대통령님의 마음 한켠에 맑은 바람처럼 머물러 국민과 함께하는 권력, 낮은 곳으로 내려가는 권력, 깊이 뿌리내린 민주주의가 오늘 이 나라를 더 단단하고 따뜻하게 지켜내길 소망합니다.

## 이명박 대통령 취임사 중에서

　이재명 대통령님, 오늘 저는 이명박 대통령의 취임사에 담긴 한 시대의 약속과 그 뒤에 남은 그림자를 함께 떠올리며 조심스럽게 이 편지를 올립니다. 실용정부를 내세우며 경제 재도약과 국가 경쟁력 강화를 다짐했던 그 뜻이 오늘의 우리에게 여전히 깊은 성찰로 남아 있음을 전하고자 합니다.

　2008년 2월, 기업가 출신 대통령은 대한민국을 다시 성장의 궤도로 올려놓겠다며 국민께 약속했습니다. 747 공약이라 불렸던 7% 성장과 4만 불 국민소득, 세계 7대 경제 강국으로의 도약은 경제 불안에 시달리던 국민에게 새로운 희망으로 다가왔습니다.

　국민은 실용과 현실을 내세운 지도자의 약속을 믿고 다시 허리띠를 졸라맸습니다. 그의 취임사는 이념보다 실리를, 말보다 결과를 중시하겠다는 선언이었습니다. 실용정부라는 이름은 과감한 인프라 투자와 기업 친화적 정책으로 이어졌고, 국민은 경제 대통령의 손길에 기대어 삶의 무게를 조금이라도 덜어낼 수 있길 소망했습니다.

　성장과 일자리, 풍요의 약속은 그때 많은 이에게 막연하던 미래를 견딜 수 있는 작은 등불이 되었습니다. 그러나 대통령님, 우리는 그 시절이 남긴 성과만큼이나 그늘 또한 기억하고 있습니다.

　국가 경쟁력이라는 이름 아래 소외된 이들이 있었고, 속도와 효율 뒤에 가려진 부정과 불신이 있었습니다. 실용은 반드시 원칙 위에 세워져야 한다는 것을 그 시대의 끝자락은 우리에게 다시금 일깨워 주었습니다.

무엇보다 안타까운 것은 이명박 대통령이 임기를 마친 뒤 결국 법정에 서고 수감 생활까지 이어져야 했다는 사실입니다. 국가 발전을 위해 헌신하겠다던 초심이 권력의 사욕과 불투명한 구조 속에서 서서히 흐려졌음을 국민은 긴 재판과 구속의 과정으로 확인할 수밖에 없었습니다.

높은 자리가 얼마나 큰 유혹과 맞닿아 있는지를 그 그림자는 깊이 새기게 했습니다. 대통령님께서도 잘 아시듯 성장은 중요합니다. 그러나 성장은 언제나 공정해야 하고 성취는 늘 정의로워야 하며 국가 경쟁력은 국민 모두의 삶을 함께 끌어올려야만 비로소 발전이라 부를 수 있습니다. 과정의 정직함 없이는 어떤 큰 목표도 허물어질 수 있음을 우리는 그 시대의 결말로 배웠습니다.

이명박 대통령의 취임사가 남긴 교훈은 분명합니다. 국가를 경영한다는 마음으로 민생을 돌보고 미래를 설계하는 것은 지도자의 중요한 소명입니다. 그러나 결과를 위해 원칙과 양심을 놓친다면 그 모든 성취는 모래성처럼 무너지고 말 것입니다. 국민의 신뢰는 단 한 번의 실수에도 쉽게 무너진다는 사실을 잊지 말아야 할 것입니다.

대통령님, 지금도 국민은 경제가 살아나길 바랍니다. 더 많은 일자리와 공정한 기회를 바라고 있습니다. 제발 집값이 뛰지 않고 안정되기를 바라고 있지요. 그 길은 단지 숫자로 증명될 수 없습니다.

권력은 국민의 삶 가장 낮은 곳을 살펴야 하고, 성장은 정의로운 과정과 함께할 때만 신뢰의 토대 위에 놓일 수 있습니다. 존경하는 대통령님, 저는 오늘 이명박 대통령의 취임사를 돌아보며 실용의 정신과 정직한 과정을 함께 마음에 새기시길 부탁드립니다.

한 시대의 성공과 실패가 남긴 교훈은 오늘의 지도자에게 더 큰 빛이자 경계가 될 것입니다. 이 작은 글이 대통령님의 마음에 맑은 바람이 되어 성장과 공정이 함께 가고, 경쟁력과 신뢰가 함께 빛나는 대한민국의 내일로 우리 모두를 이끌어주길 간절히 소망합니다.

## 박근혜 대통령 취임사 중에서

대통령님, 박근혜 대통령의 취임사에서 시작된 한 시대의 다짐과 안타까운 결말을 함께 떠올리며 이 작은 편지를 올립니다. 국민 행복과 경제민주화, 창조경제를 기치로 내걸었던 그 약속들이 어쩌다 국민의 신뢰를 저버리고 스스로 무너져야만 했는지 그 궤적을 되짚어 보는 일이 오늘 우리에게 큰 교훈이 되기를 바랍니다.

2013년 2월, 박근혜 대통령은 우리 헌정사 최초의 여성 대통령으로 국민 앞에 섰습니다. 그는 국민 행복을 국정의 제일 가치로 삼겠다고 약속했습니다. 경제 재건과 복지의 조화를 통해 국민 누구도 소외받지 않게 하겠다던 말은 오랜 경제 불안과 사회 양극화로 지친 국민에게 작은 희망이 되어 주었습니다.

당시 그의 취임사는 경제민주화라는 화두로 기억됩니다. 재벌 개혁과 공정한 시장 질서를 바로 세워 모두가 공정한 기회를 갖도록 하겠다던 다짐은 창조경제라는 비전으로도 이어졌습니다.

기존의 성장 한계를 뛰어넘어 창의와 융합으로 새로운 일자리와 산업을 만들겠다는 약속은 많은 청년들에게 작은 숨구멍이 되어 주었습니다. 그는 특히 통합 리더십을 말했습니다. 갈등과 분열을 딛고 국민 모두의 목소리를 듣겠다는 다짐이 취임사 곳곳에 스며 있었습니다.

정치가 국민 위에 군림하지 않고 국민 곁으로 더 가까이 다가서야 한다는 그 언약은 국민이 대통령에게 마지막으로 걸었던 신뢰의 끈이었습니다. 그러나 대통령님, 우리는 그 시절의 슬픈 결말을 기억합니다.

최순실이라는 문고리 권력이 대통령의 귀를 가리고 국정이 국민의 손에서 벗어나는 모습을 국민은 망연히 지켜봐야 했습니다. 국민 행복을 위한 권력이 결국 일부의 사욕과 불투명한 거래에 쓰였다는 사실은 모든 국민에게 깊은 상처로 남았습니다.

대통령이 국민의 신뢰를 잃었을 때 권력은 한순간에 모래성처럼 무너질 수밖에 없음을 그 탄핵의 시간은 우리 모두에게 보여주었습니다. 무엇보다 안타까운 것은 대한민국 헌정사 최초의 여성 대통령이 국정농단으로 자리에서 쫓겨나고 긴 수감 생활을 견뎌야만 했다는 사실입니다.

대통령님, 박근혜 대통령의 취임사는 분명 좋은 약속들로 시작되었습니다. 국민 행복과 경제민주화, 창조경제의 길은 오늘의 우리에게도 여전히 필요한 과제입니다. 그러나 그 길은 언제나 권력이 누구의 것을 대신하는지, 그 귀가 누구를 향해 열려 있는지를 스스로 묻지 않는다면 언제든 다시 되풀이될 수 있음을 우리는 뼈저리게 깨달았습니다.

대통령님께서도 잘 아시겠지만 권력은 가까운 문고리에 귀를 빼앗기는 순간 국민의 목소리를 들을 수 없게 됩니다. 국정은 국민이 주인임을 잊지 않을 때만 그 약속이 빛을 잃지 않고 현실로 이어질 수 있습니다. 그 믿음을 오늘 다시 붙잡아 주시길 간절히 바랍니다.

  존경하는 대통령님, 성장은 반드시 따뜻해야 하고 복지는 반드시 지속 가능해야 합니다. 그리고 국민 행복이라는 말은 권력의 편의가 아닌 국민의 삶과 눈물 속에서만 완성됩니다. 이 소박하지만 단단한 진리를 잊지 않는 지도자가 국민의 마음속에 오래 남습니다. 이 작은 글이 대통령님의 마음 한 켠에 맑은 바람이 되어 국민이 권력의 진짜 주인임을 다시금 일깨우고, 그 위에서 경제와 복지가 조화롭게 빛나 국민 모두가 행복을 체감할 수 있는 대한민국으로 한걸음 더 나아가길 간절히 소망합니다.

## 문재인 대통령 취임사 중에서


문재인 대통령의 취임사에 담겼던 나라다운 나라라는 말의 무게를 다시 떠올려 봅니다. 정의와 공정, 국민 통합과 권력기관 개혁, 그리고 평화를 향한 간절한 염원이 담겼던 그 다짐들이 오늘의 국정에도 다시 스며들어야 한다는 생각에 이 작은 편지를 올립니다.

2017년 봄, 무너진 신뢰 위에 세워진 정부는 국민께 상식이 통하는 나라를 약속했습니다. 기회는 평등하고 과정은 공정하며 결과는 정의로울 것이라는 기치는 깊게 패인 불신과 상처를 덮고자 한 다짐이었습니다.

촛불광장에서 함께 불 밝히며 서 있었던 수많은 이들의 희망과 눈물이 고스란히 담긴 말이기도 했습니다. 문재인 대통령은 적폐를 청산하고 권력기관을 개혁하겠노라 약속했습니다.

국민을 위해 존재해야 할 권력이 국민 위에 군림하고 국정을 사사로이 다룬 지난 상처를 씻어내겠다는 다짐은 우리 사회를 조금 더 정의로운 곳으로 이끌고자 한 소망이었습니다. 그 길은 결코 순탄치 않았지만 그 약속만큼은 국민에게 큰 위안이자 기대였습니다.

그는 한반도의 평화를 향한 담대한 길도 열고자 했습니다. 분단의 긴장과 대결의 상처를 넘어서 대화와 화해의 물꼬를 틔우고 다음 세대에게 전쟁 없는 내일을 물려주고자 했던 노력은 많은 국민의 마음을 움직였습니다.

그러나 그 손길은 정권이 바뀌자 다시 닫히고 남북관계는 또다시 얼어붙었습니다. 대통령님, 국민은 정치가 언제나 완벽하길 바라지 않습니다. 다만, 권력이 국민을 향해 늘 귀를 열고 약속했던 초심을 잃지 않기를 바랍니다.

문재인 대통령이 꿈꾼 나라다운 나라는 그 뜻만으로도 우리 정치에 귀한 물음표를 남겼습니다. 그러나 현실이 그 뜻에 미치지 못했을 때 국민의 실망은 더욱 깊어질 수밖에 없었습니다.

임기 말, 우리는 빛 뒤에 남겨진 그늘도 기억합니다. 문다혜 씨를 둘러싼 음주와 불법 의혹은 정의와 공정을 내세운 정부답지 않다는 씁쓸한 뒷맛을 남겼고, 김정숙 여사와 관련된 여러 의전과 사적 논란 또한 권력은 가까운 자리에서부터 무너질 수 있다는 진실을 또 한 번 일깨워 주었습니다.

대통령님, 정의와 공정은 구호로 완성되지 않습니다. 권력의 주변이 늘 투명한 빛 아래 놓여 있어야 국민은 비로소 그 말을 믿고 신뢰할 수 있습니다. 촛불로 세워진 권력은 그 촛불이 꺼지지 않도록 스스로를 낮추고 점검하며 국민 앞에 서야 함을 우리는 그 시대를 통해 배웠습니다. 그럼에도 문재인 대통령의 취임사는 여전히 우리 정치가 되새겨야 할 길잡이입니다.

정의와 공정, 국민 통합이라는 말은 어느 정부에서든 흔히 쓰이지만 그 약속을 어떻게 지켜낼 것인가가 곧 민주주의의 품격이 됩니다. 갈등을 껴안고 신뢰를 쌓아가는 일이야말로 권력의 본질임을 잊지 말아야 할 것입니다. 존경하는 대통령님, 오늘 저는 이 빛과 그림자를 함께 전하며 부디 국민의 신뢰가 권력의 기초가 되길 바라봅니다.

  정의와 공정은 선언보다 유지가 어렵고 통합은 말보다 실천이 힘들지만, 국민의 눈높이에서 늘 권력이 투명할 때만 그 약속은 오래 빛날 수 있습니다. 이 작은 글이 대통령님의 마음 한 켠에 맑은 바람처럼 머물러 권력은 언제나 국민의 것임을, 정의와 공정은 스스로 지켜내야 한다는 진실을 오늘의 대한민국에도 굳건히 심어주길 소망합니다.

## 윤석열 대통령 취임사 중에서

### 자유의 이름으로 당신을 꾸짖습니다

사랑하는 대통령에게 띄우는 편지라면, 먼저 덕담을 얹는 것이 인지상정일지 모릅니다. 그러나 윤석열 전 대통령에게만은 차마 그럴 수가 없습니다.

그날 당신이 취임사에서 그토록 자랑스럽게 내세웠던 '자유'와 '연대'라는 말은 이제와 돌이켜보면, 얼마나 허망한 메아리였는지요.

자유는 곧 책임이어야 했고,

연대는 곧 신뢰여야 했는데,

당신의 권력은 그것들을 짓밟은 채 끝내 계엄령이라는 칼날로 국민을 위협했습니다. 참으로 안타깝고도 부끄러운 일입니다.

당신은 취임식에서 반지성주의를 극복하겠다고 선언했습니다. 지성을 억누르는 거짓과 폭력을 몰아내겠다던 그 약속은 어디로 사라져버렸습니까. 국민은 당신의 검찰개혁 약속이 공허한 메아리로 돌아가는 것을 지켜봐야 했고, 권력기관은 국민의 뜻을 살피기보다는 기득권을 보전하느라 바빴습니다.

정의는 물러섰고,

진실은 장막에 갇혔습니다.

과학과 기술로 미래를 대비하겠다던 포부는 어찌 되었습니까.

기초과학 예산은 삭감되고, 연구자들은 떠났습니다.

혁신을 부르짖었지만,

규제 혁신은 관료의 서랍 속에 갇혔고,

민간 주도 성장은 재벌과 특권층의 배만 불렸을 뿐 청년과 서민의 삶은 조금도 나아지지 않았습니다. 자유는 특권이 되었고, 연대는 고립이 되어버렸습니다.

국민은 속지 않았습니다.

당신이 선포한 계엄령은 국민을 지키는 방패가 아니라 국민을 향한 칼날이었습니다. 민주주의가 피로 지켜온 헌정 질서는 위태로웠습니다. 국민은 마침내 당신을 멈춰 세웠습니다. 국회는 탄핵안을 의결했습니다. 헌법재판소는 그 뜻을 받아들였습니다. 대통령의 이름이 무겁게 내려앉은 자리는 부끄러운 재판정으로 이어졌습니다.

그토록 외치던 자유와 연대는 허망한 거짓말이 되었습니다.

그러나 당신의 실패는 새로운 정부에 값진 교훈으로 남아야 합니다.

이제 이재명 정부는 그 가르침을 외면해서는 안 됩니다.

자유라는 이름에 진정한 책임을, 연대라는 깃발에 깊은 신뢰를 더해야 합니다. 국민과 함께 숨 쉬지 않는 자유는 폭력이 되고, 함께 울지 않는 연대는 허울뿐인 위선이 된다는 것을 잊지 말아야 합니다.

윤석열 대통령 취임사 중에서

권력은 국민의 것임을 한시도 잊어서는 안 될 것입니다.

권력자가 스스로 국민 위에 두는 순간 자유민주주의는 무너진다는 사실을 이재명 대통령은 늘 마음에 새겨야 합니다.

규제 혁신과 민간 주도 성장은 수치를 채우는 구호에 그쳐서는 안 됩니다. 국민의 삶을 더 낫게 하는 빛이 되어야 하고, 과학과 기술은 권력을 지탱하는 장식이 아니라 미래 세대를 위한 단단한 디딤돌이어야 합니다.

반지성주의의 유혹은 언제나 권력 곁에 그림자처럼 따라붙습니다.

대통령이 무지를 방패삼아 두려움을 조장하고, 거짓을 흘려 국민을 서로 갈라치려 한다면 민주주의는 또다시 상처받을 것입니다. 권력자 스스로 지성의 빛을 더 밝히고, 국민이 진실을 나누어 가질 수 있도록 두려움 없이 열어두는 것, 그것이 진정한 혁신이 될 것입니다.

그날 윤석열 전 대통령은 자유를 말했으나 국민을 속였습니다. 이제 이재명 대통령은 달라지길 바랍니다. 이 자리에 오르도록 많은 핍박을 받았지요. 하지만 이를 되갚음으로 되돌려주는 순간 권력에 문제가 발생하게 될 것입니다.

권력은 영원하지 않다는 사실을 깨달아야 합니다. 오직 국민의 신뢰만이 권력을 살린다는 것을 부디 잊지 말아주십시오. 국민은 언제나 깨어 있으며, 어떤 계엄령에도 맞서고, 어떤 거짓에도 등을 돌릴 수 있다는 사실을 두려워해야 합니다.

마지막으로 부끄러운 한 시대의 실패가 새로운 시대의 거름이 되길 바랍니다. 자유의 이름으로 스스로 묶고 연대의 이름으로 스스로 낮추십시오. 권력은 언젠가 사라지지만 국민의 신뢰는 오래도록 나라를 지켜줍니다. 그 신뢰만이 이재명 정부를, 그리고 우리 민주주의를 든든히 떠받쳐 줄 것입니다.

  이 편지를 부디 마음 깊이 간직하시길. 자유와 연대는 결코 권력자의 것이 아닙니다. 국민이 원할 때만, 권력자는 그 이름을 빌려 쓸 수 있을 뿐입니다. 역사의 준엄한 가르침을 결코 잊지 마시길 바랍니다.

## 이재명 대통령 취임사 중에서

### 이재명 대통령 취임사 전문

존경하는 이재명 대통령 님께서 취임사 전문을 낭독하셨습니다. 이제 대한민국 대통령으로서 국민이 주인인 나라, 국민이 행복한 나라, 진짜 대한민국을 향해 함께 나아가셔야 합니다. 다음은 취임사 전문입니다.

### 全文

『존경하고 사랑하는 국민 여러분! 여러분이 선택해 주신 대한민국 제21대 대통령 이재명 인사드립니다. 한없이 무거운 책임감과 한없이 뜨거운 감사함으로 이 자리에 섰습니다. 5200만 국민이 보내주신 5200만 가지 열망과 소망을 품고 오늘부터 저는 대한민국 21대 대통령으로서 진정한 민주공화국 대한민국을 향한 첫발을 내딛습니다.

미래가 우리를 향해 손짓하고 있습니다. 벼랑 끝에 몰린 민생을 되살리고, 성장을 회복해 모두가 행복한 내일을 만들어갈 시간입니다. 정쟁 수단으로 전락한 안보와 평화, 무관심과 무능, 무책임으로 무너진 민생과 경제, 장갑차와 자동소총에 파괴된 민주주의를 다시 일으켜 세울 시간입니다.

우리를 갈라놓은 혐오와 대결 위에 공존과 화해, 연대의 다리를 놓고, 꿈과 희망이 넘치는 국민 행복 시대를 활짝 열어젖힐 시간입니다. 한강 작가가 말한 대로, 과거가 현재를 돕고, 죽은 자가 산자를 구했습니다. 이제는 우리가, 미래의 과거가 되어 내일의 후손들을 구할 차례입니다.

국민 앞에 약속드립니다.

깊고 큰 상처 위에 희망을 꽃피우라는 준엄한 명령과 완전히 새로운 나라를 만들라는 그 간절한 염원에 응답하겠습니다. 이번 대선에서 누구를 지지했든 크게 통합하라는 대통령의 또 다른 의미에 따라 모든 국민을 아우르고 섬기는 '모두의 대통령'이 되겠습니다. 대한민국은 오늘도 새로운 역사를 쓰고 있습니다.

식민지에서 해방된 나라 가운데 유일하게 산업화와 민주화에 성공한 나라, 세계 10위 경제력에 세계 5위의 막강한 군사력을 자랑하며 K컬처로 세계 문화를 선도하는 나라. 이 자랑스러운 동방의 한 나라가 이제는 맨손의 응원봉으로 최고 권력자의 군사 쿠데타를 진압하는 민주주의 세계사의 새 장을 열고 있습니다.

대한민국의 이 위대한 여정을 대한국민의 이 위대한 역량을 전 세계인이 경이로움으로 지켜보고 있습니다. 오색 빛 혁명, K 민주주의는 위기에 처한 민주주의의 새 활로를 찾는 세계인들에게 뚜렷한 모범이 되었습니다.

사랑하는 국민 여러분!

우리는 지금 대전환의 분기점에 서 있습니다. 낡은 질서가 퇴조하고 새 질서, 문명사적 대전환이 진행 중입니다. 지금까지 겪어보지 못한 초과학기술 신문명 시대, 눈 깜빡할 새 페이지가 넘어가는 인공지능 무한 경쟁 시대가 열렸습니다. 기후 위기가 인류를 위협하고, 산업 대전환을 압박합니다. 보호주의 확대와 공급망 재편 등 급격한 국제 질서 변화는 우리의 생존을 위협합니다.

변화에 뒤처져 끌려갈 것이 아니라 변화를 주도하며 앞서가면 무한한 기회를 누릴 수 있습니다. 그러나 안타깝게도, 이 중차대한 시기에 우리는 민생, 경제, 외교, 안보, 민주주의 모든 영역에서 엉킨 실타래처럼 겹겹이 쌓인 복합 위기에 직면했습니다. 대한민국의 현재와 미래가 동시에 위협받고 있습니다. 지친 국민의 삶을 구하고 민주주의와 평화를 복구하는 일, 성장을 회복하고 무너진 국격을 바로 세우는 일에는 짐작조차 힘든 땀과 눈물, 인내가 필요할 것입니다.

그러나 그늘진 담장 밑에서도 기필코 해를 찾아 피어나는 6월의 장미처럼, 우리 국민은 혼돈과 절망 속에서도 나아갈 방향을 찾았습니다. 주권자 국민의 뜻을 침범 삼아 험산을 넘고 가시덤불을 헤치고서라도 전진하겠습니다. 민생 회복과 경제 살리기부터 시작하겠습니다. 불황과 일전을 치르는 각오로 비상 경제대응 TF를 바로 가동하겠습니다. 국가 재정을 마중물로 삼아 경제의 선순환을 되살리겠습니다.

이제 출범하는 민주당 정권 이재명 정부는 정의로운 통합정부, 유연한 실용정부가 될 것입니다. 통합은 유능의 지표이며, 분열은 무능의 결과입니다. 국민 삶을 바꿀 실력도 의지도 없는 정치 세력만이 권력 유지를 위해 국민을 편 가르고 혐오를 심습니다. 분열의 정치를 끝낸 대통령이 되겠습니다. 국민 통합을 동력으로 삼아 위기를 극복하겠습니다.

민생, 경제, 안보, 평화, 민주주의 등 내란으로 무너지고 잃어버린 것들을 회복하고, 지속적으로 성장 발전하는 사회를 만들겠습니다. 국민이 맡긴 총칼로 국민주권을 빼앗는 내란은, 이제 다시는 재발해선 안 됩니다. 철저한 진상 규명으로 합당한 책임을 묻고, 재발 방지책을 확고히 마련하겠습니다. 공존과 통합의 가치 위에 소통과 대화를 복원하고, 양보하고 타협하는 정치를 되살리겠습니다.

낡은 이념은 이제 역사의 박물관으로 보냅시다. 이제부터 진보의 문제란 없습니다. 이제부터 보수의 문제도 없습니다. 오직 국민의 문제, 대한민국의 문제만 있을 뿐입니다. 박정희 정책도, 김대중 정책도, 필요하고 유용하면 구별 없이 쓰겠습니다. 이재명 정부는 실용적 시장주의 정부가 될 것입니다. 통제하고 관리하는 정부가 아니라 지원하고 격려하는 정부가 되겠습니다. 창의적이고 능동적인 기업 활동을 보장하기 위해 규제는 네거티브 중심으로 변경하겠습니다. 기업인들이 자유롭게 창업하고 성장하며 세계 시장에서 경쟁할 수 있도록 든든하게 뒷받침하겠습니다.

이재명 대통령 취임사 중에서

국민의 생명과 안전, 노동자의 정당한 권리를 위협하고, 부당하게 약자를 억압하며, 주가 조작 같은 불공정 거래로 시장 질서를 위협하는 등, 규칙을 어겨 이익을 얻고 규칙을 지켜 피해를 입는 것은 결코 허용하지 않겠습니다. 모든 국민의 기본적 삶의 조건이 보장되는 나라, 두터운 사회 안전망으로 위험한 도전이 가능한 나라여야 혁신도 새로운 성장도 가능합니다. 개인도, 국가도 성장해야 나눌 수 있습니다.

국익 중심의 실용 외교를 통해 글로벌 경제·안보 환경 대전환의 위기를 국익 극대화의 기회로 만들겠습니다. 굳건한 한미 동맹을 토대로 한미일 협력을 다지고, 주변국 관계도 국익과 실용의 관점에서 접근하겠습니다. 외교의 지평을 넓히고, 국제적 위상을 높여 대한민국 경제 영토를 확장해 나가겠습니다.

존경하는 국민 여러분!

위대한 빛의 혁명은 내란 종식을 넘어 빛나는 새 나라를 세우라고 명령합니다. 희망의 새 나라를 위한 국민의 명령을 준엄히 받들겠습니다. 첫째, 명실상부한 '국민이 주인인 나라'를 만들겠습니다. 대한민국은 민주공화국이고, 주권은 대한국민에게 있습니다. 언제 어디서나 국민과 소통하며 국민의 주권의지가 일상적으로 국정에 반영되는 진정한 민주공화국을 만들겠습니다. 빛의 광장에 모인 사회 대개혁 과제들을 흔들림 없이 추진하겠습니다.

둘째, 다시 힘차게 성장 발전하는 나라를 만들겠습니다. 기회와 자원의 불평등이 심화되고, 격차와 양극화가 성장을 가로막는 악순환이 지속되고 있습니다. 저성장으로 기회가 줄어드니, 함께 사는 경쟁 대신 네가 죽어야 내가 사는 전쟁만 남았습니다. 극한 경쟁에 내몰린 청년들이 남녀를 갈라 싸우는 지경이 되었습니다. 경쟁 탈락이 곧 죽음인 불평등 사회가 갈라치기 정치를 만나 사회 존속을 위협하는 극단주의를 낳았습니다. 새로운 성장 동력을 만들고, 성장의 기회와 결과를 함께 나누는 공정성장이 더 나은 세상의 문을 열 것입니다.

가난해도 논밭 팔아가며 자식들 공부시킨 부모 세대의 노력이 지금의 대한민국을 만든 것처럼 정부가 나서 다가올 미래를 준비하고 지원하며 투자하겠습니다. AI, 반도체 등 첨단 기술 산업에 대한 대대적 투자와 지원으로 미래를 주도하는 산업 강국으로 도약하겠습니다. 기후 위기 대응이라는 세계적 흐름에 따라 재생에너지 중심 사회로 조속히 전환하겠습니다. 에너지 수입 대체, RE100 대비 등 기업 경쟁력 강화에 더하여 촘촘한 에너지 고속도로 건설로 전국 어디서나 재생에너지를 생산할 수 있게 해 소멸 위기 지방을 살리겠습니다.

셋째, 모두 함께 잘사는 나라를 만들겠습니다. 자원이 부족했던 대한민국은 특정한 지역, 기업, 계층에 몰아 투자하는 불균형 발전 전략으로 세계 10위 경제 대국으로 압축 성장했습니다. 그러나 이제는 불균형 성장 전략이 한계를 드러내고, 불평등에 따른 양극화가 성장을 가로막게 되었습니다. 이제 지속적 성장을 위해서는 성장발전 전략을 대전환해야 합니다. 균형발전, 공정성장 전략, 공정 사회로 나아가야 합니다. 수도권 집중을 벗어나 국토 균형 발전을 지향하고, 대·중·소·벤처기업과 스타트업이 유기적으로 협력하는 산업 생태계를 만들고, 특권적 지위와 특혜가 사라진 공정 사회로 전환해야 합니다. 성장의 기회와 과실을 고루 나누는 것이 지속 성장의 길입니다. 성장과 분배는 모순 관계가 아닌 보완관계인 것처럼 기업 발전과 노동 존중은 얼마든지 양립할 수 있습니다.

넷째, 문화가 꽃피는 나라를 만들겠습니다. "오직 한없이 가지고 싶은 것은 높은 문화의 힘이다." 백범 김구 선생의 꿈이 이제 현실이 되어 가고 있습니다. K팝부터 K드라마, K무비, K뷰티에 K푸드까지, 한국 문화가 세계를 사로잡고 있습니다. 문화가 곧 경제이고, 문화가 국제 경쟁력입니다. 한국 문화의 국제적 열풍을 문화산업 발전과 좋은 일자리로 연결시켜야 합니다. 대한민국의 문화산업을 더 크게 키우겠습니다. 적극적인 문화 예술 지원으로 콘텐츠의 세계 표준을 다시 쓸 문화 강국, 글로벌 소프트파워 5대 강국으로 도약하겠습니다.

다섯째, 안전하고 평화로운 나라를 만들겠습니다. 안전과 평화는 국민 행복의 대전제입니다. 안전이 밥이고, 평화가 경제입니다. 세월호, 이태원 참사, 오송 지하차도 참사 등 사회적 참사의 진상을 명확히 규명하고, 국민의 생명과 재산이 위협받지 않는 안전 사회를 건설하겠습니다. 분단과 전쟁의 상처를 치유하고 평화

번영의 미래를 설계하겠습니다. 아무리 비싼 평화도 전쟁보다 낫습니다. 싸워서 이기는 것보다, 싸우지 않고 이기는 것이 낫고, 싸울 필요 없는 평화가 가장 확실한 안보입니다. 북한 GDP의 2배에 달하는 국방비와 세계 5위 군사력에, 한미 군사동맹에 기반한 강력한 억지력으로 북핵과 군사도발에 대비하되, 북한과의 소통 창구를 열고 대화 협력을 통해 한반도 평화를 구축하겠습니다. 불법 계엄으로 실추된 군의 명예와 국민 신뢰를 회복하고, 다시는 군이 정치에 동원되지 않도록 하겠습니다.

사랑하고 존경하는 국민 여러분,

생사를 넘나드는 숱한 고비에도 오직 국민에 대한 믿음을 부여잡고 국민께서 이끌어주신 길을 따라 여기까지 왔습니다. 이제 국민께서 부여한 사명을 따라 희망을 찾아가겠습니다. 우리 국민은 하나일 때 강했고, 국민이 단합하면 어떤 역경이든 이겨냈습니다. 일제의 폭압에 3·1운동으로 맞서며 대한민국 임시정부를 수립했고, 분단의 아픔과 전쟁의 폐허 위에서 세계가 놀랄 산업화를 이뤄냈습니다. 엄혹한 독재에 맞서 민주주의를 쟁취했고, 세계사에 없는 두 번의 아름다운 무혈혁명으로 국민주권을 되찾았습니다.

우리 국민의 이 위대한 역량이라면, 극복하지 못할 위기는 없습니다. 높은 문화의 힘으로 세계를 선도하는 나라, 앞선 기술력으로 변화를 주도하는 나라, 모범적 민주주의로 세계의 귀감이 되는 대한민국. 우리 대한민국이 하면 세계의 표준이 될 것입니다.

이재명 대통령 취임사 중에서

존경하는 국민 여러분.

회복도 성장도 결국은 이 땅의 주인인 국민의 행복을 위한 것입니다. 모든 국가 역량이 국민을 위해 온전히 쓰이는 진정한 민주공화국을 만듭시다. 작은 차이를 넘어 서로를 인정하고 존중하며, 국민이 주인인 나라, 국민이 행복한 나라, 진짜 대한민국을 향해 함께 나아갑시다. 국가권력을 동원한 내란에 저항하고, 아름다운 빛으로 희망 세상을 열어가는 국민 여러분이 이 역사적 대장정의 주역입니다. 대한민국 주권자의 충직한 일꾼으로서, 5200만 국민의 삶과 국가의 미래를 위탁받은 대리인으로서 21대 대한민국 대통령에게 주어진 책임을 충실히 이행하겠습니다.』

존경하는 이재명 대통령 님

이재명 대통령 님은 위와 같이 대한민국 제21대 대통령으로서 취임선서와 함께 취임사를 마쳤습니다. 이제 대통령 님은 "내란" 사건을 종결짓고 다시는 이 땅에서 계엄령을 선포할 수 없도록 법적인 사항을 잘 마무리 하셔야 합니다. 더불어 윤석열 전 대통령 외 동조자, 방조자도 함께 그에 대한 책임을 물어야 합니다. 그리고 유튜브 외 허위사실을 '유포한 자'도 강력하게 처벌할 수 있도록 법을 개정하셔야 합니다.

# 제3장
# 조국 일가와 정치검찰의 그늘

조국 일가와 정치검찰의 그늘

권력 앞에서 조국 가족이 겪은 시련

검찰개혁과 권력기관 견제 _ 조국 사태가 남긴 교훈

조국 대표는 마녀사냥, 인권침해의 표본

마녀사냥을 멈춰라

조국 사건을 보며 경고한다

조국의 특별사면

## 조국 일가와 정치검찰의 그늘

광복절 사면 명단에 조국 혁신당 조국 대표의 이름이 포함되었다. 그리고 복권까지 이루어졌다. 그 순간 많은 이들의 마음속에서 묵직한 응어리가 풀렸다.

조국이라는 이름이 지난 몇 년간 겪어야 했던 시련과 모욕, 그리고 가족 전체를 삼켜버린 불의의 기억이 다시 떠올랐다.

이 사건을 지켜본 국민 대다수는 이번 사면이 단순한 정치적 결정이 아니라, 뒤틀린 정의를 바로잡는 첫걸음이라고 느꼈다. 조국 일가가 겪은 고통은 단순한 법적 처벌이 아니었다.

그것은 정치 권력과 검찰 권력이 결탁해서 특정 인물을 무너뜨리기 위해 조직적으로 기획한 인격 살해에 가까웠다는 게 지배적인 의견이다.

당시 윤석열 정부의 정치검찰은 조국과 그 가족을 법정이 아니라 언론의 광장에 세웠다. 수십 차례의 압수수색, 언론을 통한 피의사실 유포, 그리고 가족의 사생활까지 파고드는 무차별적 수사가 이어졌다.

법보다는 정치가 앞서 있었고, 정의보다는 복수가 더 앞서 있었다.

검찰은 조국 전 장관을 향해 적폐 청산의 역풍이라는 명분을 내세웠지만, 실제로는 정치적 보복의 칼을 휘둘렀다. 가장 가혹했던 점은 그 화살이 가족에게까지 향했다는 것이다. 아내 정경심 교수는 중병을 앓으면서도 수감생활을 강요당했고, 자녀들은 언론의 먹잇감이 되어 장래가 위태로워졌다.

그 과정에서 인간으로서의 최소한의 존엄은 무너졌다. 마치 한 집안을 완전히 해체해 버리는 것이 목표였던 것처럼 보였다. 많은 시민들이 느꼈던 건 이것이 결코 정상적인 법 집행이 아니라는 사실이었다.

검찰은 법률 조항 하나하나를 무기 삼아 해석했고, 그 해석은 모두 조국에게 불리한 방향으로만 작동했다. 그럴 수밖에 없지 않은가. 무섭고 살벌한 윤석열식 검찰 독재 때문이었다. 심지어 일부 언론은 검찰의 프레임을 그대로 받아쓰며 국민적 공분을 인위적으로 조성했다. 결국 피고인이기 때문에 유죄라는 거꾸로 된 인식이 사회 전반에 퍼져 나갔다. 이 모든 과정은 한국 사회가 아직도 검찰 공화국 즉 정치검찰의 그늘에서 벗어나지 못했음을 보여주는 것이다.

검찰이 정권의 이해와 맞아떨어질 때, 그들은 무소불위의 권한을 행사하며 한 사람의 삶을 송두리째 뒤흔든다. 조국 일가의 사례는 그 전형이었다. 여태 어떤 정부에서도 이렇게 한 가족을 샅샅이 털어 폐족하는 경우는 없었던 것이다. 그 과정에서 법치주의의 본질인 무죄추정의 원칙은 실종되었고, 정치적 목적이 법률 해석을 지배했다. 광복절 사면과 복권은 그 자체로 모든 억울함을 해소하는 마침표가 될 수는 없다.

그러나 이 조치가 주는 상징성은 크다. 그것은 정치검찰의 무도

함을 국민들이 기억하고 있다는 사실이 아니겠는가. 그리고 그 부당함을 바로잡아야 한다는 사회적 의지가 여전히 살아있다는 증거다. 우리는 세계 5대 경제 대국이며, 세계 영향력 7위권 안에 들어 있는 대한민국이란 민주공화국인 것이다. 이재명 대통령의 결단은 단지 조국 개인을 구제한 것이 아니라, 권력에 맞선 시민의 오랜 요구를 반영한 것이다. 물론, 조국 대표의 과거 행보에 비판할 지점이 없었던 것은 아니다.

법이 사람을 심판하는 방식은 절제와 균형 속에서 이루어져야 한다. 그런데 정치검찰은 이 절제를 버렸다. 대신 제거 대상이라는 낙인을 찍고, 가능한 모든 수단을 동원해 사회적 사형 집행을 감행했다. 그 결과 법은 공정성을 잃었고, 국민은 정의에 대한 믿음을 잃었다. 그래서 국민 대다수는 공분(公憤)했던 것이다.

조국 일가의 시련은 우리 사회에 중요한 질문을 던진다.

검찰 권력을 어떻게 견제할 것인가.

정치적 이해관계가 법 집행에 개입하지 못하도록 제도적 장치를 강화해야 한다는 목소리는 더 커져야 한다. 그렇지 않으면 또 다른 조국 사건이 반복될 것이다. 사면과 복권이 끝이 아니라, 권력기관 개혁의 시작이 되어야 한다. 이제 조국 대표는 정치의 전면에 복귀했다. 그의 복귀가 단순한 개인적 재기의 서사가 아니라, 정치검찰 시대를 종식시키는 실질적 행동으로 이어지길 바란다.

억울하게 무너진 사람들이 다시 일어설 수 있는 사회 그리고 권력 앞에서도 법이 흔들리지 않는 사회를 만드는 데 그의 경험이 쓰여야 한다. 조국 일가가 겪은 고통이 헛되지 않으려면 그 고통이 변화의 원동력이 되어야 한다.

광복절 사면은 이름 그대로 자유의 회복이다. 조국 대표와 그 가족에게는 뒤늦게 찾아온 숨 쉴 틈이자 새로운 싸움의 출발점일 것이다. 물론 조국을 비롯해 그 가족이 겪은 참담함과 고통을 실제 겪지 않은 우리로선 완전히 가늠할 수는 없다. 하지만 이렇게라도 사면이 되고 복권된 것은 우리 사회에 아직도 정의가 살아있다는 말이나 마찬가지다.

정치검찰에 의해 무너진 정의를 다시 세우는 일, 그건 조국 개인의 몫만이 아니다. 그것은 이 나라의 모든 시민이 함께 짊어져야 할 과제다. 그날이 오면 우리는 더이상 검찰의 나라가 아닌 진정한 민주공화국에 살고 있을 것이다.

## 권력 앞에서 조국 가족이 겪은 시련

민주주의의 핵심은 권력의 분산과 견제다.

그 어떤 기관도 절대 권력을 가져서는 안 된다는 원칙은 인류가 수많은 피를 흘려 얻은 결론이다. 그러나 권력기관이 정치와 결탁하거나 스스로 정치의 주체가 될 때, 그 힘은 민주주의를 지키는 방패가 아니라 시민을 억압하는 창이 된다.

대한민국에서 가장 강력한 수사·기소 권력을 가진 검찰이 바로 그 위험을 보여준 사례가 있다. 그리고 그 한가운데 한 가족이 있었다. 바로 조국 장관의 가족이었다.

2019년, 조국 전 법무부장관이 지명되자마자 정치 검찰은 전례 없는 속도로 전례 없는 방식으로 수사에 착수했다. 조국 전 법무부장관 본인은 물론 배우자와 자녀까지 수사망에 걸려들었다. 압수수색은 하루가 멀다고 이어졌고, 피의사실은 매일 언론을 통해 흘러나왔다.

국민은 검찰개혁이라는 단어가 왜 필요한지를 한 가족이 처절하게 무너져가는 과정을 통해 목격했다.

검찰은 장관 자녀의 입시 문제를 집중적으로 파고들었다. 그러나 그 방식은 공정한 수사의 틀을 벗어나 있었다. 밤늦게까지 이어지는 조사, 수십 차례의 압수수색, 그리고 피의사실 공표가 일상처럼 반복되었다. 아직 법원에서 확정된 판결도 없었지만, 언론은 입시 비리라는 단어를 반복 재생하며 여론재판을 벌였다. 이는 헌법이 보장하는 무죄 추정 원칙을 정면으로 부정하는 행위라고 할 수 있다.

조국 전 장관의 배우자 정경심 교수는 검찰 수사 초기부터 강도 높은 압박을 받았다. 건강이 악화된 상황에서도 장시간 조사를 받아야 했고, 검찰은 이를 중단하지 않았다. 결국 법원이 구속영장을 발부하며 증거인멸 우려라는 이유를 들었지만, 이후 재판 과정에서 검찰의 주장 상당수가 허물처럼 무너졌다. 그럼에도 가족이 입은 정신적, 사회적 상처는 쉽게 회복될 수 없는 것이었다. 다음의 내용(조국 전 법무부장광의 부인 정경심에게 남겨진 판결문)의 일부임을 밝혀둔다.

## 주 문

『피고인 정경심에게 징역 4년 및 벌금 500,000,000원에 처한다. 피고인이 위 벌금을 납입하지 아니하는 경우 800,000원을 1일로 환산한 기간 피고인을 노역장에 유치한다. 피고인으로부터 138,944,990원을 추징한다. 피고인에게 위 벌금 및 추징금에 상당한 금액의 가납을 명한다. 이 사건 공소사실 중 2019고합738호. 사문서위조의 점, 업무상횡령의 점, 거짓 변경보고로 인한 자본시장과 금융투자업에 관한 법률 위반의 점, W증권 계좌(계좌번호 BC)를 이용한 금융실명거래 및 비밀보장에 관한 법률 위반의 점, 증거은닉교사의 점은 각 무죄, 위 무죄 부분 판결의 요지를 공시한다.』

조국 부인 정경심 전 동양대학교 교수의 1심 판결문 원문의 주문이다. 주문 이하는 총 571쪽에 달한다. 어마무시한 분량이다. 이런 엄청난 판결문을 받고 놀랐을 조국 가족 특히 조국의 아내 정경심 전 교수는 숨이 턱 막혔을 것이다.

무엇보다 중요한 부분은, 어떻게 이런 마녀사냥이 가능했을까. 검찰의 행태에서 가장 문제였던 것은 정치적 의도의 의심을 피할 수 없었다는 점이다.

당시 정부와 여당이 추진하던 고위공직자범죄수사처(공수처) 설치, 검경수사권 조정 등 검찰개혁 입법은 검찰 권한을 축소하는 내용이었다. 조국 전 장관은 바로 그 개혁의 선봉장이었다.

검찰은 개혁의 칼날이 자신들을 향하자 마치 방어 본능처럼 그를 제거하려는 정치 수사에 나섰다는 해석이 가능하다. 검찰개혁의 필요성은 이 사건을 통해 국민적 공감대로 확산됐다. 검찰이 수사권과 기소권을 동시에 독점하면 권력기관에 대한 민주적 통제는 불가능하다. 세계 주요 민주국가 대부분이 수사권과 기소권을 분리하는 이유가 바로 여기에 있다.

미국, 프랑스, 독일 등에서는 검찰이 직접적으로 수사에 착수하는 경우가 극히 제한적이다. 우리나라만이 수사와 기소를 독점한 검찰이라는 구조를 오랫동안 유지해 왔다고 한다.

검찰권 남용을 막기 위해서는 몇 가지 제도적 장치가 반드시 필요하다.

첫째, 수사권과 기소권의 분리를 완전하게 실현해야 한다.

둘째, 검찰의 직접수사 범위를 최소화하고, 권력형 범죄나 경제범죄처럼 불가피한 경우에도 외부 통제 기구의 승인을 받게 해야 한다.

셋째, 피의 사실 공표를 엄격히 금지하고, 이를 어긴 경우 검찰 내부가 아닌 독립기구에서 징계·수사하도록 해야 한다는 것이다.

또한 권력기관 견제의 균형을 위해 국회와 사법부, 시민사회가 함께 감시망을 구축해야 한다. 검찰이 수사의 칼날을 정치적 반대편에만 겨누는 관행을 막으려면, 사건 배당·수사 개시·기소 결정 과정 모두가 투명하게 공개되어야 한다. 국민의 알 권리와 피의자의 인권이 조화를 이루는 절차가 필요하다.

조국 전 장관 가족의 사건은 아직도 많은 사람들에게 상처로 남아 있다. 그 상처는 단지 개인의 불행이 아니라 한 사회가 권력기관의 오만을 얼마나 허용할 수 있는지에 대한 경고였다. 만약 당시 검찰이 법과 원칙에 따라 절제된 수사를 했다면 대한민국의 검찰개혁 논의는 다른 방식으로 진행됐을 것이다. 그러나 그들이 보여준 무리한 수사는 오히려 개혁의 정당성을 국민 앞에 입증하는 역설적 결과를 낳았다.

검찰개혁은 단순한 제도 개편이 아니다. 그것은 국민 한 사람 한 사람의 권리를 지키는 안전장치이며, 권력기관이 다시는 시민을 향해 무자비하게 칼을 휘두르지 못하게 하는 최소한의 방파제다.

조국 전 장관 가족이 겪은 시련은 우리 모두가 언제든 권력의 표적이 될 수 있다는 사실을 일깨웠다. 이제 우리는 그 교훈을 제도로 완성해야 한다. 권력기관은 국민을 위해 존재해야 한다. 그리고 그 국민의 이름으로 권력은 반드시 견제받아야 한다는 점을 명심할 필요가 있지 않을까.

# 검찰개혁과 권력기관 견제

_ 조국 사태가 남긴 교훈

대한민국의 근현대사는 권력기관이 민주주의를 위협하거나 훼손했던 사례로 가득하다.

군사정권 시절의 중앙정보부, 국가안전기획부 그리고 이후의 검찰은 각기 다른 시대적 맥락 속에서 권력의 의지를 집행하며 시민의 자유를 제한하고 정치 질서를 왜곡했다. 이러한 역사 속에서 권력기관 견제는 민주주의를 지키기 위한 필수 조건이 되었고, 그 대표적인 과제가 바로 검찰개혁이었다.

그러나 검찰은 스스로의 기득권을 양보하기보다 개혁의 주체를 향해 칼을 겨누는 모습을 반복해 왔다. 그 상징적 사건이 바로 조국 사태였다. 조국 전 법무부 장관은 문재인 정부 하에서 검찰개혁의 적임자로 지명되었다. 그가 제시한 개혁 방향은 검찰 권한의 분산, 수사권과 기소권의 분리, 그리고 고위공직자범죄수사처(공수처) 설치였다.

이는 검찰이 수사와 기소를 독점하며 정치적 영향력을 행사해 온 구조에 직접 메스를 들이대는 것이었다. 따라서 검찰 내부의 거센 반발을 불러올 수밖에 없었다. 임명 발표와 동시에 전방위적인 수사 공세가 시작되지 않았는가.

검찰의 수사는 통상적인 절차나 속도를 뛰어넘어 전광석화처럼 전개됐다. 조 전 장관의 가족, 친척, 심지어 10년 넘게 연락이 없던 지인까지 수사망에 걸렸다. 아내 정경심 교수는 표창장 위조 의혹, 입시 비리 혐의 등으로 다수의 기소를 당했다. 그리고 자녀의 인턴 경력과 생활기록부까지 압수수색 대상이 되었다.

심지어 자녀가 공부하던 해외 대학에까지 수사 협조 요청이 전달됐다. 검찰이 장관 본인을 넘어 가족 전체를 겨냥한 이 수사는 그 자체로 위력 과시이자 본보기 처벌이었다는 비판을 피할 수 없었다.

당시 언론의 보도 행태도 검찰과 맞물려 여론 재판의 양상을 띠었다. 이 과정에서 도덕성 붕괴라는 프레임이 공고히 자리 잡았다. 중요한 것은 많은 혐의가 재판에서 무죄 또는 일부 무죄 판결을 받았음에도 이미 형성된 대중 인식은 쉽게 바뀌지 않았다는 점이다. 이는 검찰의 피의사실 공표 관행과 언론의 선정적 보도가 결합했을 때 얼마나 강력한 사회적 낙인이 형성되는지를 보여주는 사례였다.

조국 사태는 검찰개혁이라는 목표가 왜 중요한지를 역설적으로 증명했다. 검찰이 기소권과 수사권을 독점한 채, 정치적 의도를 의심케 하는 방식으로 대상을 선택해 수사하면 그 결과는 사법 정의가 아니라 정치적 파괴가 된다.

민주주의 사회에서 권력기관은 국민으로부터 위임받은 권한을 행사하는 것이지, 스스로의 존속을 위해 권력을 행사하는 집단이 되어서는 안 된다. 그러나 당시 검찰은 개혁을 시도한 장관을 제거하는 과정에서 사법 권력의 자의적 행사라는 비판을 스스로 입증해 버렸다.

이 사건을 계기로 권력기관 견제의 필요성은 더 이상 추상적 담론이 아니게 되었다. 국회는 공수처 설치법을 통과시켰고, 검경 수사권 조정이 시행되었다. 그러나 제도 개혁은 완결이 아니라 출발이었다. 공수처가 제 기능을 하지 못하면 다시 무력화될 수 있고, 검찰 역시 스스로의 권한을 유지하려는 시도를 멈추지 않는다. 따라서 견제의 원리는 지속적으로 점검되고 보완되어야 한다는 점을 명심할 필요가 있다.

검찰개혁의 본질은 단순한 조직 구조 개편이 아니다. 그것은 권력의 속성에 대한 이해와 직결된다. 권력은 견제 받지 않으면 반드시 부패하고 견제 장치가 작동하지 않으면 권력기관은 스스로를 법 위에 두려 한다.

조국 사태에서 드러난 것은 법의 이름으로 자행된 정치적 행위가 개인과 가족의 삶을 어떻게 무너뜨릴 수 있는가 하는 비극이었다. 우리는 이 사건을 특정 정치인 개인의 흥망성쇠로만 기억해서는 안 된다. 그것은 대한민국 권력 구조의 결함을 드러낸 경고장이었다.

검찰이 다시는 정치적 중립성을 잃지 않도록 제도적 장치를 튼튼히 하고 사회적 감시를 강화해야 한다. 그렇지 않으면 내일의 조국 사태는 다른 이름으로 반복될 수 있다.

민주주의의 가치는 권력의 분산과 상호 견제 속에서 빛난다. 검찰개혁은 결코 한 사람의 정치적 과제가 아니며, 특정 정권의 단기 정책도 아니다. 그것은 권력기관을 국민의 손에 되돌려주는 민주주의의 심장부를 지키는 작업이다. 조국 사태의 교훈을 잊지 않는 한, 우리는 권력기관이 국민 위에 군림하는 시대를 다시 맞이하지 않을 것이다.

## 조국 대표는 마녀사냥, 인권침해의 표본

조국 조국혁신당 대표를 포함한 정치·사회 인사들에 대한 특별사면을 단행한 것은 단순히 한 사람의 자유를 되찾아주는 결정이 아니다. 지난 수년간 정치와 사법의 경계가 모호하게 뒤섞이며 훼손된 인권을 회복하는 상징적 사건이었다. 조국 대표의 사면 소식에 많은 국민이 안도의 한숨을 내쉰 이유도 바로 여기에 있었다.

이 사면은 하루아침에 이루어진 것이 아니다. 그 뒤에는 수많은 사람들의 꾸준한 목소리와 노력이 있었다. 더불어민주당 박지원 의원은 공개적으로 조국 가족은 이미 검찰에 의해 집단 학살당했다며 더 이상의 고통을 멈추기 위해 조속한 사면이 필요하다고 호소했다. 그 발언은 과격해 보일 수 있지만, 지난 몇 년간 이어진 무리한 수사와 재판을 떠올리면 결코 과장이 아니었다.

이재명 대통령 역시 오래전부터 조국 전 장관 사건의 부당함을 지적해왔다. 2020년, 경기도지사 시절 그는 공개적으로 조국 전 장관에 대한 마녀사냥과 인권침해를 중단하라고 촉구했다. 정치적 입장과 무관하게 한 개인이 겪는 과도한 인격 모독과 여론재판은 민주주의 국가에서 용납될 수 없다는 분명한 입장이었다.

이재명 당시 경기도지사는 조국 전 장관은 검찰 수사 과정에서 당하지 않아도 될 잔인한 인신공격과 마녀사냥을 당했다는 사실은 부인할 수 없다고 단언했다. 그는 수사 절차와 형사 재판은 냉정하고 객관적인 증거와 법리에 따라야 하며, 정치적 편향이나 언론의 광풍이 그 자리를 대신해서는 안 된다고 강조했다. 그 시기는 어떤 여론이 돌았는가. 여론의 한 축에서는 조국 전 장관을 향한 무차별적인 공격이 쏟아졌다. 특히 진중권 전 동양대 교수는 각종 언론과 SNS를 통해 조국 전 장관을 집요하게 비난했다.

그러나 그의 주장들은 구체적이고 객관적인 근거보다는 정치적 프레임과 개인적 감정을 앞세운 경우가 많았다. 무죄추정의 원칙이라는 형사법의 기본 정신이 무시된 채, 헌법이 보장하는 최소한의 인권마저 외면당하는 장면이었다. 이재명 당시 지사는 이런 분위기를 쓰러진 사람에게 발길질 하는 행위에 비유하며 강하게 비판했다.

조국 전 장관은 이미 수사와 재판이라는 절차적 압박 속에 있었는데, 거기에 더해 사회적 낙인과 인격 모독까지 감당해야 했다. 정치적 반대나 견해 차이를 넘어, 인간으로서의 존엄이 훼손되는 상황이었다.

정치와 사법이 뒤엉킨 사건에서 가장 먼저 무너지는 것은 언제나 인권이다. 검찰 수사가 공정성을 잃고 정치적 목적을 띠게 되면, 한 사람의 인생은 물론 그 가족까지도 삶의 터전을 잃게 된다.

조국 대표의 경우, 아내와 자녀들까지 광범위한 수사와 사회적 공격의 대상이 되었고, 이는 사법 정의가 아니라, 정치 보복이라는 비판을 불러왔다. 이번 광복절 사면은 그런 의미에서 인권의 부활이라 부를 만하다.

  법률적 의미를 넘어, 우리 사회가 인권의 최후 보루를 지키기 위해 다시 한번 원칙을 세우는 계기가 되었다고 본다. 사면이 곧 모든 혐의를 면죄하는 것은 아니지만, 그동안 과도하게 무너진 균형을 바로잡는 중요한 조치임은 분명하다고 하겠다. 물론 반대의 목소리도 있다. 일부에서는 사면이 법의 권위를 훼손한다는 우려를 제기한다.

  그러나 법의 권위는 절차와 형식만으로 유지되지 않는다. 오히려 그 권위는 법이 얼마나 인간의 존엄을 지키고, 사회적 정의를 구현하는 데 충실했는가에 달려 있다. 조국 대표 사면은 바로 그 정의를 회복하려는 선택이었다. 이번 결정을 계기로 정치적 이유로 특정 인물과 가족을 무차별적으로 겨냥하는 현대판 마녀사냥이 다시는 반복되지 않아야 한다.

  민주주의는 권력자나 다수의 감정이 아니라, 법과 인권의 원칙 위에서만 존속할 수 있다. 조국 대표 사면은 그 원칙을 되살린 역사적 순간이며, 앞으로도 그 정신을 이어가야 한다는 점이 중요하다.

  인권이 존중받는 사회, 그것이야말로 진정한 광복의 의미이기 때문이다. 대한민국의 민주주의를 지금보다 더 발전시키려면 이런 방향으로 나아가야 하리라고 본다.

## 마녀사냥을 멈춰라

조국 전 대표의 아들 조원 씨는 연세대학교에서 석사 학위가 취소되었다. 딸 조민 씨 역시 부산대학교 의학전문대학원에서 입학 취소를 당했고, 고려대학교에서도 입학 허가가 취소됐다.

교육기관의 이러한 결정들은 모두 위조된 서류가 원인이라는 공통점을 가진다. 아들의 경우 인턴 증명서가, 딸의 경우 표창장과 활동 기록이 문제가 되었다. 절차적으로는 각 대학의 판단일 수 있지만, 그 이면에는 단순한 학사 행정의 범위를 넘어선 정치적 파장이 있었다.

조국이라는 이름은 한때 개혁의 상징이었다. 그러나 동시에 그 이름은 정치적 대립의 한복판에 서게 되었고, 그와 가족들은 전방위적 수사와 여론의 포화를 맞았다. 잘못이 있다면 응당 책임을 져야 한다.

그러나 문제는 그 책임의 무게가 사실이 아니라 정치적 필요에 의해 결정되었다는 점이다. 자녀들마저 무차별적으로 겨냥된 것은 법치국가에서 결코 당연시되어서는 안 될 위험한 선례라고 할 수 있다.

아들의 인턴 서류 위조나 딸의 표창장 위조 여부는 법원 판결로 확인되었고, 이는 부정할 수 없는 사실이다. 그러나 여기서 우리는 중요한 질문을 던져야 한다. 과연 그 사안이 대학 입학과 학위 취소라는 극단적 행정 조치로까지 이어져야 했는가? 입학 과정의 공정성을 유지한다는 명분이었지만, 그 절차는 오히려 정치적 압력과 사회적 분위기에 지나치게 휘둘린 흔적이 역력했다. 더 심각한 문제는 이 과정에서 마녀사냥식 여론몰이가 작동했다는 점이다.

정치 검찰의 수사 과정에서 흘러나온 각종 피의 사실들은 언론을 통해 확대 재생산되었다. 그리고 국민의 분노는 가족 전체를 향했다. 그 결과 법정에서 최종 유죄가 확정되기도 전에 이미 사회적으로 낙인이 찍히고 모든 기회가 차단되었다. 이는 완벽한 마녀사냥이라고 할 수 있다.

마녀사냥의 가장 큰 폐해는 진실을 가릴 능력을 사회가 스스로 상실한다는 것이다. 사람들은 증거와 판결보다 소문과 감정에 더 귀를 기울인다. 정치적 대립 구도 속에서 한 인물과 그 가족이 적으로 규정되면, 그들에게 필요한 것은 사실이 아니라 응징이다. 이런 사회 분위기에서는 정의가 설 자리가 없다.

정치인의 가족이라고 해서 법의 보호를 덜 받아야 할 이유는 없다. 그들이 혜택을 받는 것도 잘못이지만, 반대로 불이익을 과도하게 받는 것 또한 똑같이 잘못이다. 권력형 비리와 입시 부정에 대한 경각심은 필요하다. 그러나 그것이 특정 정치 세력을 무너뜨리기 위한 수단으로 변질될 때 그 피해는 당사자와 가족, 그리고 사회 전체에 돌아오기 때문이다.

이번 사건에서 많은 국민들이 정치 검찰의 과도한 행태를 질타

했다. 검찰이 조국 전 대표와 가족을 겨냥해 집요하게 수사하고, 수많은 압수수색과 소환을 반복한 것은 법 집행을 넘어선 정치적 쇼라는 인상을 지울 수 없다. 그 과정에서 자녀들의 학업과 미래가 송두리째 흔들렸고, 대학들 역시 그 압박 속에서 정치적 중립보다 여론의 눈치를 택했다. 그리고 권력의 정점을 의식하는 행동을 하는 과오를 저질렀다.

잘못을 지적하는 것과 인격을 파괴하는 것은 다르다. 입시 제도의 허점을 바로잡는 것은 필요하지만 그 과정에서 당사자를 사회에서 퇴출시키는 식의 응징은 건강한 사회가 택할 길이 아니다. 특히 청년 세대의 미래를 통째로 빼앗는 일은 정의라는 이름으로 포장하더라도 결코 정의가 될 수 없다. 다행히 조국 대표의 아들 조원 씨의 경우 다른 대학원에 응시에 합격하여 학업을 이어가고 있다고 한다.

정치적 이해관계가 법 집행과 사회적 판단에 개입하면 그 피해자는 언제나 힘없는 개인이 된다. 오늘은 조국 전 대표의 가족이었지만 내일은 누군가의 아들과 딸이 될 수 있다. 법과 제도가 정치의 하수인이 되지 않도록 막는 것, 그것이 바로 이번 사건에서 우리가 반드시 배워야 할 교훈인 것이다.

우리는 잘못을 인정하되, 그 잘못을 빌미로 한 마녀사냥을 단호히 거부해야 한다. 정의는 감정이 아니라 원칙에서 비롯된다. 원칙 없는 정의는 복수일 뿐이고, 복수는 결국 또 다른 불의(不義)를 낳는다.

정치 검찰의 무리한 수사와 여론몰이가 다시는 반복되지 않도록 우리 사회 전체가 기억하고 견제해야 할 필요가 있다. 그것이야말로 이번 사건의 진정한 결말이자 앞으로 우리가 지켜야 할 정의의 첫걸음이라 할 수 있을 것이다.

## 조국 사건을 보며 경고한다

역사는 반복된다.

이것은 정말 진부한 말이다. 하지만 이 말은 결코 틀리지 않는 말이다. 조국 전 장관 사태(2019년~2025년)는 한국 민주주의 역사에서 그 반복의 고리를 드러낸 결정적 장이었다.

2019년 9월 9일 조국 전 장관이 법무부 장관에 임명되자, 언론과 검찰은 즉각 반응했다. 이후 수 개월간 이어진 압수수색 과정-가족 세 차례 압수수색, 친척 집까지 포함-과 언론의 피의사실 공표는 민주주의의 기준을 흔드는 강한 여운을 남겼다.

특히 서울중앙지검이 조 전 장관의 배우자 정경심 교수를 비공개 체포하면서 언론은 정경심 교수 체포라는 헤드라인을 밤새 달았다. 그 보도는 사건의 실체가 아니라, 국민적 충격을 유도하는 판단이었다. 과연 법원에서 판결이 확정된 것도 아닌 상황에서 언론이 검찰이 제시한 의혹을 사실처럼 보도하는 것은 언론의 폭력이었다. 이후 정경심 교수는 2020년 10월 14일 1심에서 징역 4년, 벌금 5억 원을 선고받고, 추징금 1억 3천 8백여만 원을 받고 법정 구속되었다.

그러나 항소심에서는 2021년 9월 2일 일부 무죄를 포함한 감형 판결을 받고 징역 4년에 벌금 5천만 원, 대법원에서는 2022년 4월 28일 신체적 고통과 재판 지연을 고려해 1심 형량을 유예한 채 상고 기각으로 원심이 확정되었다. 이 재판 과정을 통해 드러난 것은 초기 검찰과 언론이 그려낸 악마의 초상이 얼마나 극단적이었는가, 그리고 법정에서는 그보다 훨씬 다층적 현실이 드러났다는 점이었다.

조국 전 장관 본인도 2020년 12월 31일, 서울중앙지방검찰청에서 12가지 혐의로 불구속으로 기소당했다. 서울대에서는 이미 1월 29일 직위해제 되었고, 전방위 압박이 시작된 것이다.

검찰개혁의 필요성이 이토록 절실히 공감되는 계기는 바로 이러한 상황 때문이었다. 검찰이 기소권과 수사권을 단독으로 보유하고 있으며, 정치권과 일부 언론과 결탁할 때 얼마나 민주주의가 취약해질 수 있는지를 여실히 확인한 사건이다. 이후 국회는 검·경 수사권 조정을 위한 형사소송법 및 검찰청법 개정안을 통과시켰고, 공수처 설치법도 공포되었다.

그러나 개혁에도 불구하고 경계는 언제나 필요하다. 검찰 권력이 축소되더라도 정치권이 특수한 권한을 계속 손에 쥘 수 있다면, 새로운 권력 남용 구조로 바뀔 수 있기 때문이다. 조국 가족의 사례는 권력기관 견제가 단순히 한 기관의 변화가 아니라, 체제적 안전망적 개입이라는 사실을 알려준다.

또한 이 사건에서 드러난 것은 언론개혁의 필요성이다.

검찰과 언론의 유착 – 수사와 보도의 합작은 사건의 본질을 왜곡하고, 국민의 판단력을 마비시킨다. 이를 방지하려면 피의사실 공표 규제, 언론의 자체 윤리 강화, 보도와 수사를 분리하는 구조적 조처가 필요하다.

　국민은 진실을 알고 싶어도 정보가 약탈당하는 상황에 놓여 있다. 이제 조국 전 장관이 정치무대에서 다시 목소리를 내고 있다. 그러나 그의 복귀는 단순한 정치 복귀가 아니다. 그것은 검찰 권력에 대한 견제를 상징하는 문제적 사건의 산물이고, 민주주의를 회복하기 위한 상징적 도전이다. 그가 겪은 고통은 개인적 드라마가 아니라 구조적 불의에 맞선 시민적 저항이다.

　우리는 이 사건을 잊어서는 안 되고 잊을 수도 없다. 조국 가족이 겪은 과정은 대한민국 민주주의의 후퇴를 보여준 파노라마였다. 또한 동시에 저항의 기록이기도 하고 어떻게 정의가 승리하고 지나친 불의가 패배하는지 보여주었다.

　검찰개혁은 단순히 법 개정으로 끝나는 것이 아니라 권력을 감시하고 시민의 권리를 실질적으로 보장하는 사회적 합의의 과정이다. 이 사건은 그 출발점이자 우리가 다시 나아가야 할 길의 네비게이션이 되었다고 볼 수 있다.

## 조국의 특별사면

정부는 8.15 광복절을 맞아 특별사면을 전격 단행했다.

조국 전 조국혁신당 대표와 그의 배우자 정경심 전 동양대 교수를 포함해 정치인 다수와 함께 83 만여 명에 대한 특별사면 및 복권을 단행한 것이다.

특별사면 효력은 즉시 발생했다.

이는 이재명 정부가 취임 이후 처음 행사한 사면권이었다. 또 유아 자녀를 교도소에서 양육하는 수형자, 70세 이상 고령자, 소액 생필품을 훔친 서민 생계형 절도범도 사면 대상에 포함되었다. 주요 경제인 사면에 대해서는 일자리 창출과 역동적 성장을 뒷받침할 수 있는 계기를 마련하기 위함이었다. 노조 활동 과정에서 위법 행위로 처벌받은 노조원을 사면하고, 노사 상생을 도모하는 데 기여하겠다는 의미를 부여했다.

그 순간, 많은 이들이 가슴 깊이 묵혀둔 무언가가 풀리는 듯한 안도감을 느꼈을 것이다. 이는 단순히 한 정치인의 사면이 아니라, 우리 사회가 한동안 잃어버린 균형과 상식을 되찾기 위한 첫 걸음이었다.

법은 정의를 구현하기 위해 존재하지만 때때로 법 집행의 과정이 그 본래 목적에서 벗어나면 정의는 오히려 왜곡된다. 조국 전 장관과 그의 가족이 겪었던 지난 몇 년은 바로 그 왜곡의 상징이었다고 생각한다.

그의 아내 정경심 교수는 봉사활동 표창장과 활동 기록과 같은 사소한 사안으로 무려 4년의 실형을 선고받았다. 표창장 문제로 4년 형이라니 말이 안 나올 지경이다. 그 형량은 법조 역사 속에서도 이례적인 수준이다.

2022년 1월 27일, 대법원이 상고를 기각하면서 길고 길었던 법정 다툼을 마무리했다. 최종 4년의 징역, 추징금, 벌금에 대한 형을 확정했다. 확정된 징역 4년을 기준으로 정 전 교수의 만기 출소일은 2024년 8월이었으나, 2023년 9월 26일 추석을 앞두고 가석방으로 풀려났다. 현행법상 유기징역을 선고받은 사람은 형기의 3분의 1이 지나면 가석방될 수 있다.

법원이 내린 판결이 과연 국민의 보편적 상식과 법 감정에 부합하는 것이었는지 묻지 않을 수 없다. 법은 누구에게나 동일하게 적용되어야 하지만 이번 경우는 법의 잣대가 지나치게 가혹하게 내려졌다고밖에 볼 수 없다. 이번 2025년 광복절 사면으로 복권된다는 뉴스가 발표되고, 대구 mbc의 단독보도로 동양대 측이 제출했던 2012년 7월 31일부터 9월 24일간 어학교육원 담당자 근무 공백 기간이 거짓 증거라는 보도가 나왔다.

당시 검찰 수사는 집요했다. 조국 전 장관과 아내, 아들, 딸은 물론이고, 심지어 딸 조민 씨와 함께 봉사활동을 했던 학생들과 그 부모들까지 수사망에 올랐다. 한 가정의 삶을 송두리째 뒤흔드는 압수수색과 소환 조사가 무려 수십 차례 이어졌다.

피의자가 아니라 주변인들까지 전방위적으로 압박하는 방식은 법 집행이 아니라 표적 수사에 더 가까웠다. 국민의 눈에는 정의 실현이 아니라 한 사람을 철저히 무너뜨리려는 의도가 선명히 보였다.

이런 무리한 수사가 남긴 것은 무엇인가.

상처와 불신이다.

법과 제도는 권력의 도구가 아니라 국민의 안전망이어야 한다.

그러나 조국 전 장관 사건에서 드러난 수사와 재판의 흐름은 권력이 마음만 먹으면 특정인을 끝까지 몰아붙일 수 있다는 불안한 현실을 증명했다. 그것은 국민 모두에게 경고장이나 다름이 없는 것이었다. 다음은 당신 차례가 될 수 있다는 공포라고 할 수 있다.

광복절 사면은 단순한 정치적 결정이 아니다. 이는 권력기관의 무리한 행태를 되돌아보고, 법 집행의 균형을 회복하자는 사회적 합의의 표현이다. 사면이 곧 모든 것을 무죄로 만드는 것은 아니지만, 잘못된 시스템의 부작용을 인정하고 이를 시정하는 첫 단추가 될 수 있다. 이번 사면이 우리 사회가 더 나은 법치로 나아가는 계기가 되기를 바란다.

검찰권은 막강하다.

수사 개시부터 기소, 그리고 공소 유지까지 전 과정을 쥐고 있다. 그러나 그 힘이 통제받지 않는다면, 언제든 정의를 훼손하는 칼날이 될 수 있다.

조국 전 장관 사건은 검찰권 남용이 개인과 가족, 그리고 그 주변 공동체에까지 얼마나 치명적인 상처를 남길 수 있는지를 여실히 보여줬다. 이번 사면을 계기로 검찰개혁의 필요성이 다시금 부각 되어야 한다는 시각이 많다.

사면 소식이 전해지자 반대의 목소리도 나왔다. 그러나 그 반대의 논리는 대부분 법 집행을 완화하면 안 된다는 형식적인 주장에 머물렀다. 법 집행의 형식만 지키면 된다는 사고방식이야말로 정의의 본질을 가리는 위험한 논리다. 법은 형식이 아니라 목적을 위해 존재한다. 그 목적은 바로 정의의 실현이기 때문이다. 정의를 벗어난 법 집행은 아무리 절차가 완벽해도 정당성을 잃는 것이다.

조국 전 법무부장관의 사면은 과거를 지우자는 것이 아니다. 오히려 그 과거를 직시하고, 다시는 같은 잘못이 반복되지 않도록 시스템을 고치는 출발점이어야 한다는 것이다. 법과 제도가 권력의 수족이 아닌 국민 모두의 공정한 보호자가 될 수 있도록 감시와 견제가 강화되어야 한다. 사면은 끝이 아니라 시작이다.

국민이 원하는 것은 복수나 보복이 아니다.

그들이 바라는 것은 공정한 절차, 균형 잡힌 법 집행, 그리고 누구에게나 동일하게 적용되는 법치다. 조국 전 장관과 가족이 겪었던 지나친 수사와 과도한 형량은 법이 언제든 특정인을 찍어내는 무기가 될 수 있다는 두려움을 남겼다. 이 두려움을 없애는 길은 권력기관의 권한을 분산시키고, 독립적이고 투명한 견제 장치를 마련하는 것이다.

이번 광복절 사면이 우리 사회의 정의를 되살리는 불씨가 되기를 바란다. 한 개인과 가족이 감당해야 했던 고통은 되돌릴 수 없지만, 그 고통이 헛되지 않으려면 반드시 제도 개선이 뒤따라야 한다.

정의는 결코 저절로 서지 않는다.

국민 모두가 지켜보고

기억하고, 행동할 때만이 정의는 굳건히 설 수 있는 것이다.

조국 전 장관의 사면이 그 행동의 신호탄이 되길 바란다. 그리고 우리 사회가 더 이상 정치적 연관성을 이유로 지나친 수사와 과도한 형벌이라는 이름의 불의에 흔들리지 않기를 바란다.

## 제4장
## 조희대 대법원장에게

사법테러라는 저항에 즈음하여

조희대 대법원장님께

국민은 왜 판결을 두려워하는가.

법정과 권력 사이에서

사법개혁의 진위(眞僞)에 대해

사법테러라는 표현을 보면서

정의란 무엇인가?

## 사법테러라는 저항에 즈음하여

 대통령님, 저는 오늘 참으로 무겁고도 안타까운 한 가지 말에 대해 작은 글을 바치려 합니다. 최근 정치권에서 자주 등장하는 사법부 테러라는 극단적인 표현이 제 마음을 오래 짓누르고 있기 때문입니다.

 한 나약한 지식인의 눈에는 이 말이 그저 비열한 정치적 도구로만 보일 뿐입니다. 대통령님께서 당선되신 이후 민주당은 오래된 과제로 남아 있던 사법개혁을 더 이상 미룰 수 없다며, 국민께 약속을 하셨습니다. 어느 날 갑자기 누군가에게 테러라는 말이 붙으면 그저 묵직한 법적 논쟁을 넘어서 감정과 공포가 함께 따라옵니다. 정치가 다투는 건 당연하지만 국민이 그 뜻을 알기 어려운 건 문제겠지요.

 사실 사법테러라는 무시무시한 말은 법률 용어가 아닙니다. 우리 민주주의에 지금처럼 심각한 위기가 많았지만, 사법부를 향해 국민의 시선이 곱지 않은 적(敵)은 많지 않았으니까 말입니다.

 지금 야당인 국민의힘이 정부와 여당인 더불어민주당을 향해 붙인 정치적 표현이에요. 철저히 정치적 공세를 위해 각색된 용어가 바로 이런 험악한 사법 테러라는 말로 태어난 셈이지요.

 말뜻은 이렇습니다.

 이재명 정부가 더불어민주당 국회 다수 의석을 무기로 사법부를 무력화하고 권력의 편에 서도록 구조를 바꾸려 한다. 그러니까 사법권의 독립이 흔들린다는 경고의 말입니다. 왜 이런 말이 나왔을까요? 요즘 정치권의 핵심 논쟁은 대법관 증원, 상법 개정, 검찰 수사권 개혁 같은 사안들입니다. 먼저 대법관 증원 이야기부터 해볼까요. 우리 대법원은 대법원장을 포함하여 14명으로 구성되어 있는데 이는 2008년 8월 기준입니다. 대법관의 임기는 6년이고, 중임할 수 없으며 정년은 70세입니다.

지금 대한민국은 국민 1인당 사건 수가 세계에서 가장 많은 수준이라 재판 지연이 심각하다고 합니다. 그래서 민주당은 대법관을 현재 14명에서 30명 정도로 늘리자고 주장하죠. 혹은 이보다 훨씬 많은 수의 대법관을 원하고 있는 상황이라고 하겠습니다. 대선 때는 대법관 수를 100명으로 늘리고, 비법조인도 대법관으로 임명할 수 있도록 하는 개정안이 오르기도 하지 않았습니까? 하지만 야당은 국회 몫 대법관 추천권이 늘어나면 결국 여당이 사법부 인사를 장악할 것이라며 반발합니다. 또 상법 개정은 기업의 경영권과 소액주주 권리를 둘러싼 논쟁이에요. 민주당은 경영 투명성을 높이고 주주 권익을 지키자고 말하지만, 야당은 결국 기업을 투기 자본에 노출시켜서 경영권이 흔들린다고 걱정하는 상황 아니겠습니까?

어디가 옳을까요?

사실 명확히 옳고 그름을 단정하기는 어렵습니다.

사법부의 독립은 민주주의의 마지막 보루라는 말이 있듯 누구에게도 결코 만만하게 다룰 수 없는 가치니까요.

정치가 이렇게 팽팽히 맞설 때 우리 시민들은 무엇을 지켜야 할까요?

저는 바로 이 지점에서 생각합니다.

정쟁 속에서도 왜 이 제도를 바꾸려 하는지, 어떤 위험은 없는지를 말입니다. 언제든지 국민이 납득할 수 있게 투명하게 논의하는 것. 이게 정의를 향한 법의 세계라고 생각합니다. 그게 민주주의가 숨 쉬는 길이 아닐까 하고요. 사법권도, 국회도, 청와대도 결국 국민의 것입니다. 정치인들이 던지는 무거운 단어 하나하나를 우리가 가만히 듣고만 있지 않고 조금이라도 왜라는 물음을 던지면 좋겠습니다.

대법관 증원, 상법 개정, 검찰 수사권의 합리적 축소와 조정, 권력기관의 민주적 통제와 균형 등이 핵심 쟁점으로 부상하고 있지 않습니까? 이 모든 것은 수많은 정부가 입으로만 약속하고 끝내 실천하지 못했던 일들 아닙니까?

그러나 앞에서도 지적했듯이 야당인 국민의힘은 이 모든 시도를 두고 사법부 테러라는 말을 쏟아내고 있습니다. 테러란 폭력과 공포로 상대를 파괴하는 극단의 언어입니다. 그러나 지금 누가 누구에게 총과 칼을 겨누었습니까? 국민이 준 권한으로 입법부가 논의하고, 사법부의 무너진 신뢰를 다시 세우겠다는 것이 어떻게 민주주의의 파괴가 될 수 있습니까?

대통령님, 사법부는 국민의 최후 보루라 불립니다. 그러나 국민의 삶과 동떨어진 법정 논리가 정치 권력과 손을 잡을 때 그 최후의 보루는 국민을 위한 성벽이 아니라 권력자만을 위한 요새로 변해왔음을 우리는 숱하게 보았습니다. 사법 농단의 어두운 기록이 바로 그 증거입니다. 대법관을 늘리고, 상법을 개정하고, 검찰의 무소불위 수사권을 적절히 조정하는 일은 결코 권력의 사유화가 아닙니다. 그것은 오히려 권력기관이 국민의 통제를 받도록 하는 헌법 정신의 실천입니다. 누구도 사법의 이름으로 무죄한 국민을 겁박할 수 없게 하고 법의 칼날이 진정한 정의를 위해 쓰이도록 바로 세우는 일입니다.

그러나 정치권은 언제나 두려워합니다. 사법부가 국민 쪽으로 돌아가는 것을 두려워하고 검찰 권력이 더 이상 무기처럼 쓰이지 못할까 봐 두려워합니다. 그러니 자신들의 기득권에 조금이라도 불리하면 사법부 테러라는 낙인을 찍고 개혁의 싹을 자르려 드는 것이 아니겠습니까.

대통령님께 간곡히 부탁드립니다. 이 극단적 용어의 덫에 갇혀 사법개혁의 길이 흔들려서는 안 됩니다. 사법은 정치의 도구가 되어서는 안 되며 정치도 사법의 권위를 내세워 국민을 위협하는 시대는 이번에야말로 끝나야 합니다. 저는 국민의 한 사람으로서 개혁은 말로만 외치는 것이 아니라 실제로 제도의 틀을 바꾸고, 국민이 변화를 체감해야 한다고 믿습니다. 대법관 증원으로 재판이 지체되지 않고, 상법 개정으로 기업 지배구조가 투명해지며, 검찰의 수사가 정의와 공정의 이름으로만 작동할 때 비로소 사법은 국민의 편이 될 것입니다.

　대통령님, 사법개혁은 결코 한순간에 끝나지 않을 것입니다. 수많은 기득권과 저항, 가짜 프레임이 앞길을 가로막을 것입니다. 그러나 국민은 알고 있습니다. 권력이 언제나 국민을 위해 사용되지는 않았다는 것을 말입니다. 그러니 이번만큼은 부디 포기하지 마십시오.

　이 나약한 지식인은 오늘도 묻고 또 묻습니다. 법의 이름으로 국민이 상처받지 않는 나라, 사법이 권력의 방패가 아니라 국민의 방패가 되는 나라가 되도록 해주십시오. 그 소망을 위해 대통령님께서 끝까지 국민과 함께해 주시길 간절히 바랍니다.

## 조희대 대법원장께

먼저 대법원장님께 이런 편지글의 형식을 빌려 글을 올리게 된 점 송구하게 생각합니다. 법원 담장 너머로 흘러나오는 판결문 하나가 이 나라 민주주의의 무게를 다시 느끼게 만듭니다.

당신이 내린 판단과 그 판단을 만들어낸 절차들이 과연 국민이 납득할 만한 것이었을까 되묻지 않을 수 없습니다. 우리 국민 대다수는 아마 이런 생각이지 않겠습니까? 나만 이렇게 생각한 것은 결코 아닐 것이라고 생각합니다. 대법원장님은 자신의 판단을 내리게 한 절차가 여전히 옳다고 생각하신지 묻고자 합니다. 전원합의체가 가질 절차에 대법원장님께서 개입하셨다고 들었습니다. 전원합의체로 사건을 직권 회부하여 이미 진행되던 재판의 흐름을 대법원장의 권한으로 틀어쥐셨다지요.

물론 직권 회부는 법적으로 불가능하지는 않습니다. 그러나 국민은 압니다. 어떤 권한이든 언제 어떻게 쓰이느냐에 따라 그 무게는 천양지차가 된다는 것을 말입니다. 이례적으로 빠른 속도도 마음에 걸립니다. 9일 만에 상고심을 처리했다지요. 억울한 사람의 목숨을 다투는 형사 재판도 이렇게 신속하게 처리되기는 어렵습니다. 누군가에겐 신속이 공정이고 누군가에겐 신속이 칼날이 되기 때문입니다.

판결문을 읽어보았습니다. 사실심처럼 구체적으로 적었다고 합니다. 상고심이 법리심인 것을 모를 국민은 없습니다. 국민 모두는 이번 윤석열 내란 계엄을 통해 법적 지식이 아주 풍부해진 것이 사실 아닙니까? 법리가 아니라 사실관계를 재단하려 든다면 그 무게는 법정이 아니라 권력의 방에 가깝지 않겠습니까?

정치적 시점도 묘합니다. 대한민국 국민이 모두 예민하고 중대한 시점 아니었습니까? 특히 대한민국은 조기 대선을 앞두고 진보와 보수, 여당과 야당 이렇게 이분법적으로 분열되어있는 상황 아니었습니까? 당시 국민 대다수는 대선 이후에 결론이 나올 것이라고 생각했습니다. 그런데 놀랍게도 속전속결 대선 직전에 결론이 나왔습니다.

당시 나는 왜 하필 지금이었을까? 이런 수많은 의문을 저를 향해 던졌던 기억이 납니다. 국민은 법보다 먼저 의문을 던집니다. 미국의 판례를 인용하셨다지요. 우리 법제와 사법 전통을 생각하면 비유가 오히려 비교의 오류가 되었습니다.

외국의 법을 들여와 우리 현실을 덧칠하면 법의 토양은 금세 부패하고 맙니다. 조희대 대법원장님! 당신의 공적 역할이 한쪽은 무겁고 한쪽은 너무 가볍습니다. 이런 판단이 저는 부조리한 예단이라고 생각하지 않습니다. 저의 시각은 어느 편에 치우치지 않고 정확히 앞의 상황과 사물을 인식할 수 있으니까요.

어떤 사안에는 침묵하셨고, 어떤 사안에는 적극적으로 개입하셨습니다. 국민은 그 불균형이 사법의 신뢰를 갉아먹는다는 것을 압니다. 그래서 반발이 일어나고 있는 것입니다. 그래서 지금 특검법이 논의됩니다.

국회 청문회도 요구된 상황 아닙니까? 헌정사에 남을 탄핵 논의가 고개를 듭니다. 법원과 국회와 국민 모두가 당신의 판단을 묻고 따져야 하는 상황이 되었습니다. 한 사람의 법 감각이 이 나라의 정의를 흔들 수 있다는 것을 우리는 지난 시간 이 사건을 통해 또다시 배우게 되었습니다.

이 편지를 쓰는 제 마음에도 간절함 하나 남깁니다. 법은 사람이 움직이되, 사람의 욕심에 휘둘려서는 안 됩니다. 그런데 가장 공명정대해야 할 대법원장께서 그런 진리를 저버리지 않았습니까?

권력은 사람에게 쥐어지되, 그 손아귀를 떠나는 순간이 있어야 합니다. 이 땅의 법정은 마지막까지 약자의 최후의 피난처로 남아야 합니다.

조희대 대법원장님!

당신의 이름이 그 길을 가로막는 이름으로만 남지 않기를 바랍니다. 오늘도 민주주의를 믿는 국민의 한 사람으로서 이 글을 씁니다.

## 국민은 왜 판결을 두려워하는가.

오늘은 스스로에게 묻습니다. 우리는 왜 법정을 두려워하게 되었을까. 왜 판결문을 받아든 국민이 기대 대신 절망을 먼저 삼켜야 했을까. 법은 본디 두려움의 대상이 아니었습니다.

억울한 자를 지켜주는 방패였고, 권력의 칼날을 무디게 하는 언약이었습니다. 그러나 우리는 너무 많은 판결을 보았습니다. 무고한 사람이 감옥에 가고, 권력은 무죄의 문장을 타고 빠져나가고, 약자들의 삶은 긴 재판 끝에 지쳐 쓰러지듯 잊혀지는 모습을 말입니다.

조희대 대법원장님께서는 절차를 바꾸셨고,

속도를 앞당기셨고

법리와 사실을 뒤섞어 판결하셨습니다.

그 한 번의 재단으로 국민은 배웠습니다. 법정이 더 이상 모든 사람에게 공평한 공간이 아닐 수도 있다는 것을요. 그래서 국민은 판결을 기다리지 않습니다. 먼저 두려워합니다. 어쩌면 나도 우리가 쌓아 올린 증거와 사실이 어느 날 권력의 필요에 따라 또 다른 전원합의체에 던져질 수도 있다는 걸 알기 때문입니다.

사법부는 두려움을 먹고 자라는 곳이 되어서는 안 됩니다. 사람들은 경찰서를 두려워하고, 검찰청을 의심하면서도 법정만은 마지막 희망으로 붙잡아왔습니다. 하지만 이 작은 희망마저 무너질

까 지금 국민은 긴장하며 지켜보고 있습니다.

권력의 대리인이 되어버린 재판은 정의의 자리를 지키지 못합니다. 속도를 무기로 삼은 판결은 진실보다 더 큰 불안을 심어줍니다. 절차를 함부로 다룬 법정은 국민의 신뢰를 제일 먼저 잃어버립니다.

그래서 이 편지를 씁니다.

조희대 당신께 묻고 싶습니다.

국민이 판결을 두려워해야 하는 세상은 과연 누구의 이익을 위한 것입니까. 그 판결문 하나가 남기는 상처를 당신은 알고 계십니까. 국민이 법정을 두려워하지 않고, 정의의 언어를 신뢰할 수 있도록 우리가 다시 물어야 합니다. 절차는 정당했는가. 속도는 누구를 위한 것이었는가. 법리는 누구의 이름으로 다뤄졌는가.

오늘도 작은 질문 하나 보태어 씁니다.

우리 국민의 두려움이 다시 희망으로 바뀌는 날을 기다리며 그날까지 정의를 붙잡겠다는 다짐을 적어둡니다. 법은 살아 있어야 합니다. 국민의, 약자들의 최후의 보루여야 하는 것이지요. 그 살아 있는 법은 국민이 두려워하는 법이 아니라 국민이 의지할 수 있는 법이어야 합니다. 법을 좋아하는 사람은 세상천지에 없을 것입니다. 하지만 억울한 상황에 법을 의지해야 하는 사람에게 그것은 최후의 생존수단이어야 하는 것이지요.

오늘도 당신께 그리고 이 편지를 읽을 모든 사람들에게 다시 한 번 씁니다. 법이 법으로서 가치를 충분히 다해야 하고, 법을 다스리는 사람은 좌우 어느 편에도 치우치지 않는 정도(正道)의 길을 걸어야 한다고 말입니다.

  법은 살아있는 것이라 배웠습니다. 그러나 살아있다는 것은 언제든 죽을 수도 있다는 뜻이기도 합니다. 지난번 우리 온 국민이 대법원의 판결을 주시했을 때, 대법원장이 내린 절차 하나, 속도를 앞당긴 결정과 사람의 마음을 다루듯 사실을 뒤섞은 판결이 어쩌면 법이 숨 쉴 작은 구멍을 막아버릴 수도 있다는 걸 이제 국민은 알게 되었습니다.

  그래서 이렇게 편지 형식의 글을 쓰며 묻는 것입니다.
  우리가 지켜야 할 것은 무엇일까요.
  정의는 사람의 손에 쥐어질 수 있지만
  정의가 사람의 욕심에 휘둘려서는 안 됩니다.
  권력은 한 시대를 지배할 수 있지만
  모든 사람의 믿음을 붙잡을 수는 없습니다.
  권력은 언젠가 떠나가면 허무한 것이기도 하니까요.
  법정은 누구에게나 열려야 하지만 누구의 손아귀에도 완전히 쥐어져서는 안 됩니다. 마지막까지 지켜야 할 것은 종이 위에 적힌 판결문 한 장이 아닙니다. 그 판결문이 만들어지는 동안 무너져선 안 될 원칙, 흔들려선 안 될 절차, 서둘러선 안 될 진실입니다.

  사람은 실수할 수 있고 권력은 늘 유혹을 받지만, 법은 마지막까지 양심을 기억해야 합니다. 그래서 국민은 지켜보는 것이지요.

지켜본다는 것은 정의를 갈망하는 질문을 멈추지 않는다는 뜻이기도 합니다. 정의의 가치를 생각할 때 우리는 한점 의문을 가져서는 안되고 이것을 포기해서도 안된다고 생각합니다. 그게 우리가 가진 가장 큰 힘입니다. 지금 우리는 정치의 말에 흔들리고, 판결의 무게에 눌리고 있지만 그래도 이 편지를 쓰며 믿습니다. 국민과 똑같은 심정으로 이렇게 글을 쓰고 있습니다.

  이 작은 물음이 모여 정의라는 이름을 다시 살릴 수 있으리라는 것을. 대한민국에 존재하는 법조인들한테, 또한 이 책의 독자들에게 마지막으로 전합니다. 우리의 정의는 아직 끝나지 않았습니다. 우리의 민주주의도 아직 멈추지 않았습니다.

  누군가의 권력이 무너져도 법은 살아있을 수 있어야 합니다. 오늘도 마지막까지 지켜야 할 것들을 마음에 새기며 이 글을 씁니다. 그리고 약속합니다. 당신과 내가 함께 지켜낼 수 있다고 말입니다. 그 믿음을 절대 놓지 않겠다고 말입니다.

## 법정과 권력 사이에서

　오늘도 법정을 떠올립니다. 그곳은 사람이 사람을 재단하는 곳이면서도 사람이 마지막으로 사람다움을 되찾는 곳이기도 합니다. 법은 권력의 칼이 되기도 하고, 약자의 방패가 되기도 합니다.
　권력자는 늘 법을 손에 쥐려 하고 그럴수록 약자는 판사석을 향해 희망을 걸어야만 했습니다. 조희대 대법원장님의 결정을 보며 우리 사법은 지금 어디쯤 서 있을까 생각해봅니다.
　절차를 틀어쥔 손길은 너무 분주했고 국민의 시선은 너무 불안했습니다. 누구나 법정에서만큼은 공정해야 한다고 믿습니다. 그리고 그 믿음이 깨지는 순간 우리가 살고 있는 민주주의는 또 하나의 금이 가고야 맙니다. 지금 국민은 분노도 하고 의심도 합니다.
　정치가 법정을 덮었는가? 판사가 아니라 권력의 대리인이 된 것은 아닌가? 이 질문 앞에 사법은 침묵할 수 없습니다. 대법관을 늘릴지 말지, 특검을 해야 할지 말지, 탄핵을 논의해야 할지 말지 그 모든 논의는 결국 한 가지만 묻고 있습니다.
　이 판결은 과연 정당했는가?
　권력의 편에 섰던 법은 늘 오래가지 못했습니다. 조선의 법도, 군사정권의 법도, 모두 결국 역사 속에서 부끄러움이 되었습니다. 국민의 손은 약하지만, 국민의 질문은 가장 무섭습니다. 국민이란 단어 자체만으로 국가의 어떤 권력도 영원히 존재할 수는 없는 것입니다. 권력은 무너지면 다시 세우면 되기 때문입니다.

그러나 법정이 무너지면 국민은 어디에도 기댈 곳이 없습니다. 그래서 이 편지를 씁니다. 다산 정약용이 유배지에서 자식에게 간절한 마음으로 편지를 보내듯 그런 심정으로 지극정성을 다해 글을 쓰고 있습니다. 아무리 높은 자리에 앉아 있어도 법은 사람보다 위에 있어야 하고, 그 사람은 법 앞에 겸손해야 한다는 것을 우리는 너무 많은 역사를 통해 배워왔습니다.

조희대 대법원장님께서도 당신의 이름이 남길 무게를 마지막까지 잊지 않으셨으면 좋겠습니다. 그리고 이 편지글을 읽을 수많은 시민께도 한 말씀은 드리고 싶습니다. 우리가 더 많이 지켜봐야 합니다. 감시의 눈이 시력을 잃으면 후손을 위해 물려줄 것이 자랑스럽지 않을 것입니다.

우리가 더 많이 묻고 지켜보아야 합니다. 우리가 더 많이 말해야 합니다. 그래야만 법정은 다시 약자의 편이 됩니다. 오늘도 그 희망 하나 품고 이 글을 씁니다. 민주당은 법원 및 검찰 등 권력기관의 개혁을 추진 중에 있습니다.

국민의힘은 이를 사법부 장악 시도라고 매도하고 있지 않습니까? 하지만 평범한 시민의 눈으로 보면 전혀 그렇지 않습니다. 사법부 장악을 시도하려는 것이 아니라 이제까지 손대지 못한 사법부를 좀 더 국민의 눈높이에 맞도록 조정하고 있는 자유 수호의 모습입니다. 보통의 감성을 지닌 국민이라면 대번에 이런 모습을 느낄 수가 있을 것입니다.

　대법관 증원이나 상법 개정, 검찰 수사관 축소 등도 같은 맥락에서 시도하는 민주적 절차임을 명심하십시오. 국민 대다수가 바라는 민주적 절차에 따라 이재명 정부와 민주당은 메쓰를 들이대고 있는 것입니다. 한번 **빼어들** 때 과감히 개혁을 해야 굳건히 자리를 잡을 것입니다.

　조희대 대법원장께 다시한번 묻겠습니다. 당신은 대법원장 자격을 이미 상실했다고 생각합니다만 그대의 생각은 어떠한지 묻고 싶습니다. 이제 그만두십시오. 당신은 자격이 없는 사람이기 때문입니다.

## 사법개혁의 진위(眞僞)에 대해

저는 오늘, 이 작은 글을 한없이 떨리는 마음으로 올립니다. 권력이 크면 클수록 그 권력은 국민에게 향해야 한다고 믿는 한 사람의 나약한 지식인으로서 사법의 권위와 그 무게가 오직 국민을 위해 사용되기를 바라는 작은 바람을 담아 이 편지를 씁니다.

조희대 대법원장님. 그리고 같은 시대를 사는 국민 여러분. 우리의 사법부는 지금 대법관 증원을 둘러싸고 또 한 번 정치권의 시끄러운 언어 속에 갇혀 있습니다. 국민의힘은 민주당이 국회 다수 의석을 등에 업고 사법부를 통제하려 한다며 사법 장악이라 비난합니다.

헌법 근거 없이 입법만으로 대법관 수를 늘리는 것은 신중해야 한다는 주장도 그 나름의 논리로 귀에 들어옵니다. 그러나 그 목소리들 속에 가장 중요한 국민의 목소리는 어디에 있는지 묻지 않을 수 없습니다. 지금 이 순간에도 대법관 한 사람은 OECD 국가 중 가장 많은 약 4천 건의 사건을 처리하고 있다고 합니다. 지연된 재판은 억울한 사람의 한숨으로 되돌아오고 너무나 오래 걸린 판결은 국민의 신뢰를 조금씩 앗아갑니다.

정의가 제때 실현되지 못한다면 그 정의는 살아있는 정의라 할 수 있겠습니까? 대법원장님, 저는 알고 있습니다. 과거에도 대법관 증원 논의는 있었습니다. 그러나 정쟁과 서로의 불신 속에서 늘 논의만 무성했고, 국민은 재판 지연의 고통을 견뎌야 했습니다.

대법관 수를 늘리는 것은 단지 숫자를 늘려 편하자고 하는 일이 아닙니다. 신속한 재판, 더 깊이 있는 논의, 전원합의체에서의 다양한 소수 의견 존중 같은 반드시 필요한 영역이라는 것을 잊어서는 안 될 것입니다. 결국 그 모든 것이 국민이 사법부를 믿게 하는 최소한의 울타리 아닙니까. 대통령님, 사법의 독립은 존중되어야 합니다. 입법부가 사법부의 인사권을 좌우지하려 한다면 그것은 분명히 국민의 이름으로도 용납될 수 없습니다.

그러나 국민은 언제까지 정치적 공방 때문에 억울함을 제때 풀지 못하고 살아야 합니까. 재판은 늦어질수록 국민의 눈물을 더 깊게 만듭니다. 국민의힘도 민주당도 모두가 사법의 무게가 국민의 어깨 위에 있다는 것을 잊지 않기를 간절히 바랍니다.

법관 증원이 정략의 도구가 되어서는 안 됩니다. 또한 사법의 독립이라는 이름으로 무한한 지연과 폐쇄성이 정당화되어서도 안 됩니다. 정치권이 논의할 때마다 사법부도 더 열려야 하고, 더 국민의 목소리를 담아야 하지 않겠습니까?

조희대 대법원장님, 재판을 받는 국민 한 사람 한 사람은 그 판결이 곧 자신의 운명임을 잘 압니다. 그 판결이 제때 나오지 않고 서류 더미 속에서 진실이 묻히는 순간 사법부에 대한 신뢰는 조금씩 무너집니다. 그래서 대법관 한 사람의 어깨를 덜어주어야 하고, 다양한 법리를 깊이 있게 논의할 수 있는 제도가 되어야 합니다.

이재명 대통령님, 대법원장님, 그리고 국민 여러분. 사법은 늘 국민을 위한 것입니다. 권력이 국민 위에 군림하지 않도록 법의 무게가 권력자의 방패가 되지 않도록 대법관 수 증원은 그 첫걸음이 될 수도 있습니다. 그러나 국민은 권력기관을 향한 통제가 아닌 오직 신뢰의 토대를 바라고 있다는 것을 이번에는 누구도 잊지 않기를 바랍니다.

저는 바람이 있습니다. 사법부가 더 열리고, 정치권은 더 신중하며, 국민은 더 편안히 법정을 찾을 수 있는 나라가 되기를 간절히 바라마지 않습니다. 그 길에서 대법관 수 증원 논의가 다시 권력 싸움의 칼이 되지 않고 정의의 무게를 더 공정히 나누는 지혜가 되길 간절히 바랍니다.

## 사법테러라는 표현을 보면서

저는 오늘 사법 테러라는 극단의 말이 우리 정치권에서 다시 오르내리는 것을 보며 작은 마음으로 이 편지를 올립니다. 정권이 바뀌고, 새로운 정부가 개혁의 깃발을 들면 늘 따라오는 것이 갈등과 반발이라는 것을 모르는 국민은 없지만 이번에는 그 언어가 더 날카롭고 더 서로를 찌르는 것 같아 한 사람의 지식인으로서 마음이 무겁습니다.

대통령님, 민주당은 국민 앞에 검찰개혁과 사법개혁, 상법개정을 약속했습니다. 수사권과 기소권의 분리를 통해 검찰권 남용을 막고 권력기관을 민주화하며, 대법관 증원으로 사건 적체를 해소해 국민이 억울함을 덜 느끼게 하겠다고 했습니다.

또한 상법을 손봐 기업의 투명성을 높이고 국민의 땀으로 모은 투자금이 더 이상 부당하게 쓰이지 않도록 제도적 울타리를 마련하겠다고 다짐했습니다. 그러나 국민의힘은 이 모든 것을 사법부 테러라고 부르며 극단적으로 반발하고 있지 않습니까?

수사권 분리는 검찰의 힘을 뺏기 위한 정치적 장치라 하고 대법관 증원은 정권의 입맛에 맞는 법관을 늘려 사법부를 통제하려는 속셈이라며 경계합니다. 이런 주장은 때로는 국민에게 의문을 던지게도 합니다. 정말 이 모든 변화가 국민의 편이 아니라 권력의 편의만 위한 것은 아닐까 하고 말입니다. 민주당은 국민 앞에 사건 적체 해소와 신속한 재판을 내세웁니다. 1인당 수천 건씩 떠안은 대법관의 현실을 생각하면 국민 누구라도 빠른 재판을 원할 것입니다. 더 다양해진 법적 논의와 소수의견 보장은 사법의 품격을 높이는 길이기도 할 것입니다.

그러나 국민의힘은 이를 두고 정권의 편의적 인사 늘리기라 하고, 사법부의 독립성을 침해해 정치화한다며 강하게 맞섭니다. 상법 개정도 같습니다. 앞에서도 언급했듯이, 민주당은 기업 지배구조를 투명하게 만들면 우리 증시가 안고 있는 코리아 디스 카운트를 해소하고 국민 투자자의 권리를 지켜낼 수 있다고 주장합니다. 반면 국민의힘은 이로 인해 기업의 경영권이 불안해지고, 외국 투기자본에 노출될 수 있다며 투명성이 곧 안전은 아니라는 반론을 내놓습니다. 권력기관의 민주화라는 말도 그렇습니다.

민주당은 권력기관이 더는 국민 위에 군림하지 않도록 민주적 견제장치를 강화해야 한다고 말합니다. 그러나 국민의힘은 그것이 삼권분립의 원칙을 무너뜨리고 입법부가 사법부까지 장악하려 든다며 권력분립의 균형을 허문다고 맞서고 있습니다.

대통령님, 국민 여러분. 저는 정치가 서로의 다른 생각을 부딪히고 타협하며 길을 찾아가는 과정이라 믿습니다. 그러나 지금 우리의 현실은 그 부딪힘이 너무나 극단적인 언어로 표현되고 있지는 않습니까?

사법개혁이 필요한 것은 분명한 사실이고, 검찰의 권력이 국민보다 커서는 안 된다는 점도 분명한 진실입니다. 그러나 테러라는 단어는 문제 해결을 위한 토론이 아니라 국민의 마음을 더욱 멀어지게 만드는 흉기가 되고 있습니다. 저는 간절히 바랍니다. 정치권 모두가 국민의 편에서 다시 생각해 주시길 바랍니다. 사법개혁은 국민의 억울함을 덜고 정의를 살리는 길이어야 합니다. 상법 개정은 기업을 무너뜨리는 칼이 아니라 기업과 국민이 함께 신뢰를 쌓는 약속이어야 합니다.

권력기관의 민주화는 권력의 독점이 아니라 권력 남용을 막아 국민을 지켜내는 최소한의 안전망이어야 합니다. 대통령님께 간곡히 부탁드립니다. 개혁은 실천되어야 하지만 그 실천은 국민의 믿음 위에서만 완성될 수 있습니다. 국민의힘에도 부탁드립니다. 반대를 위한 반대가 아니라 국민의 이익을 위한 대안을 더 크게 들려주시길 바랍니다.

이 나약한 지식인의 편지가 갈등과 대립의 언어를 조금이나마 가라앉히고, 국민이 진정으로 원하는 개혁이 말이 아니라 현실이 되기를 진심으로 소망합니다. 이게 이루어진다면 이 힘 없는 지식인 역시 다시 펜을 들지 않겠다고 자신합니다.

# 정의란 무엇인가?

정의란 무엇인가?

오늘도 스스로에게 되묻습니다.

누군가는 정의를 법전 속에서 찾으라 하고

누군가는 정의를 칼날 위에서 찾으라 합니다.

그러나 그 어떤 책 속에도 그 어떤 무기 속에도 진짜 정의는 있지 않다는 것을 우리는 살아오며 배워왔습니다.

정의는 법전의 글자가 아니라 그 글자를 읽는 사람의 마음속에 깃듭니다.

정의는 판결문 끝에 찍힌 도장이 아니라, 그 도장이 어떻게 찍혔는가를 묻는 국민의 눈 속에 살아있습니다. 그것은 결과보다 과정, 절차를 통해 도출한 삶의 이치와도 같은 것이 아니겠습니까? 조희대 대법원장님의 결정을 두고 많은 이들이 말합니다.

법은 정의로워야 한다.

권력은 공정해야 한다.

하지만 법과 권력 모두 그 자체로는 결코 정의가 될 수 없습니다. 정의는 언제나 힘없는 이들의 손끝에서 시작됩니다. 억울한 사람이 문 앞에 엎드려 눈물을 닦을 때, 법정은 비로소 정의라는 이름을 얻습니다.

정치와 권력이 정의를 자주 말할수록 국민은 더 많은 의문을 품습니다. 그들의 정의는 누구를 위한 것인가? 그들의 공정은 왜 불공정한가? 대법원장 한 사람이 그 이름 아래 내린 결정 하나가 이토록 많은 사람에게 이 질문을 던지게 했습니다. 절차를 뒤흔들고, 속도를 앞당기고, 판결문을 사실십처럼 뒤엎고, 그 모든 과정을 국민의 시간에 맞기지 않고 권력의 달력에 맞춰 처리한다면 그 법정은 누구를 위한 법정입니까? 정의는 국민의 것입니다.

정의는 법복을 입은 자들이 가진 것이 아니라 그 법복을 바라보는 국민이 위임해 준 것입니다. 그러니 국민이 납득하지 못하면 그건 이미 정의가 아닙니다. 정의는 부끄럽게도 깨지기도 하고 더디게도 돌아오지만 그래도 늘 살아남았습니다. 촛불이 꺼질 듯 꺼질 듯 활활 타오르듯이 말입니다. 이치가 그렇다는 것이지요. 왜냐하면 이 땅에는 정의가 무너질 때마다 목소리를 내는 사람들이 있었기 때문입니다.

오늘도 이 편지를 씁니다. 당신이 읽어주길 바랍니다. 우리가 끝까지 정의를 포기하지 않기를 바랍니다. 그것이 이 편지가 가진 작은 소망입니다. 법은 살아있어야 하고 정의는 깨어있어야 합니다. 그러기 위해 우리가 할 일이 무엇이냐 하면 바로 묻는 것입니다. 왜, 어떻게, 누구를 위해 이런 일을 해야 하는가에 대한 대답이라 생각하면 맞을 것 같습니다 . 결국 모든 것은 국민을 향합니다.

오늘도 국민이 주인인 나라를 위해 이 편지를 씁니다. 편지가 사라진 시대에 사는 우리들이 이렇게 절박한 마음으로 편지글을 대한 것은 걱정 때문입니다. 정말 우리 아이들에게, 제대로 된 미래, 가치 있는 미래, 자랑스런 미래를 물려주기 위해 이 편지를 쓰고 있는 것입니다.

# 제5장
# 내란 청소

윤석열 내란 우두머리에게 경고

내란 공범 한덕수 전 국무총리를 규탄한다

최상목 전 경제부총리 내란 동조

전광훈은 내란 선동자, 그는 악마였다

일타강사 전한길의 내란 선동

유튜버들의 내란 동조와 돈벌이 전락

유튜버 법제정 및 책임 강화

이완규, 함상훈 헌법재판관 지명 철회를 보면서

## 윤석열 내란 우두머리에게 경고

저는 이 지면을 빌어 윤석열이라는 한 이름을 이 나라의 내란 사건과 함께 반드시 기억해야 한다는 마음으로 작은 편지 한 장을 올립니다. 역사는 언젠가 모든 진실을 밝혀내지만, 오늘 우리가 말하지 않으면 그 진실은 너무 늦게서야 우리의 후손에게 상처로 되돌아올지 모릅니다.

이재명 대통령님

윤석열은 한때 검찰총장으로서 또 대통령으로서, 법과 정의를 말하며 권력을 손에 쥔 사람이었습니다. 그러나 그 권력이 국민에게 향하기보다는 권력자 자신과 그 측근의 이익을 지키는 방패로 쓰였기 때문에 국민의 신뢰는 무너지고 헌정 질서는 깊이 짓밟혔습니다.

우리가 지금도 기억하는 것은 권력의 칼이 국민에게 향할 때 얼마나 큰 상처가 남는가 하는 점입니다. 내란을 시도하고 친위 쿠데타를 꾀하며 국민의 손에 쥐어진 민주주의를 빼앗으려 했던 어리석음은 결코 개인의 욕망으로만 치부할 수 없습니다. 그 뒤에는 조직적 동조와 권력기관의 동원, 무수한 불법이 함께 얽혀 있었기 때문입니다.

이재명 대통령님, 윤석열 전 대통령은 지금 형사 법정에 서 있습니다. 그를 단죄하는 것은 오직 법이고, 국민이어야 합니다. 그러나 법의 판단이 내려지기 전이라 해도 우리는 분명히 말해야 합니다. 이 땅에 내란의 꿈을 품는 자가 다시는 나오지 못하도록, 민주주의를 유린한 자의 이름이 권력 남용과 배신의 상징으로 기억되도록 해야 한다고 말입니다.

윤석열의 권력은 그의 개인이 아니라, 김건희 여사의 그림자 권력과도 무관치 않았음을 국민은 똑똑히 보고 있었습니다. 대통령의 배우자가 당당히 공직을 대신하는 듯 나서고, 권력기관 인사와 정책 결정에 개입하며 검은 거래와 불법 주식 조작 의혹에 이름을 올렸던 일들이 있지 않았습니까? 이 모든 것이 결국 내란 음모의 바탕이 되었음을 우리는 잊을 수 없습니다.

이재명 대통령님, 지금도 윤석열을 옹호하는 세력은 말합니다. 정권의 정치 보복이라고 말이지요. 그러나 국민은 알고 있습니다. 국가 권력이 제 역할을 잃고 한 개인의 사적 권력이 될 때, 그것이 얼마나 위험한지 우리는 수많은 불행한 역사를 통해 배워왔습니다. 국가 권력의 사유화는 민주주의의 가장 큰 적입니다.

이제 이재명 정부의 몫은 이 잘못의 실체를 끝까지 밝히고 헌정 질서를 무너뜨린 책임을 단 한 사람도 피하지 못하도록 하는 것입니다. 법과 정의의 이름으로 단죄하는 것은 미래 세대에게 부끄럽지 않은 민주주의를 물려주기 위한 우리 모두의 의무이기도 합니다.

저는 오늘 윤석열의 이름을 꾸짖습니다.

국민의 이름으로, 그 누구도 국민 위에 군림할 수 없다는 상식의 언어로 꾸짖습니다. 이 꾸짖음이 분노로만 끝나지 않고 이 나라가 다시는 내란의 유혹에 흔들리지 않게 하는 역사의 교훈이 되기를 간절히 바랍니다.

대통령님, 그 길의 끝에 당신의 손에 쥔 정의와 진실의 무게가 한 사람의 억울함 없이 공정하게 작동되길 소망합니다. 권력이 다시 국민의 품으로 돌아가 누구도 국민의 손에 쥔 민주주의를 훔치지 못하게 되기를 소원합니다.

저는 오늘도 그 소망을 품고 이 글을 올립니다.

## 내란 동조자 한덕수 전 국무총리를 규탄한다

저는 오늘, 한덕수 전 국무총리에 대한 작은 꾸짖음을 국민의 이름으로 담아 대통령님과 이 땅의 시민들께 함께 올리고자 합니다. 어쩌면 이 글은 한 사람의 과오를 꾸짖는 것이 아니라 권력을 위임받은 자가 어떤 태도로 나라와 국민을 대해야 하는지 다시금 물어보는 물음표이기도 할 것입니다.

대통령님 그리고 국민 여러분! 한덕수라는 이름은 긴 공직 경력만큼이나 깨끗하고 신중한 이미지로 포장되어 있었습니다. 그러나 지난 윤석열 정권에서 그는 국무총리로서 권력의 오만과 독선, 내란 시도의 동조자가 되었다는 오명을 벗어날 수 없게 되었습니다.

책임 있는 자리에 있었던 사람이 자신의 소신과 양심을 꺾고 권력자의 그림자에 숨어 국민의 뜻을 거스른다는 것이 얼마나 큰 죄인지 그는 알아야 합니다. 국민은 한덕수 총리에게 묻습니다.

왜 나라가 무너지는 위기 앞에서 총리라는 자리가 지녀야 할 최소한의 양심조차 지켜내지 못했는지를 말입니다. 왜 내란 음모와 계엄령 도발 앞에서 국민의 편에 서서 그 칼날을 막지 못했는지를 꾸짖지 않을 수 없습니다.

왜 국민의 권리가 짓밟히고 민주주의가 산산 조각나는 그 순간에도 그는 권력자 곁에서 침묵으로 동조했는지를 묻고자 합니다. 대통령님, 역사가 우리에게 가르쳐준 것은 권력자의 폭주보다 더 무서운 것은 곁에 선 자들의 침묵이라는 사실입니다. 이것 역시 중대범죄라는 사실을 인식해야 합니다.

윤석열 전 대통령의 독단과 오만이 한덕수 전 총리의 묵인과 방조 속에서 얼마나 더 큰 힘을 얻게 되었는지를 우리는 이제야 똑똑히 되새기고 있습니다. 한덕수 전 총리는 자신은 단지 국정 운영의 뒷받침한 자였다고 말할지도 모릅니다. 하지만 국민은 압니다. 총리라는 자리는 대통령의 하명(下命)이 아니라 국민의 신뢰 위에 세워진 자리라는 것을 알고 있습니다. 국민이 주는 자리에서 권력자의 잘못을 바로잡지 못하고 오히려 그 불의에 자신의 의지를 덧씌웠다면 그는 이미 국민의 이름으로 꾸짖음을 받아야 마땅합니다.

대통령님, 권력의 잘못에 침묵한 자는 그 잘못의 절반을 함께 짊어져야 합니다. 윤석열의 내란 시도가 실패로 돌아간 뒤에도 한덕수 전 총리는 국민께 단 한 번이라도 정직한 사죄의 말을 꺼낸 적이 있습니까?

계엄령의 칼끝이 국민을 향할 때 그는 어디에 있었습니까? 어떠한 기록도, 어떠한 항변도 그가 국민의 편이었다는 증거가 되지 못합니다. 우리는 지금 새로운 정부를 맞이했습니다.

이재명 정부가 나아가야 할 길은 이 잘못의 잔재를 깨끗이 청소하고 국민 앞에 진실을 한 치도 숨김없이 밝히는 것입니다. 내란을 주도한 자만이 아니라 내란에 침묵하고 동조한 자 또한 국민의 준엄한 심판대 위에 세워져야 합니다.

대통령님, 저는 한덕수 전 총리를 개인적으로 미워하려는 것이 아닙니다. 그는 공직자로서 한 시대를 살았고 국민의 세금으로 권위를 얻은 사람입니다. 그러나 바로 그 이유로 그에게는 누구보다 무거운 책임이 따라야 합니다. 침묵이 불의에 대한 방조가 되어서는 안 된다는 것을 이 땅의 공직자 모두가 다시 새기게 해야 합니다.

저는 오늘 이 글을 권력자에게 보내는 분노의 편지가 아니라 국민의 이름으로 쓰는 경고문으로 올립니다. 앞으로 다시는 어떤 총리도, 어떤 권력의 2인자도 국민의 편에 서지 못하고 권력의 그림자에 몸을 숨기는 일이 없도록 이 역사의 꾸짖음이 먼 훗날에도 살아 있기를 바랍니다.

## 최상목 전 경제부총리 내란 동조

저는 오늘, 최상목 전 경제부총리에 대한 조용하지만 단호한 꾸짖음을 국민의 이름으로 담아 대통령님과 국민 여러분께 바칩니다.

윤석열의 내란 음모와 한덕수 전 총리의 침묵이 있었다면 최상목 전 부총리는 그들의 권력 뒤에 서서 경제라는 방패로 국민의 눈을 가리고 같은 배를 타고 내란의 바다를 건넌 공범이었습니다.

대통령님 그리고 국민 여러분! 최상목 전 부총리는 한때는 능력 있는 경제 관료로 불렸습니다. 경제 안정과 성장의 기둥이 되어야 할 자리에 앉아 있었기에 국민은 그에게 기대를 걸었습니다.

그러나 윤석열 정권의 내란 시도가 불거졌을 때, 그는 국민의 부름보다는 권력자의 명령에 더 귀를 기울였습니다. 내란의 기류가 돌고 헌법이 부정당하는 그 순간에도 그는 경제를 책임진 관료답게 국민의 고통을 먼저 외쳤어야 했습니다. 하지만 그는 침묵했습니다. 그의 침묵은 권력의 폭주를 정당화하고, 경제부처가 국민의 빵 대신 권력자의 권좌를 지키는 방패막이가 되도록 만들었습니다.

대통령님, 민주당은 최상목 전 부총리를 마은혁 헌법재판관 후보자 미임명 사태 등으로 헌법 질서를 파괴한 책임이 있다고 말했습니다. 탄핵소추안이 상정된 그날, 한덕수 대통령 권한대행은 그의 사퇴서를 전격 수리했습니다.

이것이 의미하는 것은 무엇입니까. 공동운명체로 내란에 몸을 담근 자들이 국민의 심판을 피해 도망치려 했다는 증거 아닙니까?

어떤 의원은 말했습니다. 탄핵 인용이 확실함을 알고 사퇴로 도망간 것이라고 하지 않았습니까? 저는 이 말이 거칠게 들리지만 오히려 국민의 마음을 가장 솔직히 대변한다고 생각합니다.

책임을 지겠다고 말하던 자들이 끝내 국민 앞에서 모든 것을 밝히지 않고 뒤로 빠져나가는 모습에서 국민은 또다시 기만당했다는 쓸쓸함을 느낍니다. 대통령님, 내란 동조자의 자리에 경제부총리가 있었다는 사실이 국민에게 얼마나 큰 상처였는지 부디 깊이 새겨주시기 바랍니다.

우리는 수많은 경제위기를 이겨냈지만, 권력이 국민을 배신하는 위기를 경제 관료의 방조로 맞게 될 줄은 아무도 상상하지 못했습니다. 최상목 전 부총리는 경제를 책임지는 자리가 결코 권력의 방패가 아님을 온몸으로 증명했어야 했습니다. 하지만 그는 마지막 순간까지 권력자의 손을 놓지 않았고, 사표 한 장으로 모든 책임에서 벗어나려 했습니다. 그 사표를 수리해준 한덕수 전 총리와 이미 공동운명체가 되어버렸음은 역사가 증명할 것입니다.

대통령님, 국민 여러분! 권력이 무너지고 헌정질서가 다시 세워지는 이 시점에서 이재명 정부의 역할은 분명합니다. 내란을 기도한 자들, 이를 방조하고 동조한 자들 그리고 권력의 그림자에 몸을 숨긴 자들까지 끝까지 진실을 밝히고 책임을 물어야 합니다.

경제라는 이름으로 덮으려 했던 어둠이 두 번 다시 국민의 등에 씌워지지 않도록 말입니다. 저는 이 꾸짖음을 역사의 교훈으로 남기고자 합니다. 부디 이재명 정부가 국민의 이름으로 정의를 실현해 주시길 바랍니다.

권력이 국민 위에 군림하지 않는 세상, 내란의 유혹이 다시는 발붙이지 못하는 세상, 그 길의 끝에서 이 편지가 작은 디딤돌이 되기를 간절히 바랍니다.

## 전광훈은 내란 선동자, 그는 악마였다

저는 오늘, 전광훈 목사라는 이름을 우리 사회가 다시는 잊지 않고 기억해야 할 불행한 내란 선동의 상징으로 남기기 위해 작은 편지를 올립니다.

권력을 탐한 정치인보다도 진리의 말씀을 왜곡해 국민을 갈라치고 갈등과 증오를 부추긴 자의 죄가 얼마나 큰지를 이 글로 똑똑히 남기고자 합니다.

대통령님 그리고 국민 여러분! 전광훈 목사는 한때 스스로를 하나님의 종이라 불렀습니다. 그러나 그 입에서 나온 말들은 신앙의 위로가 아니라 거짓과 선동이었습니다. 광화문 광장을 점령하고, 거짓된 음모론을 퍼뜨리고, 권력에 굴복하지 않겠다며 사람들을 거리로 불러냈던 그 언행은 결국 내란 선동의 씨앗이 되었습니다.

우리는 기억합니다. 광장에 모인 군중이 혁명을 외칠 때 그 중심에 서서 마이크를 쥔 사람은 민주주의를 지키겠다는 사람도, 국민의 고통을 함께하겠다는 사람도 아니었습니다. 그는 신의 이름으로 국민을 갈라치고 자신의 정치적 욕망을 채우기 위해 거짓을 교리처럼 포장한 내란 선동자였습니다.

대통령님, 국민 여러분! 전광훈 목사는 내란의 우두머리가 아니었습니다. 그러나 그는 그 불씨에 가장 먼저 기름을 부은 자였습니다. 윤석열과 그 권력 주변인들이 계엄령과 친위 쿠데타를 획책

할 때 전광훈은 거리를 장악한 군중의 힘으로 국민의 분열을 정치권력의 무기로 바꿔주었습니다.

어떤 권력도 혼자서 국민을 속일 수는 없습니다. 그 뒤에는 반드시 거짓된 선동이 있고, 그 선동을 믿게 만든 사람이 있습니다. 그는 무섭고 교활한 마귀였습니다. 저는 오늘 국민의 이름으로 묻습니다.

전광훈 목사여, 당신이 내란의 한 축이 아니라고 말할 수 있습니까? 거짓과 증오의 설교로 성난 군중의 귀를 사로잡고 정권의 부패를 덮어주며 스스로 권력의 동반자라 자처한 그 죄는 결코 신의 이름으로도 씻길 수 없습니다. 당신은 젊은이들을 또한 광장으로 유인해 마치 흡혈귀처럼 법원을 향해 싸움을 자초했습니다.

따라서 민주주의는 당신의 광장 선동으로 얼룩졌고, 국민은 서로의 이웃을 향해 손가락질하며 깊은 상처를 입었습니다. 사람들은 신앙과 선동 사이에서 갈피를 잡지 못했는데 바로 악마 당신이 악의 길을 열어주지 않았습니까?

이재명 대통령님, 전광훈 목사가 남긴 가장 큰 죄는 국민의 마음속 신뢰를 깨뜨린 일입니다. 종교가 이 사회에서 가져야 할 가장 큰 덕목은 평화와 화해일 것입니다. 그러나 그는 신앙의 탈을 쓰고 정치의 가장 추악한 욕망을 수많은 시민들에게 전파했습니다.

그 거짓의 설교가 아니었다면 계엄령을 논하던 권력의 입은 그토록 쉽게 국민을 두려워하지 못했을 것입니다. 저는 두렵습니다. 전광훈 목사가 남긴 방식이 또 다른 누군가에게 복제될까 두렵습니다.

언어의 선동과 광장의 분열은 한 번 문이 열리면 다시 닫기가 어렵습니다. 마치 방언이 터진 기도의 현장처럼 말입니다. 그래서 이번에는 반드시 그 거짓과 선동의 대가가 국민의 이름으로 끝까지 추궁되어야 합니다.

대통령님, 민주주의는 폭력적 혁명과 군중 선동을 통해 지켜지는 것이 아닙니다. 말을 왜곡하고 믿음을 장사한 자들이 국민의 이름으로 처벌받지 않는다면 우리의 자유와 평화는 다시 언제든지 무너질 수 있습니다.

저는 간절히 바랍니다. 이번만큼은 반드시 진실이 밝혀지고 거짓된 선동이 국민 위에 군림하지 못하도록 이재명 정부가 끝까지 책임져 주시길 당부드립니다.

저는 오늘 이 편지를 분노로만 쓰지 않았습니다. 전광훈 목사가 남긴 상처가 역사의 교훈으로 되살아나길 바라는 마음으로 썼습니다. 책은 천 년을 간다고 하지 않았습니까? 후세 천년 만 년 이 책이 역사의 기록으로 남을 것입니다. 또한 국민은 잊지 않을 것입니다.

내란은 총칼로만 일어나지 않는다는 것을 말입니다. 분열과 거짓말도 무서운 내란이 될 수 있다는 것을 말이지요. 거짓된 믿음은 반드시 하나님의 질책이 있으리란 믿음도 더욱 확고히 자리 잡을 것입니다.

## 일타강사 전한길의 내란 선동

저는 오늘, 전한길이라는 이름을 우리 역사에 결코 가벼이 남겨두어서는 안 될 거짓 선동의 상징으로 기록하기 위해 이 편지를 올립니다.

역사를 가르친다던 자가 어떻게 역사 위에 다시는 안 될 상처를 남겼는지 그의 말과 행동을 국민 앞에 분명히 드러내고자 합니다.

존경하는 대통령님 그리고 국민 여러분!

전한길은 한때 청년과 학생들의 존경을 받던 이른바 일타 강사였습니다. 역사를 쉽고 재미있게 풀어낸다고 많은 이들이 그의 강의를 들었습니다. 그러나 그는 어느새 역사를 가르치는 교탁 위에서 내려와 윤석열 권력의 언어를 읊조리는 정치 선동 꾼이 되어버렸습니다.

윤석열 탄핵이 국민의 뜻으로 국회에서 의결되고 헌법재판소로 넘어갔을 때, 전한길은 스스로 역사의 증인이라 자처하며 절대 탄핵이 인용되어서는 안 된다고 목소리를 높였습니다.

그가 외쳤던 윤석열 무죄라는 말은 결코 사실이 아니었고, 이재명 감옥행이라는 비난은 사실에 기초한 것이 아니라 대중의 분노를 자극하기 위한 선동에 지나지 않았습니다.

그는 부산, 광주, 청주, 서울 등 대도시를 돌며 수많은 사람들을 불러 모았습니다. 강의실이 아니라 거리에서, 교재가 아니라 마이크로 사람들의 두려움과 의심을 자극했습니다. 역사를 가르치는 사람이 역사를 왜곡하고 국민을 분열시키는 말에 자신의 재능을 써버린 것입니다.

대통령님, 국민 여러분!

저는 묻습니다. 전한길은 역사를 가르치는 자였습니까? 아니면 권력의 꼭두각시였습니까? 역사 강사라면 진실을 말해야 하고, 어떤 권력도 그 진실을 왜곡하지 못하게 역사를 방패삼아 국민을 지켜야 했습니다.

그러나 그는 권력을 위해 거짓을 방패삼아 국민의 마음을 찢었습니다. 우리는 알아야 합니다. 역사를 잊으면 같은 잘못을 반복한다는 말처럼, 역사를 왜곡하면 미래가 무너진다는 진실도 언제나 함께 새겨야 합니다.

전한길은 역사를 가르치지 않았습니다.

역사를 무기 삼아 대중을 현혹했고 그 결과는 내란의 동조자라는 어두운 이름으로 돌아왔습니다.

대통령님, 저는 전한길의 말과 행동이 단순한 개인의 잘못이라 말하고 싶지 않습니다. 그 뒤에는 권력에 기대어 진실을 비틀어 대중의 마음을 이용하려 한 정치 권력의 탐욕이 있습니다. 그러나 그 탐욕이 힘을 얻은 것은 전한길과 같은 선동자가 있었기 때문입니다. 저는 간절히 바랍니다.

이재명 정부가 권력에 빌붙어 진실을 비틀려는 선동자들의 씨앗을 뿌리 뽑아주시길 간절히 원합니다. 역사를 가르친다는 사람이 다시는 역사를 해치는 무기가 되지 않도록 교육의 신뢰를 지켜주시길 바랍니다.

그래야 국민은 다시는 선동의 말에 이끌려 민주주의를 **빼앗기**지 않을 것입니다. 오늘 저는 전한길을 꾸짖습니다. 그가 외친 거짓말들이 역사의 심판대 위에 서도록 말입니다. 세상이 달라졌건만 아직도 그는 부정선거의 음모론을 주장하고 있습니다. 정말 가슴 아픈 현실이 아닐 수 없습니다.

그의 이름이 교훈이 되어 어떤 지식인도 진실을 팔아 권력의 부역자가 되지 않도록 해주십시오. 그리고 이 꾸짖음이 국민의 이름으로 정의가 살아 있다는 증거로 이 땅에 남길 소망합니다.

## 유튜버들의 내란 동조와 돈벌이 전략

　저는 오늘, 이 나라의 새로운 민주주의 앞에서 유튜버들이 만들어낸 거짓의 쓰라린 역사를 부디 다시는 반복하지 말자는 다짐으로 작은 편지를 바칩니다. 이번 내란 사건의 그림자에는 권력자의 탐욕만 있었던 것이 아니라 그 탐욕을 달콤한 소문으로 포장해 퍼뜨린 유튜버들의 무책임한 입이 있었습니다.

　대통령님 그리고 국민 여러분!

　수많은 보수 유튜버들은 이번 내란 음모의 또 다른 공범이었습니다. 그들은 국민에게 진실을 말하는 척하면서 허위사실과 음모론을 버무려 내보냈습니다. 불법 선거라는 말로 이재명 대통령과 민주당을 공격하고 윤석열의 내란 시도를 정당화하려고 했습니다.

　거짓된 영상 하나가 사람들의 마음을 뒤흔들었고, 광장의 분노를 증폭시켰습니다. 이에 저는 묻고 싶습니다. 그들이 정말 민주주의를 걱정했던 것입니까? 그들이 정말 진실을 파헤치려 했던 것입니까? 하지만 진실은 아닙니다. 그들이 정말 원한 것은 구독자 숫자와 조회수, 그리고 그로부터 발생하는 광고수익과 후원금이었습니다. 진실은 돈벌이의 미끼로 전락했고, 거짓은 더 자극적일수록 돈이 되는 상품이었습니다.

　대통령님, 유튜버들은 방송법의 규제를 받지 않는다는 점을 방패 삼아 아무 말이나 뱉었습니다. 신문사도 방송국도 함부로 하지 못할 거짓을 그들은 당당히 썸네일로 만들어 퍼뜨렸습니다. 그리고 라이브 방송을 하며 슈퍼챗 등의 후원금을 유도했던 것입니다.

마치 정의의 메신저인 양 카메라 앞에 앉아 손가락질하고 큰소리쳤지만, 그 배후에는 정직함이 아닌 욕망이 있었습니다. 더 큰 문제는 그들의 말이 시장에서 팔려나갔다는 사실입니다. 자극적인 제목과 허위정보는 순진한 국민의 마음을 흔들고 분열을 키웠습니다.

국민이 서로를 의심하게 만들고 서로의 이웃을 적으로 보게 했습니다. 가족 간에도 정치 성향이 달라 얼굴을 붉히는 지경까지 이르게 된 것입니다. 그 사이에서 유튜버들은 수십만, 수백만의 조회수를 가져갔고, 라이브 방송 한 두 시간에 수천만 원의 후원금을 모금했던 것입니다. 그 수익으로 더 큰 거짓을 키워냈습니다. 대통령님, 이번 사건은 우리에게 말해줍니다.

거짓말도 누군가의 돈벌이가 되면 이토록 위험한 무기가 된다는 사실을 말입니다. 민주주의가 허위정보에 무너질 수 있다는 새로운 교훈을 남겼습니다. 유튜버들의 무책임한 말들이 얼마나 쉽게 사람들을 선동할 수 있는지 국민은 이제 두 눈으로 보았습니다.

저는 국민의 이름으로 꾸짖습니다. 유튜버들이여, 국민의 고통을 돈벌이로 삼지 마십시오. 거짓말로 민주주의를 훼손한 그 댓가는 언젠가 반드시 돌아올 것입니다. 허위 선동의 결과로 나라가 내란의 위기에 몰렸다는 것은 대한민국 역사에 두고두고 남을 오점입니다.

대통령님, 저는 이재명 정부가 이 거짓의 시장을 방치하지 않길 바랍니다. 허위발언과 선동이 더 이상 무분별한 수익이 되지 않도록 언론과 방송법, 온라인 플랫폼에 걸맞은 새로운 규범과 장치를 고민해 주시길 부탁드립니다.

진실이 힘을 잃고 거짓이 장사수단이 되는 사회는 결국 국민 모두를 불행하게 만들 뿐입니다. 오늘 이 편지는 유튜버 한 사람, 한 채널을 꾸짖는 것을 넘어 이 사회가 거짓을 어떻게 다뤄야 하는지를 함께 묻는 물음입니다.

부디 이 꾸짖음이 거짓의 이득 위에 서려는 자들을 두렵게 하고, 정직한 말과 책임 있는 목소리만이 국민의 귀에 닿는 사회로 가는 작은 발걸음이 되길 간절히 바랍니다.

## 유튜버 법제정 및 책임 강화

저는 오늘, 이 땅의 진실을 지키기 위해 유튜버라는 이름으로 국민을 속이고 민주주의를 파괴하며 돈벌이에 몰두하는 어두운 현실을 꾸짖는 편지를 올리고 있습니다. 앞서도 밝혔듯이, 지난 내란 사건의 뒤편에도 늘 보이지 않는 자리에서 거짓을 키우고 분열을 조장하며 돈벌이에 매진한 유튜버들이 있었습니다.

대통령님 그리고 국민 여러분!

유튜버라는 말이 이제는 더 이상 단순한 개인 방송인을 뜻하지 않습니다. 이들은 하나의 권력입니다. 정확한 증거도 없이 자극적인 제목으로 거짓과 음모를 조장하고 그 거짓이 퍼질수록 구독자와 조회수가 올라가며 광고수익과 후원금은 불어나게 됩니다.

거짓이 곧 돈이 되고, 돈이 거짓을 더 부풀리는 악순환이 인터넷의 골목골목을 채우고 있습니다. 저는 국민의 이름으로 묻고 싶습니다. 이제 우리는 유튜버들이 제멋대로 허위사실을 유포해도 아무런 책임을 지지 않는 세상을 언제까지 용납해야 합니까?

신문이나 방송은 잘못된 보도로 법적 책임을 지는데 유튜버들은 방송법 밖에서 구독자 수에만 기대어 군림하고 있습니다. 정치적 갈등과 대립이 선거 때만 되면 극으로 치닫는 우리 정치문화 속에서는 특히 통제할 방법도 없지 않겠습니까?

허위사실로 국민을 선동해 민주주의를 혼란에 빠뜨린 대가가 광고수익이라는 사실이 너무나 씁쓸합니다. 대통령님 그리고 존경하는 국민 여러분! 더욱 심각한 것은 이들이 만들어내는 막대한 수익이 음성적으로 흐르고 있다는 점입니다.

유튜버들의 후원금과 광고수익은 투명한 구조 안에서 과세되지 않습니다. 명백히 기업형으로 운영되는 채널도 개인방송으로 위장해 세금을 빠져나갑니다. 정직한 국민이 땀 흘려 버는 소득에는 엄격한 과세가 따르는데, 허위정보로 모은 자금에는 어쩌면 단 한 푼의 세금도 부과되지 않을 수 있습니다. 이제는 바꿔야 합니다. 이재명 정부가 약속한 공정한 세정과 디지털 시대의 책임은 바로 이런 곳에서 시작되어야 합니다. 허위정보를 퍼뜨려 국민을 속이는 이들이 그로 인해 얻은 수익을 단 한 푼도 숨기지 못하도록 법과 제도를 다시 세워야 합니다.

유튜버의 규모와 성격에 맞게 과세체계를 정비하고, 탈세의 길을 원천적으로 차단해야 합니다. 대통령님, 책임도 무겁게 물어야 하지 않을까요? 유튜버들은 정보의 파급력이 신문, 방송 못지않음을 이미 알고 있습니다. 그럼에도 거짓을 내뱉고 선동으로 수익을 올린다면 그 책임도 언론과 동일해야 합니다. 허위사실 유포에 대한 손해배상과 형사처벌이 실효성 있게 작동할 수 있도록 기존 법령을 보완하고 필요하다면 새로운 법도 제정해야 합니다.

특히 인터넷 공간은 한 번 퍼진 거짓이 걷잡을 수 없습니다. 그래서 더욱 신속하고 실질적인 규제가 필요합니다. 플랫폼 사업자도 책임에서 자유로울 수 없습니다. 허위정보를 막지 않고 광고수익을 공유하는 구조라면 플랫폼 역시 그 일부를 책임져야 합니다.

　이것이 진정한 디지털 민주주의의 기본입니다. 대통령님, 허위와 음모로 민주주의를 무너뜨린 유튜버들이 이 땅의 민주주의와 상식을 조롱하도록 그냥 두어서는 안 됩니다. 진실은 더디게 움직이지만 거짓은 속도가 빠릅니다. 그러니 진실을 지키는 규칙은 거짓보다 더 빠르고 더 엄중해야 합니다. 저는 국민의 이름으로 간절히 부탁드립니다.

　이재명 정부가 유튜버들의 무책임한 거짓말 장사를 더 이상 방치하지 않기를 바랍니다.

　인터넷이라는 무대가 정직한 지식과 정보가 빛나는 곳이 되도록 법과 제도를 똑바로 세워주시기를 간절히 원합니다. 그리고 진실한 국민이 피해자가 되지 않는 공정한 사회를 향해 함께 나아가주시기를 바랍니다.

## 이완규, 함상훈 헌법재판관 지명 철회를 보면서

오늘 저는 이 편지를 올리며 내란의 그림자를 걷어내고자 하는 이재명 정부의 결단을 국민과 함께 깊이 새기고자 합니다.

대통령님께서 최근 이완규 전 법제처장을 면직하고 또한 함상훈 헌법재판관 후보자의 지명을 철회하셨다는 소식을 국민은 모두 무겁게 받아들였습니다.

존경하는 대통령님!

이완규 전 처장은 국민이 다 아시다시피 윤석열 전 대통령의 오랜 친구로 알려져 있습니다. 그는 한때 헌법재판관 후보로까지 이름이 오르내렸습니다. 한덕수 권한대행 체제에서 내란의 잔재를 지키려는 마지막 발버둥이었는지 이완규는 헌법재판소에 들어가 헌정질서의 최종 보루가 되려 했습니다.

그러나 국민은 기억하고 있습니다. 2024년 12월 계엄선포라는 무도한 시도가 있던 그때, 이완규는 삼청동 안가에서 민정수석, 법무장관, 행안부 장관과 함께 내란의 밑그림을 논의했다는 사실이 이미 드러났습니다. 스스로 내란 세력의 동조자였음에도 헌법재판관이라는 자리로 옷을 갈아입으려 했던 이완규에 대한 대통령님의 면직 결단은 너무도 마땅한 조치였습니다. 그리고 또 하나의 이름, 함상훈 후보자가 있군요. 그는 서울고등법원 부장판사로 재직 중이었습니다.

그러나 문형배 헌법재판소장 직무대행과 이미선 재판관의 후임으로 지명되면서 윤석열 권력의 의도를 다시금 드러냈습니다. 헌법을 수호해야 할 자리를 내란의 공범들로 채우려 한 그 무도한 시도는 이제 현명하고 지혜로운 이재명 대통령님의 지명 철회로 완전히 좌절되었습니다.

대통령님, 국민의 한 사람으로서 저는 이 결정을 두 손 들어 환영합니다. 단순한 인사권 행사 이상의 의미가 있기 때문입니다. 이번 면직과 지명 철회는 국민이 목숨같이 지켜온 헌정질서를 내란 세력의 손아귀로부터 완전히 분리해낸 역사적 결단입니다. 더 이상 국민의 재판권을 뒤흔들 정치적 유착의 가능성을 뿌리 뽑은 것입니다.

우리는 이번 사건을 통해 한 가지 진실을 배워야 합니다.

내란은 총칼만으로 일어나지 않습니다. 친위세력과 동조자들은 어제는 권력의 심복으로, 오늘은 법과 헌법의 수호자인 척 가면을 바꿔쓰고 돌아옵니다. 이제 우리모두는

그 가면을 벗기고

진실을 드러내는 것이야말로 국민의 이름으로 민주주의를 지키는 길입니다.

대통령님, 이제 국민은 대통령님께 바랍니다. 내란 세력과의 단절을 선언하는 데서 그치지 않고 또다시 이 땅에 무도한 계엄과 내란이 발붙이지 못하도록 제도를 재정비해 주시길 소망합니다.

헌법기관의 인사권부터 검찰, 법원, 행정부에 이르기까지 견고

한 방패가 세워져야 할 것입니다. 저는 또한 국민의 이름으로 다짐합니다. 권력의 그늘에 몸을 숨긴 동조자들이 다시는 민주주의의 성벽을 무너뜨리지 못하도록 국민 스스로 경계의 눈을 거두지 않겠습니다.

이제야말로 국민이 주권자라는 말이 행정과 입법, 사법의 모든 자리에서 진정한 울림이 되어야 합니다. 대통령님, 이번 결단은 시작일 뿐입니다. 민주주의가 한 번 쓰러진 곳에는 또다시 쓰러질 위험이 도사립니다. 윤석열 정부의 잔재는 아직도 곳곳에 냄새를 풍기며 자리 잡고 있지 않습니까?

그러나 국민과 함께라면

그리고 국민의 뜻을 따르는 정부라면

그 어떤 내란의 씨앗도 반드시 뽑아낼 수 있을 것입니다. 부디 이재명 정부는 국민의 뜻을 받들고 섬기어 존경 받고 성공한 대통령으로 남아주시길 당부드립니다.

# 제6장
# 윤석열의 7대 실정

헌정질서 파괴와 내란기도

검찰권력의 사유화 및 사법농단

언론 탄압과 표현의 자유 위축

민생외면과 경제 실정

외교, 안보의 실패와 국격 추락

국민통합 실패와 갈등 조장

국정 무책임과 무능한 리더십

이제는 바른 길로 나아가야 할 때

무인기 사건과 이적죄의 그림자

## 헌정질서 파괴와 내란기도


존경하는 이재명 대통령님

이 나라의 주권자인 국민의 한 사람으로서, 부디 이 편지가 대통령님의 바른 정치에 작은 이정표가 되기를 바라며 글을 올립니다.

우리는 불과 얼마 전, 대한민국 헌정사에서 결코 있어서는 안 될 충격적인 장면을 목도 했습니다. 윤석열 전 대통령이 계엄령을 기도하고 국회를 무력화하려 했다는 사실이 낱낱이 드러나고, 헌법재판소는 그를 내란의 수괴로 판단해 파면하였습니다. 대통령이라는 막중한 자리에 올랐음에도 그 권한을 민주주의의 뿌리를 흔드는 데 사용한 사람의 최후를 우리는 똑똑히 지켜보았습니다.

이재명 대통령님, 헌법은 국민이 피로 쟁취한 약속이며, 대통령은 그 약속의 수호자입니다. 그러나 윤 전 대통령은 자신이 가진 권한을 사유화했고, 헌법기관을 '정적'으로 간주해 제거하려 들었습니다.

국회를 무력화하고, 헌재 재판관을 바꾸려 하며, 사법부의 중립성마저 위협했습니다. 민주주의는 제도의 연합으로 서는 것이 아니라, 그것을 존중하고 운영할 성숙한 통치 철학으로 완성되는 것입니다.

우리는 대통령의 자리에서 자기 사람을 심고, 헌법기관을 장악해 권력을 연장하려는 시도를 쿠데타라고 부릅니다. 그것이 총 대신 법률과 제도로 진행되었다 해도 결과는 같기에 문명의 탈을 쓴 내란이라 이름 붙일 수밖에 없습니다. 하지만 윤석열이야말로 국민의 산실인 국회의 담장을 넘고 총부리를 겨누었습니다. 설령 윤 전 대통령이 주장하던 바로 비무장 내란이라 해도 결코 용납할 수 없는 역사적 순간이었습니다.

다행히 헌정은 국민의 손으로 지켜졌습니다. 깨어있는 시민들의 저항, 국회의 결단, 헌재의 마지막 판단까지, 우리 민주주의는 쉽게 무너지지 않는다는 사실을 증명해냈습니다. 그러나 동시에 우리가 어떤 대통령을 뽑느냐에 따라 헌정이 얼마나 위태로워질 수 있는지, 얼마나 쉽게 뒤흔들릴 수 있는지를 여실히 드러낸 교훈이기도 했습니다.

이재명 대통령님, 우리는 더 이상 헌법을 위협하는 권력을 용납하지 않을 것입니다. 그 누구든, 헌정 질서를 무시하고 국민 위에 군림하려 한다면 그 자리에서 내려오게 할 힘을 이 나라의 시민들이 갖고 있다는 사실이 명백히 드러났습니다. 윤 전 대통령의 파면은 단죄였고, 동시에 다시는 그런 일이 되풀이되어서는 안 된다는 역사적 경고였습니다.

이제 이 나라의 운전대는 이재명 대통령님 손에 있습니다. 헌정 질서를 수호하고, 권력 기관의 균형을 존중하며, 국민 앞에 낮은 자세로 국정을 이끌어주십시오. 대통령의 권한은 군림하기 위해 있는 것이 아니라, 섬기기 위해 있는 것임을 잊지 말아주십시오.

대통령님의 취임사는 국민통합을 약속하셨습니다. 그 약속이 정치보복의 종식, 법치의 공정성 회복, 갈등의 치유라는 구체적 행동으로 이어질 때 국민은 진정한 희망을 발견하게 될 것입니다. 부디 전임자의 실패를 반면교사 삼아, 권력을 조심스럽게 쓰시고, 국가의 틀을 흔드는 일 없이 안정 속에 개혁을 이루어주시길 바랍니다.

윤 전 대통령은 권력에 도취되어 그 권력이 어디에서 비롯되었는지를 망각했습니다. 그러나 국민은 그를 기억할 것입니다. 실패한 대통령으로, 내란의 우두머리로, 민주주의의 적으로. 이재명 대통령님, 당신의 이름은 그와는 정반대의 자리에 놓이기를, 이 땅의 국민 모두가 간절히 바라고 있습니다.

대통령님을 사랑하고 지지한 한 지식인이 간절한 마음으로 이 글을 씁니다. 부디 역사 앞에 부끄럽지 않은 대통령으로 남아주시기를 진심으로 기원합니다.

## 검찰권력의 사유화 및 사법농단

 이제 막 새 시대의 문을 열고 들어선 대통령님께 이 편지를 씁니다. 참으로 긴 겨울이 지나고, 얼어붙었던 땅 위로 봄빛이 번져 오는 듯한 요즘입니다.

 민주주의란 이름 아래 우리가 꿈꾸던 나라, 바로 그 나라가 이제 대통령님의 손길 아래 다시 살아나리라 믿으며, 지난 시간의 그림자 하나를 조심스럽게 꺼내어 전합니다. 윤석열 정부가 남긴 유산, 그 중에서도 가장 뼈아픈 상처였던 검찰 권력의 사유화와 사법농단의 기억입니다.

 돌이켜보면, 윤석열 전 대통령의 통치는 곧 검찰의 통치였습니다. 그가 검찰총장에서 대통령으로 향한 순간부터, 국정은 곧 수사였고, 권력은 곧 기소였습니다. 대통령실을 비롯한 요직에는 하나둘 검찰 출신들이 들어섰고, 그들의 언어와 방식이 국정 전반을 지배하기 시작했습니다.

 검찰의 시선으로 사람을 판단하고, 검찰의 태도로 나라를 운영하며, 검찰의 권한으로 국민을 다루려 했던 시절이었지요. 그것은 단지 검찰 출신 인사의 등용이 아니라, 권력의 작동 원리가 아예 변질된 것이었습니다.

 법은 원래 사람을 보호하는 울타리여야 합니다. 그러나 윤석열 정부 아래서 법은 누군가에게는 칼날이 되었고, 누군가에게는 방패가 되었습니다. 특정 정치인과 언론, 시민단체에는 한없이 엄격했던 검찰은, 자기 편의 잘못에는 고개를 돌렸습니다.

공정한 수사란 이름 아래 펼쳐졌던 일련의 수사는, 알고 보면 정치적 목적에 충실한 선택적 정의였음을 우리는 너무나 똑똑히 목격했습니다. 수사라는 권한이 정의를 향하기보다는 권력을 유지하는 도구로 변질되었을 때, 국민은 '공포'를 느꼈고, 법치는 '불신'을 얻었습니다.

더욱 안타까운 것은 이러한 편향 수사의 지휘가 대통령실로부터 비롯되었다는 데 있습니다. 대통령 자신이 직·간접적으로 수사 방향을 언급하거나, 정치적 발언 속에 검찰 수사의 명분을 심어두는 일이 잦았습니다.

정치와 수사의 경계가 무너지고, 검찰 조직은 무소불위의 권력으로 변모해 갔습니다. 그것은 단순한 인사의 문제가 아니었습니다. 그것은 공화정의 근간을 흔드는 사법농단이자, 삼권분립의 정신을 짓밟는 국가 권력의 독점 행위였습니다.

이 과정에서 국민은 차별을 경험했습니다. 누군가는 소환만으로도 도덕적 파산을 맞았고, 또 누군가는 혐의가 드러났음에도 불기소로 면죄부를 받았습니다. 그리고 그 기준은 '법'이 아니라 '권력'이었습니다. 검찰총장의 권한이 대통령의 의지와 중첩되면서, 그 권력은 감시받지 않았고, 오히려 의심조차 허락되지 않는 성역이 되어버렸습니다.

'검찰공화국'이라는 오명은 그저 과장이 아니었습니다.

그것은 국민의 체감이자, 헌정의 파탄이었습니다.

이 모든 것은 결국, 검찰 조직에 대한 불신을 심화시켰을 뿐 아니라, 전체 사법 시스템의 신뢰를 송두리째 흔들었습니다.

법관의 판결조차 검찰의 수사 결과에 종속된 듯한 인상을 주었고, 국민은 법의 이름 앞에서조차 평등하지 못한 현실에 절망했습니다. 민주주의는 법의 지배를 통해 작동하지만, 윤석열 정부 아래에서 우리는 '법의 남용'이 무엇을 초래하는지 똑똑히 배웠습니다.

대통령님께서 약속하신 정의와 상식의 회복, 그 첫걸음은 바로 이 잘못된 관행과 결별하는 데서 시작될 것입니다. 권력을 위한 수사가 아닌 국민을 위한 수사가 되어야겠지요. 권력의 하수인이 아닌, 정의의 감시자로서의 검찰. 그 본래의 자리로 검찰을 되돌려야 할 사명이 지금 대통령님의 어깨 위에 놓여 있습니다.

검찰은 국가의 기관일 뿐이지, 특정인의 연장선이 되어선 안 됩니다. 권력은 권력을 감시하는 데 쓰여야지, 자신을 보호하는 데 쓰여선 안 됩니다. 그리고 그 변화는 단지 사람을 바꾸는 데서 그쳐선 안 됩니다. 구조를 바꾸고, 제도를 새로 써야 합니다. 고위공직자비리수사처의 실효성을 높이고, 검경수사권 조정을 완성해야 하며, 정치적 수사의 가능성을 원천적으로 차단할 방안이 마련되어야 합니다. 수사와 기소, 권한의 집중과 분산, 견제와 균형, 그 모든 것들이 이제 새로운 기준 아래 다시 논의되어야 합니다.

법은 결코 권력을 위해 존재해서는 안 됩니다.

법은 언제나 국민을 위한 것이어야 합니다.

이재명 대통령님!

우리는 더 이상 권력이 법을 지배하는 세상을 원하지 않습니다. 법이 권력을 견제하고 정의가 사람을 지키는 세상을 간절히 기다려왔습니다. 이제 그 시대를 열어주십시오.

윤석열 정부의 실정은 부끄러운 과거로 남기고, 그 위에 공정과 신뢰의 질서를 다시 세워주십시오. 그 길이 결코 쉽지 않으리란 것을 압니다. 그러나 그 길을 함께 걸을 국민이 있고, 대통령님의 소신과 진심이 있다면 우리는 반드시 그 나라에 도달할 수 있으리라 믿습니다.

오늘도 대통령님의 바른 결단과 고단한 헌신에 깊은 존경을 보내며 이 편지를 맺습니다.

## 언론 탄압과 표현의 자유 위축

사랑하는 이재명 대통령님께!

긴 어둠이 지나고 새벽이 밝았습니다.

대통령님의 취임은 단순한 정권 교체를 넘어, 자유와 정의, 상식의 회복이라는 시대적 요청에 응답한 결과라 믿습니다. 이 편지를 쓰는 이유도 바로 그 요청과 관련이 있습니다.

지난 정권, 윤석열 정부의 실정 가운데 특히 뼈아프게 기억해야 할 부분이 있다면, 그것은 다름 아닌 언론의 자유를 옥죄고 국민의 입을 틀어막으려 했던 어두운 시도들이었습니다.

윤석열 정부는 비판 언론을 적으로 돌리고, 기자를 고발하며, 압수수색이라는 물리적 수단으로 언론을 겁박했습니다. 대통령이라는 자리에 올라 권력을 쥐자, 그는 권력의 비판자를 포용하기는커녕 제거의 대상으로 삼았습니다. 특정 언론의 기사 하나가 불편하다는 이유로 해당 언론사를 압수수색하고, 질문이 불쾌하다는 이유로 기자를 고소 고발했던 정부. 해외 출장길에 불쾌한 질문을 하던 언론사 기자의 출입을 저지한 행위, 그것은 민주주의의 가장 기본적인 원칙을 부정한 폭력이었습니다.

언론이란 거울입니다. 비록 그 거울이 때로는 거칠고 못마땅한 모습을 비출지라도, 그 거울이 깨지면 국민은 더 이상 권력을 감시할 수 없고, 권력은 쉽게 절망으로 치닫게 됩니다. 윤석열 정권

하에서 벌어진 수많은 언론 탄압 사례는 단순한 사건이 아니라, 그가 민주주의를 얼마나 경시했는지를 상징적으로 보여주는 증거들이었습니다.

무엇보다도 충격적이었던 것은, 대통령실이 비판 언론사들을 직접 지목하며 가짜뉴스로 규정하고, 대통령실 출입 기자를 출입 금지하거나, 편파 방송이라는 이유로 방송사에 직접 전화해 항의하는 일이 반복되었다는 점입니다. 정권이 언론의 논조에 개입하고 여론을 통제하려 했던 그 시도는 과거 독재 정권에서나 보던 장면이었고, 국민들은 숨죽인 채 민주주의의 뿌리가 뽑히는 광경을 지켜봐야 했습니다.

더 나아가 윤석열 정부는 기존 언론을 기득권 언론으로 매도하고, 자신에게 우호적인 유튜버들을 중심으로 새로운 친위 미디어를 양성하기 시작했습니다. 이들은 대통령을 찬양하고 비판 세력을 공격하며, 허위정보와 왜곡된 사실을 유포하는 데 앞장섰습니다.

그 결과 언론 생태계는 균형을 잃고, 사실과 허위가 뒤섞인 혼탁한 공론장이 만들어졌습니다. 국민은 어느 언론이 진실을 말하는지, 어느 채널이 선동을 하고 있는지 구별조차 하기 어려워졌습니다.

표현의 자유는 그 자체로 민주주의입니다. 인간의 권리 가운데 가장 소중한 자유권 중에서도 상위에 속하는 자유가 바로 표현의 자유 아니겠습니까? 권력자는 비판을 감수할 용기를 가져야 하며, 언론은 권력을 두려워하지 않아야 합니다.

윤석열 정부는 이 당연한 명제를 거꾸로 뒤집었습니다. 권력은 비판에 격노했고, 언론은 생존을 위해 침묵하거나 왜곡된 충성을 강요받았습니다. 그것은 민주공화국이 가장 경계해야 할 길이었습니다. 동시에 우리가 다시는 반복해서는 안 될 교훈이기도 합니다.

대통령님, 권력의 본질은 비판을 받아들이는 데 있습니다. 자신을 옹호하는 목소리에만 귀 기울일 때, 권력은 부패하고 나라는 병듭니다. 지난 정권의 실패를 교훈 삼아 비판적 언론에 귀 기울이고 표현의 자유를 넓히는 데 앞장서 주시기를 바랍니다. 언론이 자유롭게 질문하고, 정부는 당당하게 답하는 시대. 그것이 진짜 민주주의 아닐까요?

다양한 목소리, 때로는 거친 비판도 모두 국민의 한 조각입니다. 대통령님께서 그 조각들을 모아 더욱 빛나는 공론의 장을 이끌어주시기를 진심으로 소망합니다. 윤석열 정부의 언론 탄압은 우리 모두의 아픈 기억입니다. 하지만 그 기억을 바탕으로 더 나은 내일을 만들어나간다면, 그 시대의 상처도 의미 있는 자산으로 남을 수 있으리라 믿습니다. 바람이 지나간 자리에 씨앗이 자란다고 하지요. 그 혹독한 바람을 견딘 언론과 시민사회가 이제는 더 강인한 민주주의의 뿌리가 되기를 바랍니다.

그리고 대통령님의 임기 동안 그 뿌리가 튼튼히 자리 잡을 수 있기를 진심으로 기원합니다. 깊은 성찰과 용기를 바라는 마음으로 이 편지를 드립니다.

## 민생외면과 경제 실정

존경하는 대통령님! 다시 한번 이 편지를 씁니다. 이번에는 민생과 경제에 관한 이야기입니다. 권력과 검찰, 언론과 자유 같은 무거운 주제도 중요하지만, 결국 정치란 사람의 삶을 돌보는 일에서 출발해야 하겠지요.

지난 윤석열 정권 2년여를 거치며 국민들이 가장 많이 내뱉은 말은 살기가 너무 힘들다는 탄식이었습니다. 저 또한 그 절박함을 귀 기울여 듣고자 했고, 이제 그 울음의 정체를 기록으로 남기려 합니다.

윤석열 정부는 시작부터 경제 감각에 둔감했습니다. 경제와 민생은 수치나 그래프보다 사람의 체감에서 출발해야 합니다. 그러나 집값은 하루가 다르게 출렁였고, 부동산 정책은 혼선만 낳았습니다.

정부는 앞 정부 탓을 하면서도 시장을 믿는다고 말했지만, 신뢰를 주는 방식이 아니라 방임하고 무관심한 태도였습니다. 대출 규제는 이랬다저랬다, 전세 사기는 극심했고, 정작 피해자들은 보호받지 못한 채 삶의 터전을 잃었습니다. 여럿의 피해자들이 스스로 목숨을 끊은 사건도 발생하지 않았습니까? 물가는 끝도 없이 올랐습니다. 채소 한 단, 달걀 한 판이 몇천 원을 넘어설 때, 정부는 늘 국제 상황 때문이라며 외부 탓을 했습니다. 대통령이 국민

눈높이에서 장바구니를 들었다면, 그 안에 담긴 절망과 피로를 이해했을 겁니다. 급기야 윤석열은 시장을 직접 방문했으나 대파 한 단 가격을 잘못 말해 소비자들을 울리고 말았지요.

고물가가 장기화하는 동안 정부는 금리를 핑계로 부동산 가격을 억눌렀고, 서민들의 대출 부담은 가중되었습니다. 결국에 가계부채는 역대 최고치에 이르렀고, 자영업자들은 벼랑 끝에 몰렸습니다.

특히 자영업자와 소상공인의 고통은 말로 다 설명할 수 없습니다. 코로나 이후 회복이 필요하던 시기, 정부는 지원을 아꼈고 대책은 미비했습니다. 정책은 뒤늦었고, 시행은 서툴렀으며 효과는 미미했습니다.

임대료는 그대로인데 매출은 반토막, 카드 수수료는 그대로인데 소비는 위축된 상황에서 정부는 자율 경쟁을 이야기했습니다. 그러나 시장의 자율이란 결국 강자가 약자를 이기는 시스템일 뿐, 아무런 사회안전망이 없는 자율은 무책임한 방치였습니다.

노동자들의 삶도 팍팍해졌습니다. 최저임금 인상에 대한 논의는 뒷전으로 밀렸고, 일자리 정책은 단기 일자리 위주로 운영됐습니다. 청년 실업률은 여전히 높았으며, 중장년층은 재취업 기회를 찾지 못했습니다. 윤석열 정부의 경제 기조는 친재벌 중심이지 않았겠습니까? 노동자와 서민의 고통은 통계 뒤에 감추어졌습니다. 노동 현장에서 일어난 죽음과 사고조차 개인의 불운처럼 치부되었습니다.

대기업을 향한 세제 혜택은 늘어나고, 재벌총수에 대한 사면은 경제 활성화라는 이름으로 반복됐습니다. 그러나 그 혜택이 중소기업과 하청 업체까지 흘러간 경우는 거의 없었습니다. 낙수 효과는 없었습니다. 오히려 격차는 심화 되었고, 공정한 기회는 사라졌습니다. 정부는 친기업 정책을 표방했지만, 그 방향은 국민 대다수가 아닌 일부 소수를 향하고 있었습니다.

복지 역시 빈틈이 많았습니다. 고령화 시대를 대비한 의료 복지, 돌봄 체계, 연금 개혁 등은 말뿐이었습니다. 더군다나 잘못 읽은 의료정책으로 의료계에 대반란이 일어났고, 많은 환자들이 제때 치료를 받지 못해 엄청난 피해를 입을 정도지 않았습니까?

윤석열 정부는 복지 확대보다 재정 건전성이라는 명분으로 긴축을 선택했습니다. 그 결과 노인 빈곤율은 높아졌고, 아동과 청년에 대한 지원은 줄어들었습니다. 어려운 사람을 먼저 돕는 것이 정치의 본령이라면 그 정신은 어디로 사라진 것일까요.

대통령님, 경제는 기술이자 철학입니다. 숫자와 데이터로 판단할 일이지만 동시에 국민의 마음을 헤아리는 감성이 필요합니다. 국민이 불안해할 때, 그 곁에 정부가 있다는 확신을 주는 것이 경제의 출발점입니다. 윤석열 정권은 그 점에서 실패했습니다. 경제를 알고 있었는지조차 의심되는 순간이 많았고, 무관심은 무책임으로 번졌습니다.

이제는 바뀌어야 합니다. 대통령님께서 강조하시는 사람 중심 경제가 실현되길 바랍니다. 정부의 정책이 삶의 언저리에 닿기를 바랍니다. 가난한 이가 더 가난해지지 않도록, 청년이 앞날을 설계할 수 있도록, 늙은 부모가 병원비 앞에서 절망하지 않도록, 정부는 존재해야 합니다. 강한 자에게는 법을, 약한 자에게는 보호를 실현하는 정치가 절실합니다.

이재명 대통령님, 민생을 위한 정치는 말이 아니라 손입니다. 흙 묻은 손을 붙잡고 함께 일어서는 마음입니다. 그 마음을 늘 잊지 않으시길 바랍니다. 윤석열 정권의 경제 실정은 큰 교훈입니다.

국민의 삶을 소홀히 여긴 정권은 끝내 그 생명력을 잃습니다. 대통령님의 정치가 그 반면교사가 되기를 간절히 바랍니다. 언제나 국민과 함께하는 정부를 믿으며 한 힘 없는 시민이 오늘도 글을 씁니다.

## 외교, 안보의 실패와 국격 추락

대통령님, 외교와 안보는 국가의 기둥입니다. 무너진 민생의 그림자를 넘어 국가의 바깥 경계를 바라보려 하니, 외교와 안보의 허물어진 기둥이 드러납니다. 윤석열 전 대통령의 실정 가운데에서도 이 외교와 안보는 대한민국이라는 집의 기초를 뒤흔든 커다란 잘못이었습니다.

이 국가는 혼자가 아니라 세계와 함께 서 있어야 하며, 그 세계를 향한 문이 닫히면 곧 안보도 경제도 국민의 안전도 흔들리게 되어 있습니다. 윤석열 전 대통령은 외교를 정치의 도구로 삼았고, 안보를 선동의 무기로 만들었습니다.

미국과 일본 중심의 편향 외교는 국익을 지키는 외교가 아니라 특정 진영에 줄을 대는 선택이었습니다. 그는 굴종 외교라는 이름으로 기억될 만한 협정을 체결했고, 일본의 역사 왜곡과 무도한 태도에도 침묵하거나 오히려 미소를 지었습니다. 굴욕적인 강제징용 해법은 피해자와 국민을 무시한 결정이었고, 그 대가는 국민적 자존의 상실이었습니다.

안보 분야는 더욱 심각했습니다. 대통령은 한반도의 긴장을 조율하고 평화를 위한 외교적 균형을 유지해야 할 자리에 있었습니다. 하지만 윤석열 전 대통령은 대북 적대 발언을 거듭하며 한반도 정세를 극도로 경직시켰습니다.

말로 쏜 화살이 총포보다 더 위험한 법인데, 그는 전쟁을 상기시키는 언사를 서슴지 않았습니다. 북핵 위협이라는 현실을 외면한 채 확성기만 키운 셈이었습니다. 실질적 해법은 실종되었고, 오히려 국민은 언제 터질지 모를 위기 앞에 노출되었습니다.

외교의 외연도 무너졌습니다. 중국과 러시아, 아세안 국가들과의 전략적 관계는 망가졌고, 한국은 글로벌 고립이라는 단어가 어색하지 않은 외교의 외톨이가 되었습니다. 초기 외교무대에서 바이든을 욕하는 언사는 세계에 망신살을 보여주고 말았습니다.

무조건적인 동맹 우선주의는 한국의 외교 자율성을 앗아갔고, 경제까지도 흔들리게 했습니다. 중국의 보복성 경제 조치나 수출입 불균형은 외교의 부실함이 어떤 결과를 낳는지를 여실히 보여주는 사례였습니다.

또한 윤석열 정부는 외교 전문가 보다는 검찰이나 측근 출신 인사들을 외교 안보 라인에 배치했습니다. 외교는 감정도 의지도 아닌 전략인데 경험과 전문성이 없는 이들의 외교는 국격을 떨어뜨렸고, 국제무대에서 한국의 위상은 퇴보했습니다. 앞서 말했듯 대통령의 말실수는 통역되지 않기를 바랄 만큼 잦았고, 그 실언 하나하나가 세계 언론의 조롱거리가 되었습니다.

나토, 한미일, 인도·태평양 전략 등 글로벌 이슈에 뛰어들면서도 구체적인 성과는 없었습니다. 국제회의에서의 존재감은 미미했고, 초청을 받지 못하거나 주요 의제에서 배제되기도 했습니다. 대외 신뢰는 약화 되었는데 심지어 외국 언론에서조차 한국 외교의 경직성과 낙후성을 지적할 만큼 상황은 심각했습니다.

대통령님, 외교는 표를 위한 수단이 아니라 국민의 생존을 위한 기반입니다. 안보는 정치의 장식물이 아니라 평화를 지탱하는 방파제입니다. 윤 전 대통령이 보여준 외교·안보의 실패는 그저 정책 실패가 아니라 국가의 정체성과 존엄을 해치는 일이었습니다.

한반도는 세계의 가장 위험한 지점 중 하나입니다. 이 땅에 사는 사람들의 불안은 어쩌면 삶 전체를 갉아먹는 현실적 공포일 수 있습니다. 외교는 말보다 더 무거운 침묵과 웃음 뒤의 냉철한 계산이 필요합니다. 그런데 윤석열은 일부러 북한 심장부를 향해 드론을 날려 보내고 전쟁을 하고자 발광을 했다는 것이 이제 하나씩 밝혀지고 있지 않습니까?

대통령님, 부디 윤 전 대통령의 궤적을 깊이 되돌아보시고, 대한민국의 외교가 주권 있는 외교가 되게 해주십시오. 강자에게 굴종하지 않고 약자에게 존엄을 보장하며, 국민을 대신해 당당히 세계에 설 수 있는 외교를 기대합니다. 안보는 강경함이 아니라 예방의 기술입니다. 무기를 키우는 것보다, 전쟁을 피할 수 있는 협상력을 기르는 외교적 안목이 지금 우리에게 필요합니다.

윤석열 전 대통령은 외교와 안보마저 권력 유지의 수단으로 삼았습니다. 부디 이재명 대통령님은 국민의 안위를 최우선으로 두는 지도자가 되어주시길 바랍니다. 외교가 국격을 만들고 안보가 국민의 마음을 지켜냅니다. 진정한 평화는 총칼로 이뤄지지 않습니다.

그 누구도 다시는 외교와 안보의 무책임 속에 불안을 견디는 시대를 살지 않도록 이제는 바른 국정의 길을 밝혀주시길 진심으로 부탁드립니다.

오늘도 북한은 우리와 전쟁을 꿈꿀 수도 있습니다. 자나깨나 대비해야 합니다. 싸우지 않고 이기는 것이 진정한 전쟁의 승리 아니겠습니까?

## 국민통합 실패와 갈등 조장

존경하는 이재명 대통령님!

새벽녘 도시의 불빛이 점점 꺼지고 동녘 하늘이 붉게 물들 무렵, 저는 창가에 앉아 조용히 지난날을 돌아보았습니다. 우리가 지나온 시간 속에는 희망과 좌절이 교차했고, 무엇보다 갈등이라는 두 글자가 너무도 자주 우리 사회를 지배했습니다.

이 편지를 통해 저는 윤석열 정부 시기의 가장 깊은 상처, 곧 국민 통합의 실패와 갈등의 조장이라는 실정을 말씀드리고자 합니다.

윤석열 전 대통령은 정치보복의 그림자를 걷지 못했습니다. 퇴임한 전직 대통령들에 대한 예우는 고사하고, 전 정권 인사에 대한 무차별적인 수사와 기소가 이어졌습니다. 이는 정의 구현이라기보다 정치보복처럼 느껴졌고, 국민들 사이에 불신과 편 가르기를 부추겼습니다. 정권이 바뀔 때마다 적폐 청산이라는 이름의 복수극이 펼쳐진다면 그 피해는 고스란히 국민의 몫이 되지 않겠습니까?

갈등은 단지 정권 간의 문제에서 끝나지 않았습니다. 세대 간 갈등, 지역 간 감정, 그리고 이념 간의 극단적 대립이 점점 더 짙어졌습니다. 전통적으로 보수층이 강한 지역과 진보세력이 뚜렷한 지역 간의 간극은 더 벌어졌습니다.

우리 편이 아니면 적이라는 흑백 논리가 여론을 지배했습니다. 청년층과 장년층 사이, 수도권과 비수도권 사이, 심지어 이웃 간에도 서로를 경계하는 분위기가 팽배해졌습니다.

대통령이 이를 조정하고 품는 자리에 있음에도 불구하고 오히려 갈등의 불씨를 키우는 방향으로 정치가 흘러간 것은 안타까운 일이었습니다. 윤 전 대통령은 후보 시절 공정과 상식, 자유와 연대를 외쳤지만, 그 집권기는 오히려 편 가르기와 선택적 정의로 기억될 가능성이 큽니다. 편리한 프레임 속에서 반대 진영을 조롱하거나 침묵시키려는 태도는 건강한 민주주의와는 거리가 멉니다. 비판은 곧 배척의 대상이 되었고, 토론 보다는 단죄가 앞섰습니다. 그런 정치 문화 속에서 우리 사회의 공동체 정신은 날로 약화 되었고, 국민은 고립되고 외로워지지 않았겠습니까?

대통령님! 정치란 본디 갈등을 조정하고 국민을 하나로 묶는 예술이어야 합니다. 그러나 윤석열 정부는 이 점에서 고의적으로 그 책임을 회피하거나 방치한 듯 보였습니다. 권력을 잡았다고 해서 모든 국민의 마음을 얻은 것은 아니며, 그렇기에 권력자일수록 더 낮고 더 넓은 마음으로 나라를 이끌어야 할 의무가 있습니다. 지도자의 언어는 시대정신을 반영하며, 지도자의 자세는 국민의 마음을 잇는 다리가 됩니다.

새로운 시대를 열며, 대통령님께서 이 실패를 반면교사로 삼아 주시길 간절히 바랍니다. 통합의 정치는 진정한 개혁보다 더 어렵고, 눈에 띄는 성과보다 더 오래 걸릴 수 있습니다. 하지만 갈등

없는 개혁이야말로 우리가 오랫동안 갈망해온 길입니다.

정권의 성공은 결국 국민 모두가 함께 손을 맞잡고 전진할 때 비로소 이루어지는 것입니다. 어느 누구도 뒤에 남겨두지 않는 정치, 그리하여 우리가 서로를 이해하고 품을 수 있는 공동체로 거듭나야 할 것입니다.

대통령님께서는 법률가로, 또 행정가로서 오랫동안 약자의 편에 서셨던 분입니다. 그 시선과 마음이 국가 운영의 중심이 되어야 한다고 믿습니다. 윤석열 정부의 실패에서 우리는 뼈아픈 교훈을 얻었습니다. 이제는 분열의 시대를 마무리하고, 통합의 시대를 시작할 때입니다. 국민 모두가 내가 이 나라의 주인이라 느끼며 살 수 있도록 그 길을 대통령님께서 앞장서 걸어가 주시길 소망합니다.

가장 낮은 자리에서 가장 많은 사람을 품는 정치가 되었으면 좋겠습니다. 그 정치의 가능성을 대통령님의 손에서 다시 보길 기대합니다. 힘든 역경을 헤쳐온 분이기에 충분히 이런 상황을 극복해나갈 것을 믿습니다.

## 국정 무책임과 무능한 리더십

이 나라를 다시 일으켜 세우기 위해 무거운 짐을 짊어지신 대통령님께 경의의 인사를 올립니다. 한 시대의 폐허를 정리하고, 무너진 신뢰와 상식을 복원하는 일은 결코 쉬운 과업이 아닐 것입니다.

그러나 국민은 희망을 걸고 있습니다. 대통령님이야말로 정의와 민생, 그리고 책임의 정치를 되살려 줄 유일한 길이라고 믿기에 오늘 이 글을 통해 지난 윤석열 정부의 실정을 깊이 되새기며, 그 실패가 다시 반복되지 않기를 간곡히 바라는 마음을 담고 있는 것입니다.

윤석열 정부의 가장 뿌리 깊은 병폐는 바로 국정을 책임지지 않는 무책임과 위기 속에서조차 방향을 잡지 못한 무능한 리더십이었습니다. 대통령은 국가의 운명을 책임지는 자리입니다.

그러나 윤석열 전 대통령은 그 책무를 외면하고 국정 운영을 마치 개인의 편의와 여흥처럼 다루었습니다. 아무런 철학도, 명확한 비전도 없이 결정된 정책들은 혼선과 혼란만을 낳았고, 그 피해는 오롯이 국민의 몫이었습니다. 우리는 윤석열 정부의 무책임한 의료정책으로 온 국민이 혼란을 겪지 않았습니까?

공약 파기는 윤석열 정부 무능의 상징과도 같았습니다. 검찰총장 시절 내세웠던 공정과 상식, 사람에게 충성하지 않는다는 신념은 어디에서도 찾아볼 수 없었고, 대선 당시 국민께 약속했던 많은 정책은 일방적으로 폐기되거나 흐지부지되었습니다.

병사 월급 200만 원, 1기 신도시 재건축, 자영업자 손실보상 등의 약속은 공허한 말 잔치로 끝났고, 대통령은 그에 대한 해명조차 회피했습니다. 국민이 준 권력을 일방적 통치의 도구로만 사용하면서도 책임지는 자세는 끝내 보이지 않았습니다.

정책 혼선은 경제·사회 전반에서 심각한 부작용을 낳았습니다. 부동산 정책은 말마다 뒤집혔고, 전 월세 시장은 극심한 불안에 빠졌습니다. 전세 사기 피해는 방치되었고, 이에 대한 책임도 대책도 미비했습니다. 교육 정책, 의료 정책, 노동 정책 모두가 단기적 시혜성 발표에 그쳤고, 장기적 비전은 없었습니다.

각 부처가 제각기 따로 놀았고, 대통령실의 리더십은 실종된 채 표류했습니다. 윤석열은 이런 참담한 결과에 대해 항상 전 정부 탓을 했습니다. 전 정부 탓하는 정치를 하려면 왜 자기 이름을 내걸고 정치권에 뛰어든 것인지 의심조차 많이 컸습니다.

참모진과의 불화 역시 국정 혼선을 심화시켰습니다. 수차례 참모 교체가 있었고, 대통령실 내부의 불협화음은 공식 일정 중에도 여과 없이 드러났습니다. 정책의 일관성은 사라졌고, 대통령의 언행은 참모와의 협업보다는 지시와 통보에 가까웠습니다. 국민은 더 이상 국정이 어떤 방향으로 흘러가는지 알 수 없었고, 나라 전체가 한 명의 리더가 아닌 각자의 계산과 생존 본능으로 움직이는 것처럼 보였습니다.

특히 국정 운영의 무대책성은 여러 국가적 재난에서 적나라하게 드러났습니다. 이태원 참사는 정부의 무능과 무책임을 한꺼번에 증명한 비극이었습니다. 예방할 수 있었던 사고, 살릴 수 있었던 생명들이 무대응과 혼란 속에서 무참히 희생되었습니다.

그 이후 정부는 진상규명은커녕 책임 회피에만 급급했습니다. 대통령은 그날의 책임자로서 참회의 모습을 보이지 않았고, 유가족은 지금까지도 싸워야만 했습니다. 국정의 혼란을 덮기 위해 반복된 것은 거짓말과 남 탓이었습니다. 대통령의 부정확한 발언은 언론을 통해 수시로 정정되지 않았습니까? 실정의 책임은 언제나 전 정부와 야당, 또는 외부 요인으로 전가되었습니다. 지도자로서 책임지는 모습은 실종되었고, 국민은 정부의 말과 행동 모두를 신뢰할 수 없게 되었습니다. 대통령이 저 말을 정말 이해하고 하는 것일까 하는 의구심이 광범위하게 퍼졌습니다.

대통령의 언어와 태도는 정제되지 않았고, 국정은 점점 사적 판단의 영역으로 넘어갔습니다. 인사는 사적 친분 위주로 이뤄졌고, 국정 일정은 형식적 요식에 그쳤으며, 정책은 즉흥적 판단에 좌우되기 일쑤였습니다. 일하는 모습 대신 술 마시는 분위기를 국민의 눈에 보여주었습니다. 참 한심한 우리 대통령이었습니다.

한 나라의 대통령이라기보다 고집 센 기업 총수처럼 보였고, 국정은 민생과 동떨어진 공회전만 반복되었습니다. 결국 정권은 내부 균열로 무너졌고, 탄핵이라는 헌정사의 비극을 자초하게 된 것입니다.

이재명 대통령님, 이제는 다시 국민을 중심에 놓아야 할 때입니다. 국정의 모든 결정은 국민을 위한 것이어야 하며, 어떤 실책이 있더라도 책임지는 자세로 임해야 합니다. 한 나라의 지도자가 무능한 리더십으로 나라를 어디까지 망칠 수 있는지를 우리는 윤석열 정부를 통해 뼈 아프게 목도했습니다. 그것을 반면교사로 삼지 않는다면 다시 똑같은 비극은 반복될 수밖에 없습니다.

책임지는 리더, 말과 행동에 일관성과 진실이 담긴 지도자, 참모와 협업하고 국민과 소통하는 대통령을 우리는 원합니다. 그런 모습이 이재명 정부의 상징이 되기를 간절히 바랍니다. 역사는 기억하고 있습니다.

그 무책임이 나라를 어떻게 무너뜨렸는지를 말입니다. 이제는 그 기억 위에 책임과 희망의 정치를 다시 쌓아야 할 때입니다. 대통령님의 건승과 나라의 회복을 진심으로 기원하며 이만 줄입니다.

## 이제는 바른 길로 나아가야 할 때

이재명 대통령님께!

저무는 역사의 저편에 우리는 뼈아픈 기억을 남겼습니다.

지도자가 국민을 외면하고, 권력을 사유화하며, 민주주의의 초석마저 흔들었을 때 국가의 중심은 무너졌고, 국민의 삶은 고통으로 물들었습니다.

윤석열 정부가 남긴 일곱 가지 실정은 단순한 정책 실패가 아니었습니다. 그것은 공동체를 무너뜨리는 시대적 죄과였고, 후세의 거울이 되어야 할 교훈이었습니다.

대통령님, 저는 이 편지글을 통해 바람 하나를 전하고 싶습니다. 지금 우리가 서 있는 이 자리는 단지 새로운 권력이 시작되는 출발점이 아니라, 무너진 신뢰를 다시 세우고 깊게 갈라진 민심을 꿰매어야 할 치유의 자리입니다.

지난 정권이 남긴 상처 위에 다시 권위주의를 세우는 일이 있어선 안 될 것입니다. 우리는 오직 헌법과 국민을 중심에 두고 민주공화국의 본뜻을 회복해야만 합니다.

첫째, 국가란 이름 아래 사유화된 권력의 고리를 반드시 끊어야 합니다. 검찰이 권력이 아닌 정의를 수호하는 기관이 되도록 구조적 개혁을 완수하고, 인사권 또한 오직 실력과 도덕성 위에서 공정하게 행사되어야 할 것입니다. 신뢰받는 공직은 투명한 절차에서 시작됩니다.

　둘째, 언론은 권력의 대변인이 아닌 권력을 감시하는 시민의 눈과 귀입니다. 언론을 두려워하는 정권은 국민을 두려워하지 않는다는 진실을 잊지 말아야 합니다. 비판 언론을 탄압하고 여론을 조작하는 시도는 독재로 가는 지름길입니다. 그 어떤 날카로운 지적도 경청할 수 있는 포용력을 가진 정부만이 국민의 신뢰를 받을 수 있습니다.

　셋째, 민생을 위한다는 말이 공허한 구호가 되지 않도록 서민의 주거와 생계를 지키는 일에 전념해 주시기 바랍니다. 정치는 거대 담론이 아닌 오늘 장사가 안되는 자영업자의 한숨 속에서 내일 월세를 걱정하는 청년의 눈빛 속에서 실현되어야 합니다. 경제는 수치가 아니라 삶입니다.

　넷째, 분열의 정치가 아닌 통합의 정치를 구현해주십시오. 대통령은 한 편의 대표가 아닌 모든 국민의 대표입니다. 지역, 세대, 이념을 넘어선 통합의 리더십만이 이 나라를 다시 일으킬 수 있습니다. 반대를 두려워하지 말고, 다양한 목소리를 품을 수 있는 열린 정치, 그것이 지금 우리가 기대하는 이재명 정부의 국정운영입니다.

　그리고 마지막으로 무책임의 시대를 끝내야 합니다. 공약은 헌신의 약속이며, 국정은 실천의 결과입니다. 말이 아닌 행동으로, 변명이 아닌 책임으로, 회피가 아닌 돌파로 리더십을 증명해 주십시오.

국민은 이제 말보다는 실천을, 이미지보다는 진심을 원합니다. 이재명 대통령님, 우리는 이미 한 번의 실패를 통해 많은 것을 잃었습니다. 더는 물러설 곳이 없습니다. 새로운 시작은 이전을 반면교사 삼는 데서 비롯됩니다.

윤석열 정부의 실정은 결코 남의 일이 아닙니다. 그것은 우리 모두의 교훈이며, 앞으로 나아갈 길에 놓인 이정표입니다. 바른길은 늘 어렵고 고단하지만, 그 길 끝에는 국민의 신뢰와 나라다운 나라가 기다리고 있을 것입니다.

간절한 마음으로 편지글을 통해 한 힘 없는 소시민의 생각을 전하고자 합니다.

역사의 준엄한 시선을 기억하며, 오늘도 국민 곁에 서 있는 대통령이 되어주시기를 간절히 바랍니다. 그리고 우리 모두가 자랑스러워할 수 있는 시대를 반드시 만들어주시기를 기원합니다.

## 무인기 사건과 이적죄의 그림자

국가의 군사 행위는 언제나 냉철한 계산과 신중함을 전제로 해야 한다. 한 치의 오판이 국민 생명을 위협하고, 돌이킬 수 없는 외교·군사적 충돌로 이어질 수 있기 때문이다. 그런데 윤석열 정부하에서 벌어진 무인기 역진입 사건은 그런 기본 원칙조차 무시한 채, 충동적인 정치 쇼로 전락한 느낌을 지우기 어렵다. 북한의 무인기가 서울 상공까지 침범한 것은 분명 중대한 군사 도발이다. 하지만 이에 대한 대응으로 대한민국 정부가 선택한 것은 북한 영공에 드론을 날려 보내는 도발이었다.

문제의 핵심은 이 대응이 과연 헌법과 형법, 그리고 국가의 이익에 부합했는가 하는 점이다. 형법 제99조는 분명하게 말한다. 적국에 군사상 이익을 제공하거나, 우리 국가에 손해를 가한 자는 이적행위로 간주한다고 말이다.

대한민국은 공식적으로 북한을 '적국'으로 간주하고 있다. 그런 북한의 영공에 무인기를 침투시킨 행위는 정치적 선전 효과는 있을지 몰라도 결과적으로 군사적 긴장을 고조시키고, 우리 안보의 허점을 자백하는 것이나 다름없지 않은가 말이다.

전문가들은 이 사건을 놓고 대한민국의 군사상 이익이 심대하게 손상되었다고 진단한다. 그 이유는 단순하다. 적국이 우리 군사 대응 태세를 속속들이 분석할 수 있게 되었기 때문이다. 우리가 언제 어떤 방식으로 드론을 띄우고, 어떤 고도에서 비행하며, 어떤 전자파를 사용하는지 등의 데이터가 모두 노출되었을 가능성이 높은 것이다. 이는 바로 형법이 말하는 군사상 비밀의 유출이며, 곧 형법 제99조 위반에 해당하는 범죄일 수 있기 때문이다.

이 사건의 정치적 책임은 누가 져야 하는가. 당시 대통령이었던 윤석열은 이 무인기 대응작전을 주도했고, 김용현 국방부 장관은 이를 시행했다. 이 둘은 국가 군사정책의 최고책임자이며, 동시에 국민의 생명과 안보를 수호할 최종적 의무를 지닌 인물들이다. 하지만 이들은 북한의 도발에 감정적으로 반응함으로써, 국민을 위험에 빠뜨리는 결정을 내렸다. 그 결정이 국회나 군 내부의 전략 검토를 거쳤는지조차 불분명한 것이다. 아니 명확하게 절차와 과정을 생략하고 도발적으로 저지른 행위였다.

특히 주목해야 할 것은 이번 사건이 단순한 대응 이상의 함의를 지닌다는 점이다. 윤석열 정부는 집권 이후, 외교와 군사 분야에서 공격적 자세를 일관되게 유지해왔다. 이는 정권 내부 강경파들의 강경안보 노선과 무관하지 않다. 하지만 안보란 무력을 과시하는 것이 아니라 위험을 예방하고 국민을 보호하는 것에서 출발해야 한다. 이 점에서 윤석열 정부는 안보를 정권의 정치적 생존도구로 삼았다는 의심을 피할 수 없는 것이다.

우리 헌법 제5조는 분명히 국제평화주의를 천명하고 있다. 대한민국은 국제평화의 유지에 노력하고 침략적 전쟁을 부인한다. 또한 국군은 국가의 안전보장과 국토방위의 신성한 의무를 수행함을 그 사명으로 하며, 그 정치적 중립성은 준수된다.

이런 점에서 보면, 전쟁을 방지하고 평화통일을 지향하는 것이 대한민국의 헌법적 가치라고 볼 수 있다. 그런데 윤석열 정부의 군사행동은 이를 거꾸로 가고 있었던 것이다. 무인기를 북한 상공에 날려 보낸 것은 국제법상 영공 침범이며, 무력시위로 간주될 수 있다. 이는 헌법에 반하는 외교 행위이며, 무모한 군사적 도발인 것이다. 도발의 의도는 어떠했든 그 결과로 인해 대한민국의 국익은 심각하게 훼손되었다고 볼 수 있다.

더 심각한 것은 이러한 군사적 행동이 국회의 통제를 받지 않았다는 점이다. 민주주의 국가에서 군사행동은 국민의 대표기관인 국회와의 협의를 전제로 한다. 그러나 이 사건은 대통령실과 국방부 일부 인사들에 의해 밀실에서 결정되지 않았겠는가. 어떤 책임 있는 외교·군사의 전략적 논의도 거치지 않았다. 이는 국회의 권한 침해이자 군 통수권의 독단적 남용이며, 헌정질서 파괴 행위에 가깝다고 볼 수 있다.

결과적으로 윤석열 정부의 이 무인기 대응은 대한민국을 한순간에 전쟁위험에 몰아넣은 초법적 결정이었다. 만약 북한이 이에 강경하게 반응했다면, 우리는 어떤 재앙을 맞이했을지 모른다. 국민의 생명과 안전을 담보로 정권의 체면과 선전을 우선한 이 무모함은 단순한 정책 실패를 넘어선 형법적, 헌법적 책임을 물어야 할 사안이다. 검찰이 진정 국민을 위한 기관이라면 이런 사안에서 수사의 칼날을 외면하지 말아야 할 것이다.

우리는 이적행위란 개념을 냉정히 바라봐야 한다. 그것은 반드시 고의적 간첩행위만을 의미하지 않는다. 결과적으로 적에게 이익을 주고, 우리 국가의 군사상 이익을 해한 행위라면 설령 그것이 애국심에서 비롯되었더라도 이적죄에서 자유롭지 않는 것이다. 특히 국가권력을 쥔 자의 판단 실수는 그 피해가 국민 전체에게 전가된다. 그렇기에 헌법과 형법은 고위 공직자일수록 더 엄격한 책임을 부과하고 있는 것이다.

　이제 우리는 역사 속에서도 이 사건을 절대 잊지 말아야 한다. 윤석열 전 대통령의 무인기 작전은 단순한 해프닝이 아니라 헌정과 군사의 경계를 넘나든 위험한 선례였다. 앞으로 어떤 정부가 들어서든 군사와 외교는 정략의 도구가 되어서는 안 된다.

　국민이 국가를 신뢰하려면 국가는 먼저 헌법과 법률을 존중해야 한다. 무인기 사건은 우리에게 국가란 무엇인가라는 근본적 질문을 다시 묻고 있다. 그 대답은 국민을 지키지 못하는 국가는 존재할 이유가 없다는 말과 다르지 않는 것이다.

# 제7장
# 3대 특검

3대특검에 대하여

내란 특검 – 내란의 진실을 밝혀야 할 시간

김건희 특검에 즈음하여 – 아내의 그림자, 대통령의 책임

채상병 특검에 대해 – 채상병의 이름으로 국가의 정의를 묻는다

내란 외환 특검 11건에 관해

내란특검의 시대적 사명과 법치의 회복을 위하여

김건희 특검 16건 해부와 분석

채상병 특검법 8건 정밀 분석

## 3대특검에 대하여

이재명 대통령님!

새로운 대한민국의 바람이 무겁게 깃든 아침입니다. 헌정의 질서를 무너뜨리고, 법치 위에 권력이 올라앉았던 지난 시절을 우리는 기억합니다. 그러나 대통령님의 결단으로 국무회의에서 3대 특검법이 통과되었다는 소식을 들으며, 드디어 정의의 첫걸음이 시작되었다는 희망을 품게 됩니다.

지금 이순간, 대통령님께서 이루어내신 이 결단이 어떤 의미를 지니는지, 그리고 국민들은 어떤 정의를 기다려왔는지 함께 되새겨보고자 이 글을 씁니다. 3대 특검이란 윤석열 정권 시절 제기되었던 중대한 의혹들을 대상으로 한 세 건의 특별검사 수사를 말합니다.

그 내용은 첫째, 윤석열 전 대통령의 비상계엄 및 내란 모의 의혹을 밝히기 위한 내란음모 특검이겠지요. 둘째, 제1부속실도 없던 영부인 김건희 씨가 국정에 개입한 정황과 각종 주가조작, 도이치모터스 사건을 중심으로 한 김건희 특검이 되겠습니다. 그리고 마지막으로 육군 병사 채상병 사망 사건의 은폐 의혹과 국방부의 직무유기를 규명할 채상병 특검입니다.

이 세 가지는 단순한 정치적 공방의 대상이 아닙니다. 민주주의의 근간을 흔들고, 공권력의 사유화로 이어졌으며, 국가 권위의 신뢰를 무너뜨린 중대한 사안입니다. 대통령님께서 국민 앞에 약속하신 법 앞에 만인이 평등한 나라, 정의로운 대한민국이 이뤄지기 위해 반드시 밝혀져야 할 진실입니다.

그러나 국민의힘은 이를 무차별한 정치 보복이라며 반발하고 있습니다. 과거 자신들이 집권 시절 사용했던 무리한 수사와 압수수색, 언론 통제에는 침묵하던 그들이 이제 정의를 위한 절차가 시작되자 탄압이라 부르고 있습니다. 법은 권력의 편이 되어서는 안 됩니다. 권력으로부터 멀어질수록 법은 더욱 힘을 발휘해야 합니다. 대통령님께서 이 점을 누구보다 깊이 아시리라 믿습니다.

대통령님, 내란 특검은 단지 한 사람의 범죄를 묻자는 것이 아닙니다. 헌법 질서를 파괴하고, 국민을 상대로 총부리를 겨누려 한 권력의 오만을 역사에 기록하고자 함입니다. 김건희 특검은 보이지 않는 손이 국정에 끼친 영향과 돈과 권력의 유착이 어떻게 법망을 피해왔는지를 파헤치려는 노력입니다.

또한 채상병 특검은 병사 한 명의 억울한 죽음이 대한민국의 국방 시스템 안에서 어떻게 은폐되고 방치되었는지를 드러냅니다. 채상병 특검과 관련해 윤석열 대통령이 격노했다는 말이 부끄러운 권력의 자화상 같아 마음이 씁쓸하지 않습니까?

세 가지 사건은 성격도, 책임자도 다릅니다. 그러나 공통점이 있습니다. 모두가 책임 없음으로 매듭지어지려 했다는 것입니다. 국민의 분노는 여기에 있었습니다. 살아있는 권력 앞에서 사라진 정의, 죽어가는 사람 앞에서 외면한 국방, 그리고 영부인의 그늘에서 움직이던 국정 말입니다. 이것은 누군가의 정치적 복수심이 아닙니다. 국민의 상식이 무너졌기에 그 상식을 되찾자는 요구일 뿐입니다.

지금 대통령님께서 마주한 이 길은 결코 평탄하지 않을 것입니다. 특검이 시작되면 저항은 더욱 거세질 것입니다. 그러나 국민은 대통령님이 그 무게를 이겨내리라 믿습니다. 그 믿음이 대통령님을 이 자리에 앉혔습니다.

국민은 오랜 시간 진실을 외면당했습니다.

정의는 오지 않았고

그들만의 기득권은 철저하게 보호받았습니다.

이제는 그 시간이 끝나야 합니다.

특검은 단지 윤석열 정권에 대한 단죄가 아닙니다. 앞으로 어떤 정권도 함부로 권력을 휘두르지 못하게 하는 제도적 본보기입니다. 그 본보기는 대통령님의 결단으로 시작되었습니다.

그것은 곧 대한민국 민주주의의 발전이며, 후대에 물려줄 소중한 유산이 될 것입니다.

대통령님, 이 길 끝에는 분열이 아니라 통합이 기다릴 것입니다. 억울한 자에게는 회복의 정의가, 잘못한 자에게는 반성과 법의 책임이 주어질 때 국민은 비로소 하나가 됩니다. 정의가 바로 설 때 정치는 국민을 섬길 수 있습니다. 그리고 그 정치야말로 대통령님이 걸어가야 할 길이리라 믿습니다. 그 길을 지켜보며 응원하고 또 응원하겠습니다.

## 내란 특검
- 내란의 진실을 밝혀야 할 시간

존경하는 이재명 대통령님!

무더위 속에서도 국민을 위한 행보를 멈추지 않으시는 대통령님의 노고에 먼저 깊은 경의를 표합니다.

대통령님의 강단 있는 결단으로 3대 특검법이 국무회의를 통과하였습니다. 이는 무너진 공정과 정의를 다시 세우는 전환점이자 헌정사에 길이 남을 분기점이라 확신합니다.

오늘 제가 드리고자 하는 말씀은 그 가운데 첫 번째, 바로 내란 특검법에 관한 것입니다. 이 특검법은 단지 과거의 실정을 되짚는 데 그치지 않고, 권력의 남용이 민주주의를 어떻게 위협했는지 진상을 밝히는 작업입니다. 무엇보다도 이 땅의 주권자인 국민이 자신들의 정부가 무슨 일을 저질렀는지 투명하게 알 권리가 있습니다.

내란 특검의 중심에는 2024년 12월 3일로 되돌아가는 계엄령 모의 내란 기도 의혹이 놓여 있습니다. 당시 윤석열 대통령은 탄핵 위기를 맞이한 가운데 비상계엄령 선포를 검토하고, 국회 탄핵 의결 직후 군과 경찰, 국정원 등 사정기관을 동원하여 반헌법적 대응을 시도했다는 의혹을 받았습니다. 그 시점은 단지 한 대통령의 정치적 위기가 아닌, 대한민국 헌정질서의 뿌리가 흔들린 중대

고비였습니다.

수사의 대상은 대통령 본인은 물론 한덕수 전 국무총리, 이상민 전 행안부 장관, 김태효 전 국가안보실 1차장 등 대통령실과 내각의 고위 실세들입니다. 이들은 '계엄령 검토 보고서'의 존재 여부를 부인하거나 기억나지 않는다고 일관했지만, 복수의 보도와 제보, 문건 유출 등을 통해 모종의 준비가 실제 있었음이 드러나고 있습니다. 당시 합참이나 국방부, 국정원 일부 간부들이 여기에 어떤 식으로든 관여했는지도 철저히 규명돼야 할 사안입니다.

대통령님, 이 사건은 단순한 직권남용이나 공무상 비밀 누설의 문제가 아닙니다. 이것은 헌법 제1조, 대한민국은 민주공화국이다, 라는 가장 본질적 약속이 훼손될 뻔한 중대한 내란 혐의입니다. 만약 당시 계엄령이 실제로 발동됐다면, 국회 해산과 언론 검열, 시민 탄압, 군사적 통제 등이 이뤄졌을 것입니다. 이는 5·16, 12·12를 잇는 또 하나의 반역사적 참극이 되었을 것입니다. 이런 상황에서 윤 전 대통령은 사법처리 되기는커녕 보수 진영의 열렬한 지지 속에 정치 복귀를 모색하고 있는 듯합니다.

국민의힘은 이 특검을 정치 탄압이라 규정하며 총력 저지를 예고하고 있지 않습니까? 일부 극우 유튜버들과 정치 세력은 오히려 윤석열 어게인을 외치며 국민 분열을 조장하고 있습니다. 이로 인해 진실은 더욱 흐려지고, 책임은 계속 미뤄지고 있다는 우려가 높습니다.

대통령님! 대한민국은 진실 위에 세워져야 합니다. 법 위에 군림했던 권력자에게도 국민을 기만하고 헌법을 파괴하려 한 시도에도 반드시 법의 심판이 주어져야 합니다. 내란 특검은 그래서 필요하고, 반드시 공정하게 흔들림 없이 진행되어야 합니다. 대통령께서 끝까지 이 수사의 독립성과 정당성을 보장해 주시길 간곡히 청합니다.

이 진실 규명의 과정은 또한 과거의 상처를 다시 들추는 일이 아니라 대한민국이 다시는 그 길로 되돌아가지 않기 위한 민주주의 백신이 될 것입니다. 독재의 유혹, 권력의 오만, 사익을 위한 국가 장악 시도를 막아낼 수 있는 강력한 경고의 메시지를 남기는 일입니다.

존경하는 이재명 대통령님!

이제 공은 역사의 손에 넘어갔습니다. 진실은 그 어떤 권력보다 강하다는 믿음으로 국민은 특검의 시작을 지켜보고 있습니다. 정의가 침묵하지 않도록, 그 진실을 말하고 기록해 주십시오. 그것이 새로운 시대를 연 대통령의 사명이며, 또 이 나라 민주주의의 마지막 자존심이 될 것입니다.

깊은 염려와 함께 나라 걱정이 많은 시민의 한 사람으로서 이 편지를 올립니다.

## 김건희 특검에 즈음하여
_ 아내의 그림자, 대통령의 책임

한 시대를 살아낸 국민의 한 사람으로, 그리고 역사의 고비마다 진실의 언저리에서 고뇌하던 시민의 한 사람으로서 이 편지를 씁니다. 요즘처럼 나라가 혼란을 지나 정의의 길을 다시 찾으려 할 때, 대통령님의 고뇌와 결단은 얼마나 무겁고 절박하실지 짐작합니다.

특히 김건희 특검법이 국무회의를 통과하고 이제 진실의 문을 두드리기 시작했다는 소식에 저는 마음 한구석이 시리면서도 안도했습니다. 권력자의 가족이라 해서 법의 그늘에 숨을 수 없는 시대를 우리가 마침내 만들고 있다는 희망 때문입니다.

대통령님, 김건희 여사와 관련된 의혹은 단순히 어느 한 개인의 일탈로 그칠 수 없는 사안입니다. 이는 권력과 사익의 경계가 흐려지고, 공적 책무와 사적 탐욕이 맞물려 국가의 기강을 무너뜨렸다는 심각한 지점에서 출발합니다. 주가조작 사건에서부터 도이치모터스, 코바나컨텐츠, 논문 표절 및 허위 이력 의혹, 그리고 대통령 부부의 공적 사적 경계 붕괴까지, 김건희 여사 관련 논란은 검찰조차도 쉽사리 손대지 못했던 금단의 영역이었습니다.

특검은 바로 그 침묵의 벽을 깨뜨리는 시도입니다. 도이치모터스 주가조작 의혹은 국민의 이목을 가장 많이 끌었던 사안입니다. 김건희 여사가 이 사건에서 단순 투자자였는지 아니면 주가를 조작하는 데 주도적 역할을 했는지에 대한 판단은 그동안 검찰 수사만으로는 명확히 밝혀지지 않았습니다.

오히려 법원이 장기간 관련 증거를 요구하고도 제출되지 않거나, 검찰이 소극적으로 대응했다는 비판이 이어졌습니다. 주가조작은 자본주의 시장 질서를 교란하는 중대한 범죄입니다. 대통령 부인의 그림자가 그런 곳에 닿았다면, 국민은 더 이상 눈을 감고 있을 수 없을 것입니다.

코바나컨텐츠 후원금 문제 또한 간과할 수 없는 의혹입니다. 영부인이 되기 전 김건희 여사가 운영하던 회사에 재벌 대기업들이 거액의 협찬금을 쏟아부었습니다. 그 대가가 무엇이었는지 혹은 당시의 후원이 정치적 영향력을 미리 고려한 투자였는지는 명확히 밝혀져야 할 과제입니다.

국가 권력이 금전적 이해관계와 뒤엉킬 때, 그것은 비단 도덕적 타락에 그치지 않고 대한민국 전체의 신뢰 기반을 뒤흔드는 일이 되는 것입니다. 허위 이력 의혹도 김건희 여사를 둘러싼 신뢰 훼손의 핵심입니다. 이력서에 기재된 학력과 경력, 수상 이력 등 여러 부분이 사실과 다르다는 지적은 이미 여러 차례 제기되었습니다.

대한민국의 청년들과 여성들이 치열한 경쟁과 투명한 과정을 통해 자신의 자리를 지키고자 하는 시대에 대통령의 배우자가 불투명한 이력으로 공적 책임을 회피했다면 그것은 법의 잣대 이전에 정의의 문제입니다.

이 모든 의혹들이 그간 검찰에 의해 철저히 외면받았다는 점은 더 큰 문제입니다. 윤석열 전 대통령 재임 시기, 검찰은 김건희 여사 수사에 대해 눈에 띄게 소극적이지 않았겠습니까? 오히려 사건을 축소하거나 질질 끄는 태도로 일관했다는 비판이 잇따랐습니다.

수사기관이 대통령의 눈치를 보고 정권의 안위를 위해 진실을 유예하는 일이 반복된다면, 그 나라는 더 이상 법치국가가 아닙니다. 특검은 그 꺼진 불씨를 되살리는 마지막 희망이어야 하지 않겠습니까?

야당인 국민의힘은 무차별적인 정치 보복이라 주장하고 있습니다. 그러나 대통령님, 이 특검은 보복이 아니라 회복입니다. 대한민국의 공정과 상식, 정의와 신뢰를 회복하기 위한 조치입니다.

한 사람을 벌주는 것이 아니라, 권력을 가진 자에게조차 법 앞에 평등하다는 원칙을 다시 세우는 일입니다. 정권이 바뀌면 특검이 열리고, 과거의 권력자가 처벌받는 구조가 반복된다는 비판도 있지만, 우리는 이제 그 고리를 은폐가 아닌 정의의 실현으로 끊어야 합니다.

대통령님께서 국무회의를 통해 이 특검법을 통과시키신 것은 단순한 절차적 통과가 아니라고 믿습니다. 그것은 윤리적 결단이며, 민주주의에 대한 약속입니다. 영부인의 역할이 단지 남편의 배경이 아니라 공적 책임의 대상임을 알리는 시대적 선언입니다. 국민은 알고 싶을 것입니다. 무엇이 진실인지, 왜 그동안 침묵했는지, 그리고 이제 어떻게 책임질 것인지를 말입니다.

　대통령님, 국민은 당신의 말보다 당신의 결정을 믿고 싶어 합니다. 김건희 특검은 단순한 사건이 아닙니다. 그것은 권력과 양심의 경계를 시험하는 시금석이며, 앞으로의 대한민국이 어떤 길을 걸을 것인지 보여주는 이정표입니다. 부디 이 수사가 정의와 공정, 그리고 국민의 신뢰 회복으로 이어지길 간절히 바랍니다.

　대통령님이 이 길을 두려움 없이 끝까지 지켜주시길 그리하여 국민이 더 이상 억울해하지 않게 해주시길 간청드립니다.

## 채상병 특검에 대해

- 채상병의 이름으로 국가의 정의를 묻습니다

대통령님, 오늘 저는 고개를 숙이고 한 사람의 이름을 조심스레 꺼내고자 합니다. 채수근이라는 이름, 자식 같고 손자 같고 정겹지만 안타까운 이름이죠. 짧고 선명한 이름이지만 그 안에는 참혹한 고통과 무너진 공권력 그리고 무책임한 국가의 민낯이 아로새겨져 있습니다.

아직 피지도 못한 청춘이 폭우 속에서 숨졌고, 그 죽음은 단지 하나의 사고로 끝나지 않았습니다. 그것은 무관심과 지휘 체계의 붕괴라는 무책임의 고리를 상징하는 사건이었습니다.

채상병 특검법은 이러한 국민적 분노와 정의의 외침 속에서 태어났습니다. 단순한 사건 조사의 차원이 아니라 군의 조직 문화와 지휘 체계의 책임 회피, 그리고 사건 축소 및 은폐 의혹에 대한 철저한 진실 규명을 위한 법입니다.

지금 국민은 묻고 있습니다.

왜 채상병은 구조되지 못했는지, 왜 보고와 지시가 엇갈렸는지, 그리고 왜 그의 죽음 앞에서 아무도 책임지지 않았는지를요.

대통령님, 우리는 이 특검을 통해 단지 하나의 사건을 규명하려는 것이 아닙니다. 그 속에 감춰진 병폐와 구조의 무능 그리고 그 위에 군림했던 무책임의 문화를 드러내려는 것입니다. 윤석열 정부하에서 벌어진 이 사건은 단순히 하나의 군 행정 실패가 아니라 전(前) 정권의 무능과 방관의 극치를 보여주는 상징이 되었습니다.

당시 대통령은 재난 지휘 체계의 최종 책임자로서 어떤 조치를 취했습니까? 국방부 장관과 합참의장은 어떤 역할을 했나요? 또 해당 부대 지휘관은 어떤 판단과 명령을 내렸습니까? 채상병이 마지막으로 남긴 통신 기록, 그리고 동료 병사들의 증언들은 이미 많은 것을 암시하고 있습니다.

그러나 군은 그 책임을 개인에게 전가하고 조직은 입을 다물었습니다. 군의 은폐 시도는 이 사건을 더 무겁게 만들었습니다. 사고 발생 이후의 보고 체계, 상황 조작 의혹 그리고 구조 지시가 없었다는 증언까지 말입니다. 이 모든 것들이 모여 특검이라는 이름의 칼날을 만들었습니다. 대통령님, 국민은 지금 이 칼날이 허공을 가르지 않고 진실을 향해 곧게 나아가기를 바라고 있지 않겠습니까? 감히 말씀 드리건데, 특검 수사의 핵심은 지휘 책임입니다. 군대라는 폐쇄적인 공간에서 상명하복이라는 원칙이 이렇게 무너지면 어떤 참사가 발생하는지를 밝혀야 합니다. 보고 지연, 지휘 체계의 무능, 인명 구조에 대한 판단 미비 그리고 그 이후의 조직적 은폐 시도까지 아주 가관이었지요. 이 모든 것이 연결된 고리라는 국민적 인식이 존재한다고 저는 생각합니다. 비단 대한민국을 염려하는 나 혼자만의 생각은 아닐 것입니다.

윤석열 정부는 이 사건을 축소하려 했습니다. 그리고 결국 국민의힘은 특검법에 반대하며 군 기강 흔들기라는 말로 책임 회피의 길을 택했습니다. 그러나 국방은 기강 이전에 생명입니다. 기강은 정의로운 지휘를 통해 세워지는 것이지 무능과 방관으로 강화되지 않습니다. 이재명 정부가 그 진실을 밝혀주는 정부가 되어주십시오.

대통령님, 이 특검은 고인의 명예 회복이자 살아 있는 병사들의 권리와 안전을 지키는 시작입니다. 채상병의 죽음을 계기로 병영문화의 대전환이 시작되기를 바랍니다. 다시는 그런 구조 실패가 반복되지 않도록 구조와 책임, 명령과 판단의 선이 뚜렷하게 그려져야 합니다. 국민은 지금 이 특검을 생명과 정의의 회복이라고 부릅니다.

대통령님께서는 군을 변화시키는 개혁의 시작점에 서 계십니다. 이제는 용맹한 군대가 아니라 책임지는 군대, 사람과 생명을 귀히 여기는 군대가 되어야 할 때입니다. 병사는 나라를 지키지만, 국가는 그 병사의 생명을 지키는 방어막이 되어야 합니다. 이번 특검은 그 사명을 되새기는 자리가 되어야 한다고 생각합니다.

채수근 상병의 이름을 기억하는 국민이 많습니다. 그의 죽음이 헛되지 않기를 바랍니다. 진실은 고통스럽지만, 그 고통을 마주한 정부만이 새로운 길을 열 수 있습니다. 대통령님, 이 특검이 대한민국의 군(軍)과 공권력, 그리고 행정부가 다시 신뢰를 얻는 계기가 되기를 간절히 소망합니다. 국민과 함께 지켜보겠습니다. 진실을 절대 버릴 수 없는 국민을 대신하여 어느 힘 없는 문사(文士)가 글을 올립니다.

## 내란 외환 특검 11건에 관해

존경하는 이재명 대통령님!

이제 대한민국은 새로운 질서를 세우기 위한 역사적 고비에 이르렀습니다. 민주주의가 부정되고 헌정이 유린당한 어두운 시절의 진실을 파헤치기 위해 3대 특별검사제가 마침내 국무회의를 통과했습니다.

그중에서도 가장 심대한 중대 범죄인 내란에 대한 특검, 곧 내란 특별검사법은 단순한 수사 절차가 아닌 대한민국 헌법 그 자체를 지켜내는 마지막 방패이자 도덕의 기준이 되어야 할 것입니다.

이번 내란 특검이 다루는 수사 항복은 모두 11가지에 달합니다. 그 각각이 대한민국을 뒤흔든 중대 사안이며, 단 하나만으로도 정권을 송두리째 무너뜨릴 만한 범죄입니다.

그 첫 번째는

위헌·위법적 비상계엄령 검토입니다. 헌법이 보장한 국민의 자유를 군사적 폭력으로 압도하려 한 시도, 그것은 민주공화국에 대한 정면 도전이었습니다. 국헌을 문란케 하고 폭동을 계획한 자들이 지금껏 처벌받지 않았다면 법은 누구를 위한 것입니까?

두 번째는

국회를 대상으로 한 폭력입니다. 국회 통제와 봉쇄, 그리고 기물 파괴를 포함한 물리력 사용은 단순한 월권이 아니라 명백한 반헌법적 쿠데타 예비행위입니다. 입법부를 군홧발로 짓밟으려 한 자들이 다시는 이 땅에 발붙이지 못하게 해야만 대한민국의 미래가 있습니다.

세 번째는

군·경을 동원하여 국회 표결을 방해하려 한 시도입니다. 이는 군사 반란의 교과서적 전개입니다. 민주적 의사결정 과정을 군대와 경찰력으로 차단하고자 한 자들이 있다면 그것은 단순한 무능이 아닌 의도적 내란의 시작이자 증거입니다.

네 번째는

정치인과 법조인, 언론인 등을 대상으로 한 불법 체포·감금 시도입니다. 이는 표현의 자유와 사법 독립, 언론 자율성에 대한 총체적 침해이자 국가권력을 사적 보복의 도구로 전락시킨 폭거였습니다.

다섯 번째는

선거관리위원회, 언론사, 정당 당사 등을 무단 점거하거나 압수수색을 기획한 정황입니다. 그들이 점령하려 한 것은 단순한 건물이 아니라 바로 민주주의의 절차였고, 국민의 주권이었습니다.

여섯 번째는

병기 휴대와 군사동원 등 반란 예비행위입니다. 총구가 국민을 향할 가능성을 염두에 두는 그 자체가 내란입니다. 평화적 헌정질서의 부정, 그것은 다시는 이 땅에서 용납되어선 안 됩니다.

일곱 번째는

구금시설의 마련입니다. 이를 통해 체포한 인사들을 불법으로 장기 수감하려 한 구체적 계획까지 존재했다고 알려져 있습니다. 감금의 대상은 범죄자가 아니라 정권에 저항하는 반대자들이었습니다.

여덟 번째는

무인기 북파 등 무력충돌 야기 시도입니다. 이는 외환(外患)의 기획이며 군사적 긴장을 고의로 조성한 반국가 행위입니다. 평양 침투 운운하며 전쟁을 빌미로 삼으려 한 자들의 목적은 외부의 적이 아닌 내부 권력의 공고화였습니다.

아홉 번째는

범인도피, 증거은닉 그리고 특검 도입 이후에도 계속된 수사 방해입니다. 사건의 진실을 은폐하려는 조직적 움직임은 진실을 왜곡하는 제2의 내란이라 할 만합니다.

열 번째는

국민 고소·고발에 의한 내란 및 외환 관련 사건들입니다. 시민들은 국가기관보다 먼저 진실을 꿰뚫었습니다. 국민이 직접 검찰에 고발장을 접수하고, 언론이 입막음에도 불구하고 끝까지 진실을 추적한 것이야말로 이 나라 민주주의의 최후의 힘이었습니다.

열한 번째는

특검 수사 중 인지된 사건들의 병합 수사입니다. 은닉된 범죄의 고리들이 하나씩 드러날 때 특검은 그것을 외면해서는 안 됩니다. 범죄의 구조는 한 몸이며, 배후 세력은 긴밀히 얽혀 있습니다.

대통령님, 내란 특검은 단지 과거의 응징이 아닙니다. 그것은 미래의 헌정질서를 지키기 위한 전제 조건이며, 권력의 균형을 회복하는 출발점입니다. 1979년과 1980년, 그리고 2024년을 우리는 나란히 비교하지 않을 수 없습니다. 시대는 다르지만, 목적은 같았습니다. 권력을 영속화하려는 반헌법 세력이 언제나 존재해 왔다는 점에서 우리는 영원히 깨어 있어야 합니다.

대통령님께서는 이번 특검이 철저히 진실을 밝히고, 어떤 정치적 외압도 통하지 않는 정의의 과정을 견지하도록 이끄실 것입니다. 이 땅의 민주주의를 다시 살려내는 첫걸음으로 내란의 실체를 끝까지 추적해주시기를 바랍니다.

## 내란특검의 시대적 사명과 법치의 회복을 위하여

국민의 선택으로 새로운 정부가 출범한 지도 벌써 계절이 한 차례 바뀌었습니다. 회복과 통합, 상식과 정의를 국정의 방향으로 삼으신 대통령님의 뜻에 많은 국민이 깊은 위로와 기대를 함께 느끼고 있습니다.

혼란과 충격, 배신과 불안이 일상화되었던 지난시기를 건너온 우리 모두에게 지금은 분명 다시 시작할 기회입니다. 그러나 이 새로운 출발이 진정한 의미를 갖기 위해서는 과거의 불법과 위법, 헌정질서 파괴 행위에 대한 철저한 진상규명이 반드시 이루어져야 한다는 점 또한 외면할 수 없습니다.

대통령님, 지난 윤석열 정권하에서 벌어진 12.3. 내란 기도는 단순한 정권 차원의 실정을 넘는 헌법 체계를 뒤흔드는 심대한 국기문란 사건이었습니다. 위헌·위법적인 비상계엄 기도, 국회의 탄핵 절차를 물리력으로 봉쇄하려는 계획, 군과 경찰, 정보기관의 동원, 국회의사당 점거 및 파괴 시도, 언론·법조·정치인의 체포 감금 시도, 선관위와 언론사, 정당 당사 압수 및 통제 등은 모두 명백히 헌정파괴에 해당합니다. 이 같은 사태가 민주공화국에서 벌어졌다는 사실은 여전히 국민의 마음을 무겁게 합니다.

이제 우리에게 필요한 것은 이 모든 불법과 위법의 경위를 한 점 의혹 없이 밝혀내고, 관련자들을 법 앞에 세움으로써 정의의 회복을 실현하는 일입니다. 그것이 바로 내란 특검의 존재 이유이며, 민주주의를 지키고자 했던 국민들에 대한 최소한의 도리일 것입니다. 대통령님께서 국회에 요청하신 내란 혐의 특별검사 임명안은 그런 점에서 우리 민주주의의 자정 능력을 회복하기 위한 중대한 출발이자 선언이라 생각합니다.

하지만 대통령님, 우리는 과거 특검 제도가 여러 차례 무력화되고 왜곡되어 온 경험을 갖고 있습니다. 때로는 정치적 수사로 변질되지 않았습니까? 때로는 수사 대상에 따라 의도적으로 무력화되거나 흐지부지 마무리되기도 했습니다. 이 같은 폐단이 반복되지 않기 위해서는 이번 내란 특검이 단지 하나의 수사기구가 아니라, 철저히 헌법적 원칙과 정치적 독립성을 확보한 헌정 방위 기구로 기능해야 한다는 점을 강조드리고자 합니다.

특검의 독립성은 그 출발점에서부터 보장되어야 합니다. 추천과 임명 절차가 특정 정치 세력에 의해 좌우되지 않도록 여야가 동수(同數)로 구성한 추천위에서 두 명의 후보를 압축하고, 대통령이 그중 한 명을 임명하는 현재의 방식은 유지하되, 추천위에 시민사회·법조계·학계 등의 인사를 참여시키는 방안도 고려해볼 수 있겠습니다. 또한 특검보와 수사팀 구성 역시 특검의 자율성과 독립성을 전제로 해야 하며, 검찰의 파견 형식으로 운영되는 기존 틀에서 과감히 벗어나야 할 것입니다.

법률적으로도 중요한 쟁점들이 산재해 있습니다. 우선 내란죄의 성립 요건에 대한 엄정한 해석과 적용이 필요합니다. 형법 제

87조는 국토를 참절하거나 국헌을 문란할 목적의 폭동을 내란으로 규정합니다. 이때 국헌문란이란 단순한 정권 찬탈이 아닌 헌법상 권력 구조의 근간을 파괴하려는 행위를 의미하는 것입니다. 이번 12.3 사태는 그 점에서 전형적인 국헌문란형 내란 미수에 해당합니다. 이와 함께 공모공동정범 성립 여부, 미수와 예비의 구분, 내란목적살인미수 등 보조범죄 적용에 있어서도 철저하고 신중한 법리 검토가 병행되어야 할 것입니다.

특검의 수사권은 기소권뿐 아니라 강제수사권까지 명확히 보장되어야 합니다. 검찰이나 경찰의 협조가 의무화되어야 합니다. 수사 방해를 목적으로 한 자료은닉, 허위진술, 조직적 방해행위에 대해서는 즉각 법적제재가 가해져야 합니다. 이 점에서 특검법은 기존의 권한 규정보다 훨씬 더 강력한 보호 장치를 포함해야 마땅하겠습니다. 나아가 특검의 수사 범위를 내란 혐의뿐 아니라 직권남용, 국회 방해, 기물파손, 공무집행방해, 공직선거법 위반 등 관련 범죄로까지 넓게 포괄하여야 사건의 실체적 진실이 온전히 밝혀질 수 있을 것입니다.

대통령님, 이 특검은 단지 과거를 파헤치는 절차가 아닙니다. 이는 민주공화국이라는 대한민국의 정체성을 지켜내기 위한 역사적 검증이자, 우리 사회가 다시는 같은 위기를 겪지 않도록 경고와 제도를 남기는 일입니다. 정의는 단죄에서 완성되지 않습니다. 정의는 기억 속에서 살아야 하며, 미래 세대가 그 정의 위에 새로운 민주주의를 쌓을 수 있어야 합니다. 그 시작은 지금, 이 특별검사의 독립성과 실질적 수사력에 달려 있습니다.

존경하는 대통령님, 국민은 촛불로 시작된 정의의 불씨가 결국 제도와 법 위에 불멸의 기록으로 남길 원합니다. 대통령님의 결단이 그 바람에 불을 붙였습니다. 이제는 입법부와 사법부, 시민사회가 그 불꽃을 지키고 키워야 할 시간입니다. 부디 대통령님께서 끝까지 그 사명의 중심에 서주시기를 법과 정의의 이름으로 부탁드립니다.

## 김건희 특검 16건 해부와 분석

 김건희 특검은 정의 회복의 출발점입니다. 긴 시간 이어진 혼란과 절망의 시기를 지나 대통령님의 취임은 우리 사회가 다시 정의의 중심을 향해 나아갈 수 있다는 믿음을 되찾게 했습니다.
 그 믿음은 이제 김건희 특검법의 시행 여부라는 중대한 기로 앞에 서 있습니다. 이 편지를 드리는 것은 단순한 법적 절차의 촉구가 아니라 이 땅의 민주주의가 다시금 신뢰받을 수 있도록 반드시 밝혀야 할 진실과 수사의 정당성을 간곡히 호소하기 위함입니다.
 이미 국민께서 아시는 바와 같이 김건희 여사와 관련된 혐의는 하나둘의 의혹을 넘어 권력과 특권이 결합한 부정의 총체였습니다. 먼저 도이치모터스 주가조작 사건은 단순한 시세조종을 넘어 미래의 대통령 배우자가 금융시장 질서를 인위적으로 조작해 수익을 얻었다는 심각한 문제입니다.
 이에 연루된 증권사 창구, 차명계좌 사용, 시세 담합 정황 등은 오랫동안 수사 회피와 은폐로 일관해 왔습니다. 이어지는 삼부토건 작전 개입 역시 비슷한 수법의 반복으로 주가에 영향을 주는 허위정보 유포와 통정거래가 핵심 혐의로 지적되고 있습니다.
 두 번째로는 코바나컨텐츠 관련 협찬 비리입니다. 대통령 배우자의 개인사업체에 대기업, 금융사들이 일괄적으로 협찬을 제공한 배경에 대통령 예비후보의 영향력이 있었던 것은 아닌지 명백히 수사로 밝혀야 할 사안입니다. 대가성 여부, 협찬의 목적, 당시 사업성과 무관한 과도한 후원이 이루어진 정황들은 명백히 뇌물수수 가능성을 암시합니다.

국민 누구도 이런 불공정과 특혜를 당연시할 수 없습니다. 또한 외교상 품위와 법률의 경계를 모두 무너뜨린 금품수수 의혹, 즉 고가의 명품가방과 다이아몬드 목걸이 수령 사건 역시 더는 방치되어서는 안 됩니다.

대통령 배우자가 반복적으로 고가 사적 선물을 받고, 이를 은폐하거나 공개하지 않은 점은 공직자의 이해충돌과 직무 관련성에서 심각한 법 위반 소지가 있으며, 관련 물증 확보 시점의 수사 미진 역시 특검의 필요성을 강하게 뒷받침합니다.

대통령 관저 이전 문제에 있어서도 김 여사의 개입 의혹이 끊이지 않았습니다. 국방과 안보, 예산과 절차가 모두 위배 되었으며, 특정 풍수지리나 무속인의 자문이 반영되었다는 정황은 헌정 질서에 대한 조롱이라 하지 않을 수 없습니다. 대통령 관저라는 국가 상징 공간이 비공식 영향력에 의해 결정되었다면 이는 명백한 국정농단입니다.

또한 명태균, 건진 법사, 이종호 등의 인사를 통해 고위 인사개입, 사법부 로비 시도, 인허가 청탁, 로비 대가성 거래 등이 발생한 의혹도 큽니다. 특히 임성근 전 해병대 사단장에 대한 구명 시도, 양평 고속도로 노선 변경 및 개발 인허가 개입 등은 김건희 여사가 실질적인 비공식 실세로서 국정을 좌지우지했다는 문제의식을 초래합니다. 특정 지역과 이해관계인의 이익을 위해 노선이 변경되고, 개발 승인이 지연되었다면 이는 단순 의혹이 아니라 중대 범죄입니다.

대우조선 파업 사태와 관련해서도 김 여사가 기업 인사들과 접촉하며 파업 대응에 개입했다는 증언은 대통령 배우자가 사적 권력을 이용해 노동 현안에 개입한 사례로서 충격적입니다. 이뿐만 아니라 지방선거 및 재보궐 선거 과정에서 특정 후보와 정치인의 공천과 경선 개입, 후보 매수 의혹, 여론조작 개입 역시 정치의 근간을 무너뜨리는 심각한 행위였습니다. 명태균을 통해 허위 여론조사를 유도하고 결과를 언론에 흘려 여론 형성을 조작한 점은 선거법 위반, 공직선거법상 중대한 범죄입니다.

무엇보다 본질적인 문제는 대통령이라는 지위를 악용해 반복적으로 사적 이익을 추구한 정황입니다. 김 여사는 대통령실·청와대 참모의 권한을 넘나들며, 전시기획, 인사개입, 정책 관련 거래에 관여했다는 증언이 잇따르고 있습니다. 이는 대통령 권한의 사적 도구화이며, 헌법 제7조의 공무원은 국민 전체에 대한 봉사자라는 원칙을 정면으로 위반하는 행위입니다.

대통령 선거 과정에서부터 불거지기 시작한 김 여사의 허위학력, 허위경력 기재, 허위사실 유포, 가짜 동영상 유포 등의 방법으로 선거운동에 개입한 혐의를 받고 있습니다. 이 모든 혐의가 대통령 배우자라는 신분으로 인해 수사도, 기소도, 책임도 지지 않고 있다면 대한민국의 법치와 정의는 그 이름을 잃게 됩니다. 이와 함께 공무원의 직무유기, 수사 지연, 증거 은폐 방조, 특검 수사 방해 등의 후속 범죄까지 확인되면서 단지 한 사람의 범죄 의혹이 아니라 권력 전체의 불법 구조로까지 확대된 상황입니다.

존경하는 이재명 대통령님, 이 같은 16건의 범죄 의혹은 모두 하나의 공통된 흐름을 가집니다. 바로 공적 지위를 사적으로 전유하고, 법보다 권력이 우위에 있던 지난 시대의 부패한 구조입니다. 특검이 필요한 이유는 단지 검찰의 미진함 때문이 아니라, 이 모든 구조적 왜곡을 독립적이고 철저하게 조사할 수 있는 유일한 기구이기 때문입니다.

김건희 특검은 단지 한 사람을 수사하는 절차가 아니라, 법 앞의 평등이라는 헌법정신이 실제로 작동하는지, 이 땅에 정의가 살아 있는지를 증명하는 역사적 시금석이 아니겠습니까?

대통령님, 국민은 더는 참을 수 없습니다. 눈 가리고 귀 막는 권력이 아니라 죄 있는 자는 누구든 법의 심판대에 서는 세상을 바라고 있습니다. 김건희 특검법이 국회를 통과했음에도 불구하고 지연되고 있다면, 그것은 검찰과 정치권의 직무유기이며 국민을 기만하는 일입니다.

대통령님께서 이 특검의 지체 없는 시행을 결단해 주셔서 정말 고맙습니다. 정치권이 여야를 넘어 이 특검에 전면 협조할 수 있도록 또한 강력히 촉구해주시기를 간청드립니다. 이제는 시간이 없습니다.

정의가 늦어질수록 그 고통은 더 많은 국민에게 돌아옵니다. 대통령님의 결단이 시대의 흐름을 바로잡는 불씨가 되기를 소망합니다. 국민이 선택한 정의의 대통령께서 반드시 이 특검의 마무리까지 책임 있게 이끌어주시기를 바라는 마음으로 이 편지를 드립니다.

## 채상병 특검법 8건 정밀 분석

존경하는 이재명 대통령님! 이제 특검법의 마지막 글을 올립니다. 채상병 특검은 진실을 향한 마지막 다리입니다. 이 땅에 정의를 세우기 위한 대통령님의 결단과 국정 철학에 깊은 존경을 표합니다.

그럼에도 오늘 이 편지를 드리는 마음은 무겁고 슬픕니다. 아직도 진실이 밝혀지지 못한 한 젊은 해병의 죽음 앞에서, 우리 국가는 무엇을 외면하고 있는가라는 질문을 스스로에게 던지지 않을 수 없기 때문입니다. 바로 채수근 상병의 죽음, 그리고 그 죽음을 덮으려 했던 수많은 조직적 은폐와 회유, 수사 방해의 실체를 밝히기 위한 채상병 특검법이 그 중심에 있습니다.

지난 2023년 7월 19일, 경북 예천에서 발생한 수해 구조 활동 중 고립된 시민을 구하려다 순직한 해병대 채수근 상병의 사건은 단지 비극적인 사고로 묻혀서는 안 될 문제였습니다. 당시 지휘라인의 지시와 보고 체계, 장비 미비, 안전조치의 결여는 군 조직의 구조적 문제로 직결되지 않았겠습니까?

채 상병은 무방비 상태로 급류에 투입되었습니다. 사건 직후, 해병대 자체 조사가 시작되었으나 국방부는 수사 결과를 돌연 회수하며 정식 수사를 막았습니다. 이 순간부터 사건의 진상은 감춰지기 시작했습니다.

두 번째 문제는 이 사건의 은폐와 축소를 지시하거나 묵인한 이들이 누구였는가입니다. 윤석열 당시 대통령과 대통령실의 참모진, 국방부 고위직, 해병대 사령부, 경북지방경찰청 등 관련 기관이 일제히 사실관계 은폐, 보고서 수정, 수사 지연, 책임 전가 등의 방식으로 사건을 축소하려 했다는 의혹이 제기됐습니다. 사건 당시 작성된 원본 조사보고서는 공개되지 않았고, 유가족과 군 내부에서조차 진실을 확인할 방법이 차단되었습니다.

셋째로는 유가족에 대한 회유 및 심리적 압박 정황입니다. 채 상병의 유족이 진실 규명을 요구하며 기자회견과 면담을 이어가자, 군과 일부 정부 기관에서 은밀한 방식으로 유족을 분리하거나 진정 절차를 무력화하려는 시도가 있었다는 의혹이 제기되었습니다. 특히 국가인권위원회까지 이 문제를 무겁게 받아들이지 않고 절차적으로 넘기려 했다는 점에서 사건은 군의 문제가 아닌 국가 전체의 도덕성 시험대로 확장되었습니다.

네 번째로는 공수처 수사에 대한 외압 및 간섭문제입니다. 사건의 중심인물인 박정훈 해병대 전 수사단장은 해병대의 수사 결과를 지휘한 인물이었으며, 진실을 은폐하지 않기 위해 상급 부대의 지시에 따르지 않고 보고서를 유지하려 했습니다. 그러나 국방부는 이를 항명으로 몰고 가 징계까지 시도했고, 공수처가 박 단장의 수사 방해에 대해 착수하자 대통령실과 국방부의 외압 정황이 드러나기 시작했습니다. 수사의 독립성과 진실성은 심각한 위기에 처했던 것 아니겠습니까?

다섯째는 당시 국방부 장관이던 이종섭의 사퇴와 외교 대사 임명 과정입니다. 수사 방해에 깊이 연루되었던 이종섭 장관은 아무런 책임을 지지 않은 채 호주 대사로 내정되며 출국했습니다. 공직자의 책임과 도덕성을 무시한 전형적인 꼬리 자르기 인사였습니다. 이후 대통령님 취임과 함께 이종섭은 다시 귀국했으며, 이 모든 과정은 외교부·법무부·공수처·대통령실이 조직적으로 연계되어 사건을 무마하고 면죄부를 준 정황으로 의심받고 있는 것입니다.

여섯째는 이종호 전 대통령실 국방비서관과 김건희 여사 사이의 연결 고리입니다. 이종호는 앞서 김건희 여사에게 임성근 전 부장판사의 사면이나 구명 문제를 부탁하며 로비에 연루된 바 있습니다.

이러한 연결망은 채상병 사건의 책임자 중 일부가 비선이나 대통령 배우자와 접촉하며 스스로 책임을 덜거나 새로운 임명을 받는 구조로 이어졌다는 의심을 불러왔습니다. 사건을 덮기 위해 대통령과 대통령실, 대통령 배우자가 동원되었다면 이는 단순한 인사 문제가 아닌 헌정질서에 대한 심각한 훼손입니다.

일곱째는 윤석열 전 대통령과 대통령실이 사건 수사 자체를 조직적으로 방해했다는 정황입니다. 수사 개입은 공권력의 중립성을 침해한 행위로 헌법이 보장하는 권력분립 원칙을 정면으로 위배한 것입니다. 공수처, 감사원, 군 검찰, 지방경찰까지 연이어 수사를 늦추거나 무혐의로 정리하는 가운데, 오직 국민과 유가족만

이 진실을 좇고 있었습니다. 그것이야말로 권력의 완력과 국민의 진실 사이에 놓인 참담한 간극이었습니다.

여덟째 마지막으로, 수사 과정에서 새롭게 드러난 부수적 범죄와 불법행위들입니다. 문서 위조, 공용문서 은닉, 내부 고발자에 대한 불이익 조치, 허위보고 등은 이미 독립 수사의 범위를 넘어 검찰과 감사원이 직권으로 조사를 개시해야 할 사안입니다.

그러나 지금까지도 사건의 핵심 책임자는 단 한 명도 기소되지 않았고, 유가족의 고통만이 계속되고 있습니다. 이것이 바로 채상병 특검이 필요한 이유입니다. 더 늦기 전에 반드시 법의 이름으로 진실을 밝혀야 합니다.

대통령님! 정의는 반드시 실현되어야 할 약속입니다. 그것이 국가가 국민에게 져야 할 최소한의 도리입니다. 채수근 상병은 국민을 지키다 희생되었고, 그 유족은 살아 있는 정의를 믿으며 하루하루를 버텨왔습니다.

이제 이 진실을 국가가 먼저 밝혀야 합니다. 대통령님께서 채상병 특검법 시행을 선포하시고, 국회와 법무부, 공수처가 이에 협조하도록 촉구해 주신 것은 정말 대단한 결단이지 않을 수 없습니다. 국민은 다시 법과 정의를 믿게 되었음에 감사를 드릴 뿐입니다.


이 특검은 단지 한 병사의 명예를 위한 것이 아닙니다.

국민의 생명과 정의가 헌신과 희생 위에 세워질 수 있음을 증명하는 일이며, 다시는 국가가 국민을 저버리지 않겠다는 약속입니다.

대통령님의 그 단호한 결단을 국민과 함께 환영하며 앞으로도 훌륭한 정치를 기대하겠습니다.

대통령님 한 힘없는 글쓴이가 이 글을 올립니다.

# 제8장
# 국민의힘에 보낸다

국민의힘 의원과 당원 여러분께 드리는 고언의 편지

진짜 보수라면, 이제는 협력할 때입니다

국민의힘은 살아남으려면 인적청산부터 시작하라

국민의힘 의원들과 당원 여러분께 드리는 편지 (1)

국민의힘 의원들과 당원 여러분께 드리는 편지 (2)

보수정치의 오래된 실패를 넘어서

## 국민의힘 의원과 당원 여러분께 드리는 고언의 편지

국민의힘 여러분

이제는 정말 자성의 시간이 필요합니다. 돌이켜보면 수많은 선택의 갈림길에서 국민의힘은 정권을 위해 충성을 택했고 권력자에게 무릎을 꿇었습니다. 그리고 지금, 그 선택의 결과가 무엇인지 누구보다 절실히 체감하고 있을 줄로 압니다.

윤석열이라는 이름 하나에 모든 기대와 미래를 걸었던 그 오만과 편의의 정치는 결국 당을 외면 받게 했고, 민심과도 멀어지게 만들었습니다.

이제 그 책임에서 벗어날 수 있는 사람은 아무도 없습니다.

유승민 전 의원을 기억하실 겁니다.

박근혜 전 대통령의 비서실장으로 정치적 기반을 다졌고, 그 후 새누리당 원내대표 자리까지 올랐습니다. 은혜를 입었기에 그에 대한 존중은 있었지만, 정책 앞에서는 달랐습니다.

유승민 전 의원은, 세금 없는 복지는 허구라는 말을 던지며 대통령의 기조에 정면으로 반기를 들었습니다. 결과는 참혹했습니다. 배신자라는 낙인이 찍히고 당내에서도 고립되었죠. 하지만 그 한마디 속에는 정직한 보수의 본질이 있었고 양심적 정치인의 태도가 분명히 있었습니다.

유승민은 사라졌지만

그의 말은 아직도 살아 있습니다.

한동훈 전 장관 역시 윤석열 전 대통령의 총애를 한 몸에 받았던 인물입니다. 검찰 내 서열을 뛰어넘어 파격적으로 중용되었고, 법무장관과 당 비대위원장이라는 요직을 거쳤습니다. 그러나 윤 전 대통령의 계엄령 시도 앞에서 그는 망설이지 않았습니다.

한동훈 전 장관은 위헌이며, 내란의 시도다.

그 단호한 말은 결국 은인(윤석열)을 향한 칼날이 되었습니다.

감정의 문제가 아니라

헌법과 법률의 문제라는 그의 항변은 받아들여지지 않았고

민심은 분열되었으며 총선은 참패로 끝났습니다.

지금 그는 어디에 있습니까? 한때는 차세대 리더라 불리던 인물이 지금은 당의 주변부로 밀려나 있습니다. 권영세, 권성동 두 사람도 예외는 아닙니다. 윤석열 전 대통령의 정치 입문과 당선 과정에서 중요한 역할을 맡았고, 대통령의 두터운 신임을 얻었습니다. 특히 권영세는 통일부 장관까지 역임하며 사실상 대통령의 외교·안보 핵심 참모로 자리매김했지요.

그러나 윤석열 탄핵이 가결된 순간 국민의힘 의원 40명과 원외 위원장 80여 명이 거리로 나가 구속 반대 집회를 열던 그때, 이 두 사람은 보이지 않았습니다.

침묵은 중립이 아닙니다. 고비마다 몸을 사리고 중도만 외치는 사람에게 국민의 신뢰가 돌아갈 리 없습니다. 문제는 그 이후에도

반복됐다는 점입니다. 친윤, 비윤, 반윤, 찬윤이라는 프레임 싸움에 당 전체가 휘둘리며 민심과 현실을 읽는 데 실패했습니다. 언제까지 패거리 정치로 당의 노선을 결정하려 하는지 묻지 않을 수 있겠습니까? 도무지 민생은 없고, 권력 다툼만이 난무하는 정치의 장에서 과연 국민은 누구를 믿고 내일을 맡길 수 있을까요. 지금 국민의힘은 여전히 정당으로서 자격을 물어야 하는 지점에 서 있습니다.

윤석열 전 대통령이 내란과 위헌의 길을 택했을 때 국민의힘은 단호하게 말하지 못했습니다. 애매하게, 조심스럽게, 때론 침묵으로 지지했고, 그 침묵이 곧 공범의 인식으로 이어졌습니다. 계엄 해제 결의안 투표에도 소수만 참여했고, 탄핵소추안이 가결되었을 때조차 대다수 의원들은 국회 본청에서 자취를 감췄습니다. 대통령이 헌법을 어겼을 때, 여당은 헌법을 수호해야 했습니다. 그러나 그 누구도 책임지려 하지 않았고, 정치의 책임은 끝내 국민에게 전가되고 말았습니다.

국민의힘 당원 여러분

정치란 누구를 따르느냐가 아니라

무엇을 지키느냐의 문제입니다. 불의 앞에 침묵했던 과거를 되풀이할 수는 없습니다. 충성이란 단어로 정당성이 입증되지 않으며, 은혜라는 말로 헌법을 덮을 수 없습니다. 지금이라도 늦지 않았습니다. 윤석열을 넘어서려면 윤석열을 극복해야 합니다. 윤석열에게 충성한 것보다 헌법과 국민에게 충성해야 한다는 당의 원칙을 회복해야 합니다.

　비대위 구성에도 변화가 필요합니다. 국민이 납득하지 못하는 인사를 앞세워 보신(保身)을 꾀하는 행태는 이제 그만해야 합니다. 비윤을 배제하고 친윤만으로 당을 운영한다면 그것은 또 다른 독선이 될 것입니다. 이제는 당 외부의 시민들과 손을 잡고 전면적인 쇄신에 나서야 할 시기입니다. 폐쇄성과 독점의 구조에서 벗어나 당의 문을 열고 당의 정신을 다시 세워야 합니다.

　정당은 개인이 아닙니다. 권력자가 누군가를 밀어 세우는 방식으로 운영되는 것도 아닙니다.

　정당은 국민이 맡긴 권한을 위임받은 공적 집단입니다. 국민의힘이 보수 정당으로서 살아남고 싶다면, 지금 이순간이 마지막 기회일지 모릅니다.

　윤석열을 넘어서야, 비로소 국민의힘이 국민의 이름을 다시 쓸 수 있을 것입니다. 그러지 않는다면 이 정당은 민심으로부터 사망 선고를 받고 말 것입니다.

　지금은 결단의 시간입니다. 용기와 진심으로 국민을 향해 다시 나아가 주십시오.

## 진짜 보수라면, 이제는 협력할 때입니다

 국민의힘은 지금 분명한 갈림길 앞에 서 있습니다. 거대 여당인 더불어민주당이 추진 중인 방송3법과 노란봉투법에 대해 오직 반대하고 막는 데에만 집중할 것인지, 아니면 일부를 수용하고 개선하는 협력의 길로 나설 것인지 말입니다.

 방송3법은 공영방송의 지배구조를 개선하자는 것입니다. 이사회 구성을 국회 다수당이 독점하지 않도록 하고, 시청자·언론·법조계·학계 등 다양한 분야의 전문가들이 방송 정책에 참여할 수 있게 하자는 취지입니다. 이는 특정 정당의 입김을 차단하고 공영방송의 독립성을 확보하려는 변화입니다. 보수 정당이라면 오히려 이런 제도 개선을 앞장서 제안했어야 마땅합니다.

 국민의힘은 여당이었을 때 언론개혁을 외면하거나 편의적으로만 다루었습니다. 공영방송의 편향성, 사장 선임의 불투명성은 누구나 문제라 여겼지만 제도적 해결 대신 정권에 유리한 사람을 앉히는 데에 급급했던 것이 사실입니다. 그 결과 어느 정권이 들어서든 방송의 공정성과 자율성은 후순위로 밀렸고, 국민의 불신만 커져 오지 않았습니까?

 지금 이 개혁안이 정치적 이유로만 밀어붙이는 것이라면 문제겠지만, 국민 대다수가 공감하는 구조 개선안이라면 이제는 보수 정당이 명분을 쌓을 기회이기도 합니다. 노란봉투법 역시 마찬가지입니다.

 헌법이 보장한 노동 3권, 특히 단체행동권은 유독 우리나라에서만 실질적 제약을 받아 왔습니다. 정당한 파업에도 손해배상소송과 가압류가 남발되는 현실은 노동자들의 목소리를 가로막는 가장 강력한 경제적 재갈입니다.

 한국은 OECD 국가 중 유일하게 노동자 대상 손해배상 청구가 광범위하게 인정되는 나라입니다. 보수 정당이라면 오히려 법의 남용을 막고 공정한 노사관계를 정립하는 데에 앞장서야 하는 것 아닐까요?

 정치는 국민의 삶을 풍요롭게 만들기 위한 행위입니다. 그 목적을 잃고 정치적 셈법만 앞세운다면 결국 민심은 멀어지게 마련입니다. 국민의힘이 지금처럼 반대만을 위한 반대를 고집한다면 그것이야말로 정당정치의 자해 행위가 될 수 있다고 생각합니다.

 제1야당으로서 보수의 길을 걷고자 한다면 무조건 막는 정당이 아니라 대안을 제시하는 정당이 되어야 합니다. 지금은 과거처럼 색깔론이나 이념 대결로 표를 얻는 시대가 아닙니다. 국민은 눈앞의 삶을 바꾸는 정당을 선택합니다. 방송의 공정성, 노동자의 기본권, 어느 것 하나 국민 삶과 멀지 않습니다. 이제는 시대정신에 맞는 보수의 모습으로 현실을 수용하고 미래를 준비하는 정당의 책임감을 보여줄 때라고 생각합니다.

 윤석열 대통령 당선으로 집권당(여당)에서 윤석열의 실책으로 야당이 되어 정책 대안도 없이 필리버스터에만 의존한다면, 그것은 당장의 당론은 지킬 수 있을지 몰라도 국민적 명분과 실리(實利)는 모두 놓치게 됩니다. 차라리 이 기회에 방송 3법과 노란봉투법의 핵심 내용을 수용하되 보다 균형 잡힌 수정안을 제시해 보수다운 보완을 이끌어내는 것이 낫습니다. 그것이야말로 품격 있는 견제와 책임 있는 야당의 모습입니다.

지금 국민의힘은 10% 지지율 추락의 벽 앞에 섰습니다. 지지층 내부의 강경한 목소리만 듣고 있다면 외연 확장은 기대할 수 없습니다. 중도층과 청년층은 합리성과 개방성으로부터 신뢰를 얻습니다. 방송 3법과 노란봉투법은 그 시험대가 될 것입니다. 당리당략을 벗어나 시대의 요구에 귀 기울일 수 있을 때 국민의힘은 다시 국민 속으로 돌아올 수 있을 것입니다.

## 국민의힘은 살아남으려면 인적청산부터 시작하라

　정당이 쇄신할 수 있는 유일한 길은 과거의 낡은 껍질을 벗고, 국민의 마음을 잃게 만든 인물들과 단절하는 것이다. 국민의힘은 지금 그 고통스러운 전환점을 지나고 있다.

　윤희숙 혁신위원장의 직설적 발언은 그 전환의 기폭제가 되었다. 당을 누르는 사람들, 스스로 거취를 정하라. 이 말은 단지 정치적 수사를 넘어 무너진 보수의 신뢰를 회복하겠다는 최소한의 시작이었다. 윤 위원장이 거명한 인물은 명확했다. 나경원, 윤상현, 장동혁, 송언석. 이들은 단순한 과거 인사가 아니다. 국정농단에 준하는 내란 정국과 그에 따른 윤석열 전 대통령 탄핵 정국 속에서 여전히 고개를 들고 윤석열과의 인연을 떨쳐내지 못한 이들이다. 당을 쇄신하기보다 안주하려는 세력들이라고 생각한다.

　국민의힘이 탄핵 책임으로부터 벗어나지 못하고 여전히 과거를 청산하지 못한 것은 이들 때문이라 해도 과언이 아닐 것이다.

　혁신은 구조의 문제이자 사람의 문제다. 낡은 구조는 새로운 얼굴로 바꿔내야 하며 부적절한 얼굴은 새로운 가치로 정리돼야 한다. 윤석열 전 대통령의 내란 행위와 위헌적 계엄 기도에 침묵하거나 동조했던 자들 그리고 탄핵 정국 속에서 국민의 뜻과 동떨어진 언행으로 눈총을 받은 자들은 이제 책임져야 한다. 이들이 계속 당내 핵심 인물로 버틴다면 어떤 혁신도 결국 국민 앞에서는 쇼로 밖에 보이지 않을 것이다. 이런 와중에 조경태 의원이 한남동 관저를 찾았던 의원들을 향해 인적 청산의 대상이라 일갈한 것도 결코 가볍게 넘길 수가 없지 않다.

정치란 책임의 게임과도 같다고 생각한다. 대통령이 위헌적 계엄을 꿈꾸던 시기에 권력 곁에 붙어 한낱 충성 경쟁을 벌인 자들이 정권의 몰락과 함께 국민 앞에 반성조차 하지 않고 있는 현실이 비극이지 않고 무엇이란 말인가. 그 정치적 무책임은 도의적 책임이라는 말로도 포장되어서는 안 된다.

국민의힘이 윤석열 전 대통령과의 결별을 선언하려면 그와의 정치적 공모 관계를 끊어야 한다. 그 첫 번째 단계가 바로 인적청산이란 것이다. 지금도 윤석열 정권의 그림자를 등에 업고 당을 흔드는 자들이 있다면 그 누구라도 과감히 쳐내야 한다. 혁신을 위해서는 그 누구에게도 면죄부를 줄 수 없다. 탄핵 정국을 떠올릴 때 가장 먼저 떠오르는 얼굴들이 그대로 당에 남아있다면 국민은 결코 국민의힘에 마음을 주지 않을 것이다.

혁신위원회의 존재 목적은 분명하다. 국민의 눈높이에 맞는 새로운 정당으로 변화시키는 것이 그 목적 아니겠는가. 그 눈높이는 가혹할 만큼 높아졌고, 이제는 반성과 용서를 기대하지 않는다. 선을 넘어도 한참 넘었고, 도를 넘어도 한참 넘었다. 국민이 원하는 건 정치적 단죄와 과감한 인적 쇄신이다. 윤 위원장이 거론한 인물들이 당의 미래를 논할 자격이 있는지 되묻는 것이야말로 당 전체가 자정 능력을 회복하려는 최소한의 몸부림이다.

보수는 본래 책임과 도덕, 자기 혁신에 능한 정치다. 그러나 지금의 국민의힘은 그 본질로부터 멀어져 있다. 반성과 변화 없는 정당은 결국 역사 속으로 사라질 뿐이다. 윤 위원장의 발언이 바람을 일으키려면 지도부와 현역 의원들, 당원 모두가 이 문제의식에 동참해야 한다. 더 이상 침묵해서는 안 된다. 침묵은 윤석열 계엄의 공범이기 때문이다.

지금이 마지막 기회다. 혁신의 진정성을 보여줄 유일한 방법은 국민이 가장 분노했던 그 순간에 가장 잘못된 선택을 한 사람들에게 정중히 그만 두시라고 요청하는 것이다. 그것이 혁신의 출발점이다. 무너진 신뢰는 말이 아닌 행동으로만 회복되는 것이다.

국민의힘이 다시 국민 속으로 돌아가려면 이 고통스러운 수술을 피하지 말아야 한다. 한 시대의 오류를 인정하고 그 책임을 분명히 물을 때, 비로소 보수는 다시 일어설 수 있다. 윤석열의 잔재를 청산하지 않는 국민의힘은 다시는 집권하지 못할 것이다. 이것은 윤석열 계엄과 내란 사태를 생각하면 진리일 뿐이다. 인적청산이 이번 기회에 제대로 이루어지지 않는다면 어떤 보수의 정당이 나타나도 국민의 마음을 얻지 못할 것은 명백한 것이다.

## 국민의힘 의원들과 당원 여러분께 드리는 편지 ⑴

 한 정당이 국가의 미래를 바꿀 수 있다고 생각합니다. 그래서 정치학자들은 정당을 단순한 정치 기구가 아닌 민주주의의 핵심 축으로 바라보고 있는 것이지요. 이탈리아의 사상가 안토니오 그람시는 정당을 가리켜 현대의 군주라 불렀습니다.

 그가 말한 군주는 단지 권력을 움켜쥔 권력자가 아니라, 시대의 질서를 만들고 시민의식을 길러내는 역사적 주체였습니다. 미국의 정치학자 샤츠슈나이더는 정당을 민주주의의 창조자라 했지요. 선거만을 위한 도구가 아니라 공동체의 합리와 다수를 대변하는 제도적 매개체로 보았던 것입니다.

 그러나 오늘의 국민의힘을 둘러싼 평가에서 보자면 말입니다. 이 위대한 호칭들이 어울릴 수 있을까요? 공당(公黨)이라면 응당 시대정신을 읽고 민심을 수렴하며, 무엇보다 권력을 위임한 유권자에게 설명책임(accountability)을 다해야 합니다. 하지만 지금의 국민의힘은 시대정신에서 한참이나 뒤처져 있고, 민심과의 거리는 갈수록 멀어지고 있지 않습니까? 대체 왜 이러는 것입니까? 제발 정신 바짝 차리십시오. 정당이란 것은 오직 당원 여러분들만이 향유하는 것은 아닌 것입니다. 그 당을 바라보고 지지하며 간혹 쓴 소리를 하는 국민의 소유인 것입니다. 그런데 그들을 위한 어떤 정책 실패나 정치적 실책에 대해 책임지는 모습은 찾아보기 어렵습니다.

 국민의힘은 권위주의 시절의 잔상을 아직도 지니고 있는 듯 보입니다. 이 당이 계승해온 전통은 산업화와 성장이라는 한 축에서 의미를 가지지만, 동시에 민주주의와 인권에 대한 탄압, 정경유착, 군부독재라는 어두운 그림자 또한 함께합니다.

 국민은 과거를 반복하길 원하지 않습니다. 그럼에도 최근의 당 운영은 오히려 역행하고 있다는 평가를 받고 있습니다. 특정인의 충성경쟁으로 당이 사유화되는 현실, 민생보다 검찰 권력에 더 가까웠던 윤석열 정책 노선을 고수하는 태도는 실망과 회의를 낳았습니다.

 혹자는 묻습니다. 국민의힘은 과연 누구를 위해 존재하는가? 정당은 다수의 민심을 대변하고 시대의 상식을 제도화해야 합니다. 하지만 최근 몇 년간의 행보를 보면, 당내 권력자에게만 눈치 보며 정작 다수 국민의 목소리는 외면한 채로 흘러가지 않았습니까?

 대통령의 권력에 기대어 존재감을 유지하는 정당은 오히려 퇴행의 정당입니다. 민주당 역시 그런 정당으로 존재한다면 오래 갈 수 없을 것입니다. 강한 리더십은 필요하되 그 리더십은 국민과의 관계를 기반으로 해야지 단일 권력의 명령에 복종하는 구도로 이어져선 안 됩니다.

 그렇기에 이제는 당 운영방식부터 근본적으로 바꿔야 합니다. 당내 민주주의를 회복하고, 비상대책위원회를 진정한 의미의 비상기구로 만들어야 합니다. 윤핵관 중심의 사적 권력놀음이 아니라 당 밖의 상식 있는 전문가, 시민사회, 젊은 세대, 심지어 그동안 당을 비판했던 목소리까지 포용했어야만 변화는 가능했을 것입니다.

국민의힘이 정말 민심을 의식하고 있다면 이제라도 쇄신은 간판을 바꾸는 일이 아니라 근본을 바꾸는 작업이라는 것을 알아야 합니다. 이 당의 한 구성원이 당시 이런 말도 했습니다. 정권교체를 했는데, 나아진 게 뭐냐? 국민 다수가 공감하는 질문입니다. 오히려 사회는 더 양극화되고, 물가는 치솟고, 언론은 위축되고, 검찰은 앞장서 정치에 개입하고 있지 않았습니까? 시민이 체감하는 민주주의의 온도는 더 낮아졌습니다. 그 책임에서 국민의힘은 자유로울 수 없었고, 결국 국민의 외면을 직격탄처럼 맞고 말았습니다.

진정한 보수는 변화를 두려워하지 않습니다. 보수는 원칙을 지키되 시대의 요청에 민감하게 반응하며, 국민의 신뢰를 통해 제도적 안정을 이끄는 정치세력입니다. 하지만 지금의 국민의힘은 변화보다는 방어에 치중하고, 국민의 비판을 외면한 채 당내 권력 싸움에 몰두하고 있습니다. 이대로라면 더 이상 국민의 이름을 당명에 걸 자격도 없습니다. 국민은 정당이 거짓말하지 않기를 자기 말에 책임지기를, 자기 성찰을 하기를 바랍니다. 사자와 여우의 지혜를 겸비한 정당이라면 지금 이순간 자기 자신을 돌아봐야 합니다.

우리는 지금 전환의 시대에 살고 있으며, 과거의 방식으로는 더 이상 민심을 얻을 수 없습니다. 변화의 요구는 거세고 그 흐름에 저항하는 세력은 결국 도태될 것이기 때문입니다.

국민의힘 의원과 당원 여러분!

정당의 위기는 곧 정치 전체의 위기입니다.

국민의힘이 진정으로 시대의 지혜와 책임을 갖춘 현대의 군주가 되고자 한다면, 지금부터라도 기득권을 내려놓고, 외부의 소리와 내부의 양심을 받아들이는 개방의 정당으로 거듭나야 합니다.

국민은 이미 오래전부터 기다리고 있습니다. 보수의 재건이 아니라, 보수의 재탄생을 말입니다. 제발 이런 정당으로 변모하여 주시길 당부드립니다.

## 국민의힘 의원들과 당원 여러분께 드리는 편지 ⑵

이제는 누구나 알고 있습니다. 윤석열 전 대통령을 대통령 후보로 발굴하고, 그의 집권을 도왔던 결정이 국민의힘의 가장 큰 패착이었다는 사실을 말입니다. 정치적 카리스마도 없고, 국정 운영의 경험도 전무했던 한 검찰총장을 대통령으로 만들어낸 그날부터 국민의힘은 이미 정당의 본령을 벗어나기 시작했습니다.

그 선택이 초래한 결과는 실로 참담했습니다.

그는 끝내 헌정 질서를 파괴하고

국민을 상대로 계엄령을 꺼내드는 반헌법적 결단을 내렸습니다.

그리고 그 혼란의 중심에 집권 여당인 국민의힘이 침묵으로 동조하고 있었 습니다.

정당은 권력의 거울입니다.

집권 여당은 대통령의 폭주를 견제하는 최소한의 브레이크 역할을 해야 합니다. 그러나 국민의힘은 오히려 브레이크가 아니라 가속페달을 밟는 데 더 열심이었습니다.

윤석열 정권의 부당함에 침묵했고, 오히려 그를 강력한 지도자라 부르며 옹호했습니다. 공포 정치의 신호탄이 된 계엄령 시도 앞에서도 국민의힘은 외면하거나 도망쳤습니다. 국민의 대표가 아닌 대통령의 친위대로 스스로를 축소한 셈입니다. 만약 국민의힘이 비상계엄 해제 결의안에 자발적으로 동참하고, 국회의 책무를 다하며 국민 편에 섰더라면 사정은 달랐을지도 모릅니다.

　국민은 언제나 정치인의 완벽함을 기대하지 않습니다. 다만 잘못된 권력 앞에서 눈을 감지 않고, 옳은 일에 최소한의 용기를 내주는 진심을 보고 싶어 합니다. 그러나 그날, 국민의힘 의원 대다수는 회의장에서 자취를 감췄고, 국회 의결에서 외면당한 민심은 오래 기억될 상처가 되었습니다. 그 결과는 참담했습니다. 윤석열 전 대통령은 탄핵을 당했고, 지금은 형사재판에 서 있는 신세가 되었습니다. 그러나 문제는 끝나지 않았습니다. 탄핵과 재판이 남긴 가장 큰 그림자는 국민의힘 자체에 드리워졌습니다.

　국민의힘이 대통령을 통제하지 못했고, 국민 대신 권력에 무릎을 꿇었으며, 정당으로서의 존재 이유를 스스로 저버렸다는 역사적인 사실이 기록된 것입니다. 더 큰 문제는 그 후에도 이어지고 있습니다. 탄핵 이후에도 당은 근본적인 반성과 쇄신 없이 여전히 친윤과 비윤, 찬탄과 반탄이라는 말장난 속에서 정체성을 잃고 있습니다. 권력과 권력의 그림자에만 집착한 나머지 민생과 헌정, 정치의 본질은 관심 밖으로 밀려났습니다. 서로를 향해 칼날을 세운 채 분열하고 당의 명운을 당내 세력 다툼에 내맡기고 있는 모습은 국민의 눈에 더 이상 기대의 대상이 아닙니다.

　국민은 알고 있습니다. 이 당이 지금도 윤심을 기준으로 줄을 세우고 있다는 것을 말입니다. 대선 이후로도 제대로 된 반성과 재건의 노력을 보여주지 않았다는 것을 말입니다. 그래서 지금 국민의힘은 보수라는 이름을 갖고 있지만, 그 보수적 가치조차 지켜내지 못하고 있지 않는 것입니다. 보수가 말하는 공동체, 질서, 책임이라는 가치가 진정 무엇인지 다시 되새겨야 할 때입니다.

정당은 시대정신을 반영해야 하고, 민심과 함께 걸어야 합니다. 정당은 권력을 쥐고 있는 한 사람을 위해 존재하는 것이 아니라, 그 권력이 오만해질 때 견제하고 민의를 대변하는 수문장이어야 합니다. 지금 국민의힘은 이 모든 역할에서 실패하고 있습니다. 그러나 회복의 기회는 아직 남아 있습니다. 그 기회는 윤석열의 그림자에서 벗어날 수 있는 용기에서 시작될 것입니다.

국민의힘이 다시 국민의 마음을 얻기 위해서는 지금의 자신을 온전히 부정할 수 있어야 합니다. 그때 우리는 틀렸었다는 인정 없이는 새로운 길이 열리지 않습니다. 모든 당원과 의원이 한목소리로 말할 수 있어야 합니다. 우리는 국민이 원하는 정치에 복무하겠다. 그 선언이 없다면 이 정당은 서서히 그리고 확실히 사라질 운명을 피할 수 없습니다.

국민의힘이 진심으로 국민의 정당으로 거듭나기를 바랍니다. 윤석열이라는 불행한 선택을 정직하게 성찰하고, 더 늦기 전에 당의 근본을 재구성해야 합니다. 그것만이 이 당이 살아남을 유일한 길이지 않겠습니까? 이것이 민주주의의 위기를 막는 최소한의 조건이 될 것이라고 확신합니다.

## 보수정치의 오래된 실패를 넘어서


존경하는 대통령님!

감히 한 정당의 역사와 그 정치적 궤적을 성찰하는 편지를 올리고자 합니다. 국민의힘, 그리고 그 이전의 자유당, 공화당, 민정당, 신한국당, 한나라당, 새누리당으로 이어져 온 대한민국 보수정당의 실상에 대해 대통령님께 고합니다. 이 정당은 스스로를 안보와 경제의 정당이라고 자임해왔지만, 실제 역사에서 이뤄온 것은 억압과 불통, 불평등의 누적이었습니다.

1960년대 박정희 정권은 군사 쿠데타로 시작되어 경제개발 5개년 계획을 통한 산업화를 추진했습니다. 한강의 기적이라 불리는 경제성장이 있었던 것은 사실이나, 그것은 자유와 인권, 민주주의를 억압하는 대가 위에서 이루어진 번영이었습니다.

긴급조치, 유신헌법, 언론 통제, 고문과 조작의 시대가 만연했지요. 그 안에서 국민의 피눈물은 국책이라는 이름 아래 덮이지 않았습니까? 결국 1979년 박정희 대통령은 부하의 총에 의해 살해당했습니다. 그 폭력적 권력의 종말은 그 체제 자체가 지닌 위선과 한계의 결과였지요.

그리고 곧바로 전두환 정권이 군부 쿠데타로 등장했습니다. 그 정권은 민주주의를 원천 봉쇄하고, 광주에서 무고한 시민을 학살하는 반헌법적 만행을 저질렀습니다. 질서 회복이라는 이름으로 행해진 학살은 한국 현대사 최악의 국가 폭력이었습니다.

노태우 정권은 형식상 직선제 대통령이었으나 실상은 쿠데타 세력의 연장선이었습니다. 민주주의를 외쳤지만, 여전히 반대 세력을 억압하면서 군과 검찰, 경찰을 정치에 악용하는 관행은 이어졌습니다. 국민의힘은 그 뿌리를 이런 군부 권력과 결합된 세력으로부터 물려받았음에도 오늘날 스스로를 개혁이라 말합니다.

김영삼 정부는 3당 합당이라는 정치적 야합을 통해 출범했습니다. 그 결과 민주당 세력은 분열되고 군부와 민간 권력이 결탁한 이상한 형태의 정부가 탄생했습니다. 그 정부의 말로는 참담했습니다. IMF 경제위기, 그 이름만으로도 수많은 국민이 기억하는 고통의 시작이었습니다. 무너진 기업, 폭등한 실업률, 가정 파탄, 주택 경매 등 사방에서 문제가 터졌지요. 대통령 한 사람의 실패가 국민 모두의 눈물로 되돌아온 사건 아니었겠습니까?

이후 박근혜, 이명박, 윤석열에 이르기까지 국민의힘 계보는 끊임없이 과거를 반복해왔습니다. 민생보다 이념, 서민보다 대기업, 책임보다 회피의 정치를 택해왔습니다. 특히 박근혜 정부는 세월호 참사 대응 실패, 최순실 국정농단이라는 역사적 부끄러움을 남기고, 결국 탄핵이라는 헌정사 초유의 사태로 정권을 마감했습니다.

윤석열 정권은 문재인 정부에 대한 보복 수사와 갈등 정치에 몰두한 결과, 민생은 뒷전이 되었습니다. 금리는 치솟고, 부동산 시장은 폭락과 폭등을 오가며 극단적 양극화를 초래했습니다. 자영업자는 대출로 연명하고, 청년은 미래를 잃었으며, 국가 신뢰도는 추락했습니다. 검찰권으로 통치하던 시대에 국민은 지쳐갔습니다.

보수정당은 늘 안보를 외쳐왔습니다. 그러나 실제로는 남북 긴장을 고조시키며 대북 정책을 국내 정쟁 수단으로 삼았습니다. 평화와 통일에 대한 중장기적 비전은 없고, 단기적 정치 이득만 추구해왔습니다. 외교 역시 미국 일변도의 종속 외교에 치우쳐 국민의 자존감을 떨어뜨렸습니다.

그들은 입으로는 시장경제를 말하면서도 실제로는 재벌 특혜와 규제 완화라는 미명 아래 경제 불평등을 심화시키지 않았습니까? 감세와 구조조정, 공공부문 축소는 국민 복지와 안전망을 해체시켰고, 그 결과는 고스란히 서민의 몫이 되었습니다.

지금의 국민의힘은 여전히 과거의 그림자를 벗지 못하고 있습니다. 그들은 국민이 보내는 불신과 냉소를 정치공작으로 돌려세우고, 민생의 외침을 선동이라 부릅니다. 정작 자신들의 과오는 반성하지 않고, 민주주의의 전당인 국회를 싸움터로 만들고 있습니다.

존경하는 대통령님, 지금 우리는 이 거대한 과거의 그림자를 넘어야 할 시간 앞에 서 있습니다. 단 한 번도 자신들의 역사에 책임지지 않았던 이들이 다시 나라의 미래를 말하는 것은 위선입니다. 과거에 눈감은 정치는 미래에 눈먼 정치입니다.

대통령님께서 이 보수정치의 실패를 깊이 통찰하시어 국민 앞에 진정한 회복의 정치, 책임의 정치, 민생의 정치를 보여주시길 바랍니다. 이제는 과거를 반복할 수 없습니다. 국민은 더 이상 속지 않습니다. 그리고 더 이상 아파할 여유도 없습니다. 이제 역사 앞에 당당한 대통령으로 기억될 수 있는 길을 걸어주시길 간절히 바랍니다.

## 제9장
## 국민도 깨어 있어야

정신을 깨우는 나라, 깨어 있는 국민

광장에 선 교회, 권력에 취한 신앙 _ 전광훈과 종교의 정치화

내란의 기억 _ 12월 3일, 윤석열과 대한민국의 균열

자본시장의 신뢰를 위협한 사모펀드 꼼수 _ 방시혁 고발 사건의 본질

권력의 남용과 여론조사의 민낯 _ 김건희, 윤석열, 그리고 브로커 명태균

권성동과 통일교 _ "정치와 종교, 위험한 밀월(蜜月)"

## 정신을 깨우는 나라, 깨어 있는 국민

정신을 차린 민심만이 역사를 발전시킨다. 왜 지금 이런 얘기를 하는지 글을 쓰면서도 가슴은 몹시 슬프고 안타깝게 생각합니다.

해방 이후 대한민국의 현대사는 피와 눈물, 그리고 수많은 선택의 갈림길로 점철되어 있습니다. 그 과정에서 우리 사회를 옭아맨 굵은 줄기 중 하나가 바로 학연과 지연이었습니다. 어느 대학 출신인지, 어느 지역에서 태어났는지가 사람의 능력보다 앞서는 풍토는 산업화 시대와 민주화 시기를 거쳐 지금까지도 완전히 사라지지 않았다는 것입니다.

선거철이 되면 학연·지연의 사슬이 더욱 또렷하게 드러난다. 특정 후보가 우리 고향 사람이라는 이유 하나만으로 표를 몰아주는 행태는 아직도 지역주의의 유령이 이 땅을 떠나지 않았음을 증명하고 있습니다. 이 고리를 끊지 못한다면, 대한민국은 더 이상 앞으로 나아갈 수 없는 것입니다.

정치인들의 세 치 혀끝은 때로 국가의 방향을 바꾸는 무기가 됩니다. 그러나 그 무기는 진실을 위해 쓰일 수도 있고, 권력욕을 위해 왜곡될 수도 있습니다. 지난 수십 년간 정치판을 지켜본 이들은 알 것입니다. 거창한 약속과 그럴듯한 수사(修辭)가 선거철만 되면 거리마다 흩뿌려졌지만, 선거가 끝나면 그 말들은 종잇조각처럼 버려졌습니다.

유권자가 그 말에 현혹될수록 정치인의 거짓은 더 정교해지고 결국 그 거짓이 우리 민주주의의 근간을 좀먹고 있습니다. 이제는 달라져야 합니다. 말보다 기록과 행동을 보고 판단하는 국민이 많아져야 한다는 것입니다.

물론 예전보다는 나아진 부분도 있다. 군사독재 시절처럼 노골적인 지역 차별이나 공포 정치가 횡행하지는 않습니다. 하지만 문제의 뿌리는 여전히 남아 있습니다. 선거 결과에 불복하며 음모론을 퍼뜨리는 세력, 역사적 비극이 될 수도 있었던 계엄령 시도를 정당했다고 주장하는 일부 인사들, 그리고 이를 무비판적으로 수용하는 사람들은 과거의 잘못을 반복하는 위험한 집단 기억을 재생산하고 있다는 것입니다.

특히 윤석열 전 대통령 시절 거론됐던 12·3 계엄령논란은 민주주의 사회에서 결코 가볍게 다룰 수 없는 사안입니다. 계엄은 국가의 헌정질서를 잠정 중단시키고 군이 치안을 장악하는 비상체제이기 때문입니다.

계엄령 선포는, 헌법이 보장한 권리와 자유가 한순간에 사라질 수 있는 무서운 장치입니다. 그런데도 이를 필요했다고 정당화하는 목소리가 아직도 존재하고 있습니다. 윤석열은 어떻게든 전쟁을 일으켜보려고 작정한 사람이다는 것을 행저을 통해 알 수 있었습니다. 이것은 단순한 의견 차이가 아니라 헌정질서에 대한 위험한 인식이며, 이를 정당화하려는 시도는 반드시 경계해야 한다고 생각합니다.

더욱 심각한 것은, 이러한 왜곡된 주장들이 유튜브나 SNS를 통해 빠르게 확산된다는 점입니다. 전한길 같은 유튜버들이 부정선거를 옹호하거나 허위 사실을 유포하는 것은 그 자체로 민주주의를 위협하는 행위입니다.

사람들은 자극적인 제목과 확신에 찬 어조에 이끌려 유튜브 영상을 끝까지 보고 마치 그것이 진실인 양 받아들입니다. 그러나 사실 검증 없는 믿음은 독이 될 뿐입니다. 그것은 국가를 병들게 하고 시민사회를 분열시키며 결국 권력을 감시할 힘마저 약화시키는 것입니다.

이럴 때일수록 국민은 일희일비하지 않는 태도를 지녀야 합니다. 정보의 진위를 가리기 위해 다양한 출처를 확인하고, 정치인의 말과 행동이 일관되는지를 검증해야 합니다. 단 한 번의 화려한 연설보다 평범한 일상 속에서 보여주는 원칙 준수가 더 큰 신뢰의 근거가 된다는 점을 잊어선 안 될 것입니다. 한 세대가 정신을 차리지 못하면 그 대가는 다음 세대가 고스란히 떠안게 됩니다.

역사를 보면 깨어 있는 국민만이 부패한 권력을 견제했다. 유럽의 시민혁명도, 영국의 식민지에서의 미국의 독립도, 우리나라의 4·19혁명과 6월항쟁, 5.18 광주민주화운동도 결국 시민의 각성에서 비롯됐습니다.

만약 당시 시민들이 정치란 원래 더러운 것이라며, 무관심으로 일관했다면, 지금 우리가 누리는 자유와 권리는 없었을 것입니다. 오늘의 무관심은 내일의 불행이 된다. 정치적 무관심은 결코 중립이 아니며 기득권 세력에게 면죄부를 주는 행위라고 할 수 있습니다.

우리는 지금 전환기의 한가운데 있습니다. 고도화된 정보화 사회, 급변하는 국제 정세, 그리고 그 안에서 벌어지는 국내 정치의 혼란 속에서 국민이 선택해야 할 길은 분명합니다. 학연·지연에 휘둘리지 않고, 혀끝의 약속이 아니라 실질적인 성과와 도덕성을 기준으로 지도자를 뽑아야 합니다. 동시에 허위정보와 정치 선동에 맞서 스스로 정보를 검증하는 능동적 시민이 되어야 합니다.

마지막으로 우리는 후손들에게 어떤 나라를 물려줄지 스스로 물어야 합니다. 좁은 이해관계에 얽매여 사실을 왜곡하고, 권력 앞에 침묵하며, 거짓 정보에 흔들리는 나라를 물려줄 것인가. 아니면 비판적 사고와 공동체 의식을 가진 시민들이 서로의 의견을 존중하며 토론하고, 권력을 감시하며, 진실을 추구하는 나라를 물려줄 것인가. 그 선택은 바로 지금 우리의 손에 달려 있다고 생각합니다.

후손들이 역사의 책장을 넘기며 그 시절, 우리 조상들은 깨어 있었다고 말할 수 있도록 해야 합니다. 그것이 바로 오늘 우리가 가져야 할 책임이고, 의무라는 것입니다.

민주주의는 결코 완성품으로 주어지지 않습니다.

그것은 매 순간 깨어 있는 시민의 손으로 지켜져야 하는 살아 있는 약속이기 때문입니다. 인류의 헌장이라 인식되는 세계인권선언은 1600차례의 회의를 통해 의견을 나누었습니다. 하나의 보장된 인류의 인권을 보장하기 위해 엄청난 노력의 결실로 오늘의 국제인권 장전을 만들어 놓았습니다. 우리 대한민국 역시 지금 이렇게 노력하지 않으면 후손들에게 향후 무엇을 물려줄 것인지 가늠할 수가 없습니다. 국민여러분 일부 몰지각 한 정치인들의 세치 혀 끝을 우리 모두가 잘 감시를 해야 할 때입니다.

# 광장에 선 교회, 권력에 취한 신앙
_ 전광훈과 종교의 정치화

대한민국 헌법은 명확히 규정하고 있습니다.

국교는 인정되지 아니하며, 종교는 정치로부터 자유로워야 한다고 말입니다. 그러나 오늘 우리가 목도(目睹)하는 현실은 이 원칙이 송두리째 흔들리는 장면입니다.

사랑제일교회 전광훈 목사, 그는 더 이상 단순한 목회자가 아닙니다. 그는 집단을 이끄는 선동가입니다. 그리고 정치의 중심을 노리는 세력가이면서 종교의 이름으로 광장을 점령한 권력의 또 다른 얼굴인 것입니다.

정치적 신념은 누구에게나 있습니다. 목회자에게도 예외일 수 없습니다. 그러나 전광훈 목사의 정치개입은 단순한 신념 표현의 수준을 훨씬 넘어서고 있습니다. 그는 십자가를 정치도구로 바꾸었습니다. 그런가 하면 나아가 설교를 정치연설로 변질시켰으며, 교회를 광장 동원의 병참기지로 삼았습니다.

이 모든 것이 신앙의 이름으로 포장되었던 것입니다. 하나님을 팔아서 국민을 선동한 것입니다. 이것들은 하나님의 뜻이라는 미명 아래서 강행되었습니다. 여기서 우리는 다음의 말을 묻지 않을 수 없습니다. 이것이 진정한 종교의 길인가요?

광화문에서 열리는 그의 집회는 언제나 교회 헌금으로 시작된다는 소문이 파다했습니다. 사랑제일교회 신도들은 조직적으로 동원되고, 집회 현장에는 수많은 물자와 장비, 무대와 방송장비가 등장합니다.

이는 단순한 시민 참여를 넘어선 체계적이고 지속적인 정치 프로젝트입니다. 이쯤 되면 국가기관의 정밀한 조사가 필요하다고 판단됩니다.. 교회 자금의 흐름, 헌금의 사용처, 동원된 인력의 비용은 어디서 나오는지 속속들이 밝혀야 한다는 것입니다.

그런데도 세무당국은 침묵하고 있습니다.

종교의 자유를 이유로 교회의 회계는 성역처럼 방치되어왔습니다. 그러나 자유는 결코 면죄부가 아닙니다. 자유는 책임을 전제로 할 때에만 보호받을 수 있습니다.

전광훈 목사가 경영하는 사랑제일교회는 더 이상 순수한 종교 단체가 아닙니다. 정치 선동, 광장 집회, 반국가적 언동과 요설, 세력 결집의 중심이 되었습니다. 그렇다면 이는 국민의 세금과 국법의 감시를 피해갈 수 없는 대상이라 할 수 있습니다.

전광훈 목사 그는 문재인을 끌어내려야 합니다. 윤석열을 하나님이 보냈다. 이런 망언으로 정치적 편향을 노골화했습니다. 특정 정치인을 지지하거나 반대하는 수준을 넘어서 정권교체와 내란을 선동하는 수준의 언행은 종교의 경계를 훌쩍 넘어섰습니다.

전광훈 목사 그는 국가 전복을 꿈꾸었습니다.

그것도 하나님의 뜻이라며, 신도들을 세뇌하듯 몰아갔습니다. 이는 단순한 종교 행위가 아닙니다. 사실상 반헌법적 쿠데타 시도의 일환이었습니다. 교회의 목적을 외면하면서 우리 사회를 교란의 장에 빠지도록 만들었습니다.

더 큰 문제는 이러한 극단적 종교 권력이 일정 부분 현실 정치와 연결되어 있다는 사실입니다. 일부 정치인들은 그를 기독 우파의 상징이라며 존중하고 있습니다. 가만 보면, 선거 때만 되면 그의 집회를 찾는 경향도 아주 많다는 것입니다.

정치인은 표를 원하고, 전광훈은 은밀히 영향력을 원하는 행태를 보이고 있다는 것입니다. 이 기묘한 결탁은 결국 건강한 정치도, 순수한 신앙도 훼손하는 결과로 이어지고 있습니다. 국민이 잃는 것은 민주주의의 품격이고, 신도들이 잃는 것은 참된 신앙이 아니겠는지요.

종교의 힘은 신념에서 나옵니다. 그 신념이 순수하고 내면적일 때 종교는 사람을 치유하고 사회를 안정시킬 것입니다. 그러나 그 신념이 왜곡되고 정치의 욕망과 결합할 때, 종교는 무서운 권력으로 변모하는 것입니다.

전광훈 현상은 바로 그런 위험한 변질의 전형이다는 것입니다. 한국교회가 이 사태를 방관한다면 전체 교회가 그 대가를 치르게 될 것은 분명한 사실입니다. 교회의 영역을 넘어, 우리 한국 사회가 혼탁하게 변할 것입니다.

지금이라도 국세청과 검찰은 철저한 조사를 시작해야 합니다. 종교의 자유는 보호돼야 하지만 그 자유가 불법을 가리고 범죄를 은폐하는 데 악용되어서는 안 됩니다. 특히 헌금이라는 이름으로 걷힌

자금이 정치집회, 폭력행위, 허위선동에 사용되었다면 이는 명백한 법 위반이라 할 수 있습니다. 교회가 정치세력화의 전진기지로 활용되는 현실은 결코 묵과해서는 안 될 민주주의의 적신호인 것입니다.

사랑제일교회의 실체를 밝히는 일은 단순히 한 종교인의 일탈을 넘어서 이 땅의 종교와 정치의 건강한 분리를 위한 출발점입니다. 교회는 교회다워야 하며, 목사는 목사다워야 합니다. 교회 강단이 선동의 무대가 되고, 하나님의 이름이 정권 쟁취의 구호로 전락하는 순간 신앙은 무너지고 사회는 병이 듭니다. 우리는 이제 물어야 합니다. 전광훈 목사는 정말로 목사인가, 아니면 정치가며 선동가인가를 반드시 물어야 합니다.

국민은 종교의 순수성을 요구할 권리가 있습니다.

정치는 신성불가침이 아니라 공공의 질서 안에서 관리되어야 할 제도입니다. 지금 필요한 것은 분노가 아닙니다. 냉철한 감시, 헌법적 가치에 따른 조사, 그리고 제도적 개혁입니다.

사랑제일교회에 대한 세무조사, 자금추적, 정치집회 관련법 적용은 단순한 법 집행이 아니라 민주주의의 생명줄을 지키는 일입니다. 지금 우리는 이 일을 하지 않으면 안 됩니다. 지금 바로 잡지 않으면 이런 병폐는 한 세기를 넘어서도 지속될지 모릅니다. 생각하면 아득하고 위험천만한 일이 아닐 수 없는 것입니다.

전광훈 목사, 그는 국가를 위기로 몰아넣고, 국가 체재를 무너뜨리기 위해 시민들을 선동하는 사람, 그는 목사의 탈을 쓴 악마였습니다.

## 내란의 기억

_ 12월 3일, 윤석열과 대한민국의 균열

지난해 겨울, 정확히는 2024년 12월 3일입니다. 대한민국 현대사의 방향을 뒤바꿔 놓은 사건이 발생했습니다. 윤석열 당시 대통령이 내란을 일으킨 날이었습니다.

윤석열은 대통령이란 직책을 방패 삼아서 헌법을 유린하고 민주주의의 심장을 겨눴던 그 날을 생각하면 지금도 아득하며 등골에 땀이 송알송알 맺힙니다. 우리는 그날을 아직도 무서운 트라우마 같은 것으로 기억하고 있습니다. 그리고 마침내 2025년 4월 4일, 헌법재판소는 윤석열을 파면했습니다. 사법의 시간은 늦었지만 국민의 상식은 결코 늦지 않았습니다.

그러나 여전히 풀리지 않는 의문이 있습니다. 왜 하필 12월 3일이었을까? 시점의 선택, 그것이 내란의 목적만큼이나 중요했다면 우리는 그 타이밍의 정체를 파고들 필요가 있습니다. 그렇지 않겠는가.

명태균 게이트의 정점에서 뉴스타파라는 언론은 그 의문에 하나의 이름을 제시했습니다. 명태균 게이트가 바로 그 이름입니다. 이 스캔들은 단순한 정치 공방이 아닙니다. 대통령과 그의 부인이 대선을 앞두고 불법적인 여론조사를 공짜로 제공 받는다는 엽기적인 얘기. 무서운 범죄가 아닐 수 없는 것입니다. 그 댓가로 국회

의원 공천이라는 막대한 권력을 사적으로 유용한 국가 질서의 근간을 흔드는 범죄라고 할 수 있습니다.

2021년 가을이던가. 당시 국민의힘 대선 후보 경선이 한창이던 시기였을 것입니다. 김건희는 한 사람에게 메시지를 보냈습니다. 명태균, 정치 컨설턴트이자 여론조사 전문가인 그는 자체조사를 언급하며, 대세론을 흔들 수단을 제공했던 것입니다. 이후 비공식 여론조사 결과가 윤석열 후보에게 직보되었고, 텔레그램 메시지, 카카오톡 캡처, 통화 녹취 등등…… 그 모든 것이 공짜 여론조사가 단순한 호의가 아닌 정치자금이었다는 증거다는 것이 밝혀졌습니다.

여기서 문제는 단순한 불법 수수에 그치지 않는다는 것입니다. 윤석열은 대통령이 된 후, 명태균에게 선물을 건넸습니다. 바로 공천권이었습니다. 명태균은 김영선 후보를 공천받게 하려고 직접 김건희, 윤석열에게 전화해 요청하고, 실제로 이를 관철시켰습니다. 윤석열은 이를 두고 "김영선이를 좀 해줘라"라고 말했고, 이 육성은 훗날 온 국민의 귀에 울려 퍼졌습니다. 수치스러운 목소리가 역사 속에 남게 된 아이러니라고 할 수 있겠습니다.

검찰은 이미 지난해 봄부터 윤석열 부부와 명태균 사이의 불법 공모 정황을 포착하고 있었던 것입니다. 수천 개의 통화 녹취파일, 수백 건의 메시지 캡처. 그러나 침묵했습니다. 정권과 권력의 한가운데 서 있는 윤석열이 수사 대상이라는 현실을 외면한 것입니다.

그러던 중 2024년 10월 31일이던가. 윤석열 본인의 육성 파일이 공개됐습니다. 공천 개입을 증명할 수 있는 엄청난 육성이었습니다. 이것은 곧 댓가성 발언으로 모든 퍼즐이 맞춰졌던 것입니다. 국민의힘 내부조차 흔들리기 시작했습니다. 당시 국민의힘 대표였던 한동훈은 국민 앞에 진실을 밝히라며 윤석열을 사실상 겨냥했습니다. 야당은 특검을 요구했고, 여론은 들끓었으며 검찰은 슬그머니 수사 방침을 바꾸는 듯한 태도를 보였습니다.

그날 밤, 윤석열은 명태균의 황금폰이 공개된다는 뉴스를 지켜봤을 것입니다. 12월 2일 밤, 그는 결심했을지도 모릅니다. 내일 더 큰 사건으로 자신의 범죄를 덮어버리겠다고 말입니다. 그러나 그 첫 단추가 잘못 끼워진 순간이었던 것이었습니다.

그리고 바로 다음 날 12월 3일, 그 평화롭던 대한민국 땅에 계엄이 선포되었습니다. 즉 내란이 발생했던 것입니다. 쿠데타, 윤석열이 일으킨 내란은 단순한 계엄령 선포도 일회성 군사 동원이 아니었습니다. 그는 헌법을 뒤엎고, 비상조치를 통해 언론을 통제하고, 야당을 탄압하며 자신의 범죄를 감추기 위한 정치적 대전환을 시도했던 것입니다.

윤석열 그는 이렇게 외쳤습니다. "부정선거를 바로잡기 위한 정당한 조치였다." 그러나 이는 사실을 호도하려는 궤변이었습니다. 그가 막으려 했던 것은 민주당이 아니었습니다. 여당 내 비판 세력도 아니었습니다. 그가 막으려 했던 것은 단 하나 진실이었습니다. 명태균의 황금폰에 담긴 수많은 녹음파일과 메시지, 즉 그의 범죄를 증명할 증거가 전쟁의 폭탄보다 더 무섭게 꽂혔던 것이 아닌가 생각을 해봅니다. 그게 터져 나오기 전에 더 큰 사건으로 덮으려 했던 것이 아닐까요.

내란은 범죄입니다. 그러나 윤석열의 내란은 범죄를 은폐하기 위한 또 다른 범죄였고, 그것은 어떤 의미에선 그의 정치 인생의 마지막 절규였는지도 모릅니다. 헌법을 구한 건 시민의 기억이었습니다.

2025년 4월 4일. 헌법재판소는 윤석열을 파면했습니다. 국가원수의 자격을 박탈했던 것입니다. 다수 의견은 명확했습니다. 윤석열은 헌법의 수호자가 아닌 파괴자였습니다. 그는 결국 내란 우두머리가 된 것입니다.

그 과정에서 중요한 역할을 한 것은 어떤 정치 세력도 아닌 기록이었습니다. 통화녹음, 메시지, 이메일, 계좌 이체 내역 등등. 그것들을 파헤친 언론, 특히 탐사보도 매체 뉴스타파의 역할은 결정적이었습니다.

그리고 무엇보다 국민들이 기억하고 있었기에 가능한 일이었습니다. 내란이 일어난 날, 전국 곳곳에서는 비상계엄에 반대하는 촛불이 들렸습니다. 시민들은 침묵하지 않았습니다. 민주주의는 그 침묵하지 않는 다수에 의해 다시 살아났습니다. 지난 박근혜 정부의 탄핵 때와 마찬가지로 촛불의 힘이 민주주의를 지키는 밝은 등불이 되었습니다.

진실은 무덤에 묻히지 않습니다.

이제 다시 돌아보게 됩니다.

왜 12월 3일이었는가?

그건 단지 한 날의 선택이 아니었습니다.

모든 것이 정점에 이르렀던 순간, 윤석열이 자신의 몰락을 막기 위해 선택할 수 있는 유일한 수단이자 동시에 그의 패착이기도 했던 결정적 시간이었던 것입니다.

지금 명태균의 황금폰은 여전히 검찰의 서랍 속에 잠들어 있습니다. 그 안에 담긴 진실이 언제 세상 밖으로 나올지는 모릅니다. 혹은 다시는 나오지 못할 수도 있습니다. 그러나 우리가 기억하고 있다면 진실은 결코 사라지지 않을 것입니다.

민주주의는 한 사람의 영웅이 지키는 것이 아닙니다. 시민들의 눈, 귀, 그리고 기록된 진실이 함께 지켜내는 것입니다. 12월 3일은 그래서 단지 내란이 일어난 날이 아니라, 우리가 무엇을 지키고 있는지를 되새겨야 하는 날로 남아야할 것입니다.

## 자본시장의 신뢰를 위협한 사모펀드 꼼수, 방시혁 고발 사건의 본질

금융당국이 방시혁 하이브 의장을 정조준했는데, 당연한 결과라고 봅니다. 자본시장조사심의위원회는 심의 끝에 방 의장과 하이브 임원 3명, 조력자 1명을 검찰에 고발하기로 의결한 것입니다. 혐의의 핵심은 사모펀드를 통해 특수목적법인(SPC)을 설립하고, 상장 계획을 숨긴 채 지분을 넘기는 방식으로 수천억 원대 부당이득을 취한 정황이라는 것입니다.

사건은 단순한 기업 내부의 도덕성 문제가 아닙니다. 이는 대한민국 자본시장의 신뢰를 무너뜨리는 중대한 범죄행위이며, 공정한 경제 질서를 뒤흔드는 중대한 사건이 아닐 수 없습니다.

공식적으로 하이브 측은 당시 IPO 과정은 법률과 규정을 준수했다는 입장을 고수하고 있습니다. 그러나 금융위원회는 이들이 상장을 염두에 두고도 투자자에게 이를 숨기고, 방시혁 의장 측과 밀접한 관계에 있는 사모펀드가 설정한 SPC로부터 지분을 매입하게 만든 후, 실제로는 약속을 저버리고 상장을 강행했다고 판단했습니다.

이로 인해 SPC는 막대한 매각 차익을 얻었고, 이 중 일부가 방 의장에게 돌아간 것으로 파악되고 있습니다. 방 의장에게 돌아간 이득은 무려 1천 3백억 대로 알려지고 있습니다. 금융위원회가 특정인을 명시하며 이례적으로 고발 결정을 내린 점은 사건의 중대성과 위법성 판단이 이미 상당 부분 이루어졌다는 방증이 아니겠는가.

이 사건의 본질은 단순한 기업 경영의 탈선이 아닙니다. 자유시장 경제의 근간은 정보의 대칭과 공정한 경쟁입니다. 그런데 방 의장과 관련 인사들은 핵심 정보를 은폐하고, 내부자 정보를 바탕으로 이익을 취한 혐의를 받고 있습니다. 이는 명백한 시장 교란 행위로 자본시장의 가장 기본적인 신뢰의 틀을 흔드는 범죄입니다.

투자자 보호의 측면에서도 심각한 문제입니다.

투자자들은 기업의 경영진이 제공한 정보를 믿고 판단을 내립니다.

그런데 그 정보가 거짓이라면 시장 전체가 불신에 휩싸이고 자본시장 자체가 위축될 수밖에 없는 것입니다.

압수수색이 이뤄진 하이브 본사는 단순한 연예기획사가 아닙니다. 대한민국을 대표하는 K-콘텐츠 기업이며, 글로벌 상장을 고려한 기업 중 하나입니다. 이러한 기업의 최고경영자가 자본시장의 공정성을 훼손했다는 혐의는, 글로벌 투자자들에게도 대한민국 자본시장에 대한 우려를 확산시킬 수 있다는 것입니다. 금융감독 당국과 검찰은 이런 점을 직시하고 단순한 연예계 이슈로 축소하지 말고 엄정하고 투명하게 수사해야 할 것입니다.

또한 본 사건은 단지 개인의 일탈로만 볼 수 없는 구조적 문제를 드러내고 있습니다. 사모펀드와 특수목적법인을 악용한 우회 상장 또는 차익 거래 구조는 이미 수차례 문제가 지적돼 왔던 것입니다.

금융시장을 악용해 내부자들만 이익을 취하고, 다수의 일반 투자자들에게 피해를 전가하는 방식은 법적 허점을 악용한 합법 위장 사기와 다를 바 없습니다. 이제는 이러한 구조 자체를 뿌리부터 재점검해야 할 시점입니다.

더불어 주목할 부분은 정부 기관들의 수사 공조입니다. 일부에서는 검찰과 금융당국, 경찰 간의 관할 다툼이나 책임 회피가 우려되지만, 본 사건만큼은 예외가 되어야 합니다. 자본시장에 대한 국민의 신뢰를 지키는 일이야말로 가장 우선적인 가치이기 때문입니다. 공조 수사가 흔들리면 자칫 이 사건이 흐지부지되거나 정쟁의 도구로 이용될 수도 있습니다. 때문에 그러한 시나리오는 반드시 막아야 한다는 것입니다.

한편으로는 스타 경영자 혹은 성공한 창업가라는 후광이 정의의 잣대를 흐리게 해서는 안 됩니다. 시장은 냉정합니다. 그가 K팝 산업의 혁신을 이끌었건 기업가 정신의 상징으로 불렸건 간에 법 앞에서는 평등해야 한다는 것입니다. 사회적 책임을 요구받는 대기업 경영자가 이익만을 추구한 도덕적 해이의 사례가 반복된다면 그 피해는 고스란히 대한민국 경제 전체로 돌아올 것입니다.

방 의장 관련 의혹을 계기로 우리는 자본시장 전반의 사각지대를 되짚어야 합니다. 특히 비상장 기업과 상장 예정 기업의 내부자 거래, 사모펀드의 운영 투명성, SPC를 통한 자산 우회 이전 등이 빈번히 이뤄지는 지금 제도적 허점을 메우는 입법과 감시가 시급하다는 것입니다.

실명제, 투자자 보호 기준 강화, 사모펀드 구조의 사전 심사 체계 등을 도입해야 합니다. 지금의 사안은 단지 한 기업의 비리 차원이 아니라, 자본시장 제도 전반의 균열을 드러낸 경고음이라는 점을 잊어서는 안 될 것입니다.

마지막으로 방 의장 고발 사건은 시장의 자정 능력을 시험하는 리트머스 시험지가 될 것입니다. 만약 이 사건이 흐지부지된다면 향후에도 내부 정보와 구조적 특권을 악용한 범죄는 계속 반복될 것입니다. 반대로 엄정하고 일관된 처벌과 제도 개선이 뒤따른다면 대한민국 자본시장은 한 단계 성숙할 수 있을 것입니다. 우리 사회는 지금 어느 길로 갈지를 선택해야 하는 중요한 지점에 있는 것이며, 국세청과 함께 철저하게 조사해야 할 것입니다.

## 권력의 남용과 여론조사의 민낯

_ 김건희, 윤석열, 그리고 브로커 명태균

민주주의의 핵심은 선거이며 선거의 핵심은 여론입니다. 하지만 그 여론이 조작된다면 우리는 더 이상 민주주의를 말할 수 없습니다. 최근 김건희 특검팀이 파헤치고 있는 공천 개입과 여론조사 조작 사건은 대한민국 정치의 어두운 이면을 보여주는 결정적 사례입니다.

이 사건의 중심에는 정치 브로커 명태균이라는 인물이 있습니다. 그는 이제 특검의 집중 조사를 받고 있으며, 그 입에서 흘러나오는 말 한마디 증언 하나가 정권의 정당성과 윤리성을 뒤흔들고 있습니다.

명태균 씨는 단순한 민간인이 아닙니다. 그는 여론조사업체 미래한국연구소를 운영하면서 2022년 대선을 전후로 80차례가 넘는 여론조사를 윤석열 캠프 측에 무상으로 제공한 혐의를 받고 있습니다. 공짜는 없다는 말처럼 이 여론조사는 정권 핵심부에 대한 일종의 정치적 투자였을지도 모릅니다.

수사에 따르면, 이 조사들이 공천 과정에 영향을 미쳤고, 그 결과 특정 인물들이 국민의힘 공천을 받았다는 사실입니다. 윤석열 전 대통령 부부가 공천 개입에 직간접적으로 관여한 정황이 속속 드러나고 있습니다. 민주주의의 가장 핵심인 여론이 조작되었다는 점에서 분노가 치밀어 오를 수밖에 없는 사건이 아닐 수 없습니다. 공천 개입 의혹이 집중된 사례는 경남 창원 의창 보궐선거입니다. 윤석열 전 대통령은 당시 당선인 신분으로 공천이 발표되기 전날 명 씨에게 김영선이 경선 때부터 열심히 뛰었으니까 김영선이를 좀 해줘라고 말했습니다. 공관위원장이었던 윤상현 의원에게 직접 언급까지 하겠다는 내용도 통화에서 나왔습니다. 문제는 이 발언이 단순한 사적 의견 개진을 넘어 정당 공천에 개입한 정황이라는 점입니다. 이는 현행 공직선거법상 중대한 위반 소지가 있습니다.

특히 이 사건은 김건희 여사와도 직결돼 있습니다. 명 씨는 김 여사가 자신에게 조국 수사 때 김상민 검사가 고생했으므로, "챙겨줘"라는 말을 했다고 밝혔습니다. 공적 기관이 아닌 사적 관계를 통해서 특정 인사의 총선 출마를 거론한 이 발언은 대단히 심각했습니다.

대선 배우자로서의 책임과 중립성을 망각한 행위일 뿐 아니라 정치 생태계 전반을 왜곡할 수 있는 위험한 신호탄이기 때문입니다. 부인의 입김으로 검사 출신 인사가 정계 진입을 시도했다면 그 자체로 국민은 배신감을 느낄 수밖에 없습니다.

정치 브로커의 존재는 어떤 정권에서도 완전히 사라지지 않았습니다. 하지만 이번 사건에서 주목해야 할 것은 이 브로커가 대통령 당선인과 직접 통화를 했다는 점에서 그 위험성이 크다고 할 수 있습니다. 그리고 그 통화에서 공천 논의가 오갔다는 사실만으로 경악할 노릇입니다. 이는 더 이상 단순한 로비가 아닙니다. 정치 시스템 자체가 사적 인맥과 이해관계로 왜곡되고 있다는 증거입니다. 윤석열 대통령 당선인은 정당 내부의 공정한 경쟁을 보장해야 할 책임이 있지만, 이 사건은 오히려 경쟁을 사전에 조율하려 했다는 의심을 낳고 있습니다.

명태균 씨는 특검에 출석하며 사적인 입장보다 공적인 입장에서 협조하겠다고 말했습니다. 진실을 밝히겠다는 그의 말이 얼마나 신뢰할 수 있을지는 아직 판단하기 이릅니다. 그러나 그가 갖고 있는 자료와 증언은 대한민국 정치에 적잖은 파장을 몰고 올 것입니다. 이미 특검은 윤석열 전 대통령을 구속시켰습니다. 수사의 강도는 이제 마지막 정점으로 향하고 있다는 게 법조계, 정치계의 분석입니다.

이번 사건에서 특히 주목해야 할 것은 여론조사의 정치적 남용이라는 것입니다. 공정성과 객관성을 생명으로 하는 여론조사가 특정 후보의 입맛에 맞게 조작되고, 그것이 공천과 선거 결과에 영향을 미쳤다면 이는 심각한 정치 사기나 다름없습니다. 명 씨가 운영한 미래 한국연구소는 여론을 민심이 아닌 권력의 도구로 이용했습니다. 그리고 이를 통해 대통령과 그 부인, 당내 유력 인사들이 서로 얽히고 설킨 거래 구조 속에 놓이게 됐다는 사실입니다.

이제 국민은 묻습니다. 윤석열 전 대통령은 정말 공정과 상식을 말할 자격이 있었는가? 김건희는 왜 정치권에 그렇게 깊이 관여했는가? 그리고 이 모든 과정에 국민의힘은 어떤 입장을 취하고 있는가? 라고 묻습니다.

  지금도 그들은 침묵하고 있습니다. 하지만 그 침묵은 면죄부가 아닙니다. 침묵은 공범의 언어가 될 수 있습니다. 정치권은 이제라도 성역 없는 진실 규명에 협조해야 합니다. 국민은 더 이상 거짓과 은폐를 용납하지 않습니다.

  공천은 정당의 자산이 아닙니다. 그것은 국민이 위임한 권한입니다. 이를 사적 이익과 정치적 거래의 대상으로 삼은 자는 어떤 위치에 있든 그에 합당한 책임을 져야 합니다. 대통령이라도 예외는 아닙니다.

  김건희 특검은 이 사건을 정치적 유불리로 판단해서는 안 됩니다. 그것은 대한민국의 민주주의, 선거의 신뢰, 그리고 국가 윤리를 지키는 문제이기 때문입니다. 진실이 밝혀지는 순간, 우리는 비로소 다시 정의를 이야기할 수 있을 것입니다.

  우리는 지금 대한민국 정치의 심연을 마주하고 있습니다. 그곳에는 여론을 조작하는 기술자, 공천을 주문하는 권력자, 그리고 이를 중재하는 정치 브로커가 공존고 있습다. 그 어둠 속에서 국민의 목소리는 사라지고, 오직 권력의 속삭임만 울리고 있습니다.

  그러나 진실은 끝내 드러나기 마련입니다. 김건희 특검의 수사는 단순한 공천 개입 사건이 아닙니다. 그것은 권력과 정보, 인맥과 야망이 뒤엉킨 거대한 정치 카르텔의 민낯입니다. 그 진실이 끝까지 밝혀질 때, 우리는 다시 민주주의를 이야기할 수 있을 것입니다. 나는 꼭 그렇게 되기를 바라고 있습니다.

# 권성동과 통일교

_ "정치와 종교, 위험한 밀월(蜜月)"

　세상에서 가장 조심해야 할 것이 있다면 바로 정치와 종교의 결탁일 것입니다. 이 둘이 손을 잡는 순간 신념은 도구로 전락하고 권력은 진실을 짓밟게 됩니다. 우리 사회가 바로 이것을 보여주고 있습니다.

　최근 김건희 특검팀이 밝힌 통일교 불법 정치자금 의혹은 대한민국의 정치 윤리가 얼마나 무너졌는지를 여실히 보여주고 있습니다. 국민의힘 권성동 의원이 그 중심에 서 있습니다. 수억 원대의 현금이 통일교 측으로부터 전달되었고, 여기에 소위 윤심(尹心)이 오갔다는 정황입니다. 모든 정황은 정치와 종교의 이익이 얽힌 지점을 가리키고 있는 것입니다.

　특검팀은 윤영호 전 통일교 세계본부장을 정조준했습니다. 그는 통일교 핵심 로비스트 역할을 맡았다고 알려져 있으며, 윤 전 본부장은 구속됐습니다. 이유는 단순합니다. 도망과 증거 인멸 우려 때문이다는 사실입니다. 그는 수억 원대의 정치자금을 권성동 의원에게 건넸다는 진술을 했습니다. 또한 이를 뒷받침하는 메모도 발견되면서 모두 압수됐습니다. 무엇보다 이 자금이 전부 현금으로 오갔다는 점에서 합법의 영역은 이미 멀리 떠났고, 정치자금법 위반은 물론 청탁금지법 위반의 소지도 크다는 게 법조계의 시각입니다.

  문제는 단순히 돈이 오갔느냐의 문제가 아니고, 특검 수사에서 드러난 메시지는 그 이상이다는 것입니다. 윤 전 본부장은 건진법사로 알려진 전성배 씨에게 윤심은 정확히 누구냐? 물었더니, 돌아온 답변은 명료했다고 합니다. 윤심은 변함없이, 국민의힘 소속 국회의원 권성동이라는 것입니다. 이 한 문장은 정권 핵심이 특정 인물에게 기울어 있었음을 시사하고 있는 것입니다. 그리고 그것을 믿은 종교 단체는 자금과 조직을 움직이려 했다는 것인데, 이쯤 되면 정치 윤리는 물론이고, 국가 운영의 중립성과 공정성까지 위협받는 지경이 된 것입니다.

  대한민국 헌법은 종교의 자유를 보장하지만, 동시에 종교의 정치 개입은 금하고 있습니다. 이 금기를 넘은 순간 신앙은 정치적 거래로 변질되기 때문이 아닐까 싶습니다.

  정당의 후보 추천 권한이 사적 이해관계로 거래되고 있다면 그것은 민주주의의 근간을 흔드는 일이 아닐 수 없습니다. 국민이 정당에 부여한 권한이 외부 세력에 의해 휘둘릴 수 있다는 뜻이기 때문입니다. 더 놀라운 것은 수사 범위의 광범위함이다는 후문입니다. 특검은 권성동 의원의 자택, 국회 사무실, 지역구 사무실 등 10여 곳을 압수수색 하지 않았는가. 이는 단순한 의혹이 아니라 충분한 정황과 증거가 있다는 방증이기도 합니다.

  이제 남은 것은 소환조사이며, 권 의원이 어떤 입장을 내놓을지 그 입장이 국민의 상식과 얼마나 부합할지는 미지수다. 하지만 확실한 것은 정치인은 자신의 행위에 책임져야 한다는 것입니다.

권성동 그는 누구인가

정치인의 비리는 이제 낯설지 않습니다. 그만큼 정치에 대한 기대가 낮아졌다는 뜻이며, 신뢰가 추락했다는 뜻입니다. 그러나 종교 단체와 결탁한 정치는 또 다른 차원의 문제다는 것입니다. 이는 국민이 믿는 가치와 사회가 유지해온 윤리 그리고 민주주의의 구조 자체를 무너뜨릴 수 있기 때문입니다.

더구나 여기에 대통령의 심중이 동원되었다는 정황까지 있다면 국민은 더 이상 누구를 믿어야 할지…… 법 위에 군림하는 '윤'심이란 말이 정치적 기제로 작동한 셈입니다. 선진국이라는 대한민국에서 후진적 정치행태가 벌어진 것입니다.

이 사안의 본질은 단지 한 정치인이 불법 자금을 받았느냐가 아닙니다. 그것은 국가 권력이 얼마나 쉽게 외부 세력과 결탁할 수 있는지를 보여주는 거울이다는 것이며, 여기에 등장하는 인물들은 단순히 개인의 욕망을 넘어 체계적인 정치 공작과 권력 매커니즘에 얽혀 있다는 것입니다. 정치자금법, 청탁금지법, 공직선거법 등 여러 법률에 위반된 혐의가 있습니다. 그렇다면 국가가 해야 할 일은 성역 없는 수사, 그리고 그에 따른 법적 책임을 반드시 묻는 것입니다.

윤석열 정부 출범 초기부터 이어진 일련의 사건들을 보면 국민은 묻고 싶어집니다. 과연 윤석열 정권은 공정과 상식을 이야기할 자격이 있는가. 김건희 여사와 관련된 각종 의혹에 대한 수사가 이제 막 본격화되고 있는 가운데, 권성동 의원 등 여권 핵심 인사들까지 정치자금 의혹에 휘말리는 모습은 윤석열 정부가 자신이 내세웠던 명분을 정면으로 부정하고 있는 것 아닌가요. 정의는 말이 아니라 행동으로 증명되어야 합니다. 윤석열이 처음 대통령이 되면서 그토록 주장하고 부르짖었던 자유와 연대의 명분은 똥이 되고 말았다는 점에서 매우 애석하게 다가오고 있기 때문입니다.

정치는 국민의 신뢰로 유지됩니다. 신뢰를 저버린 권력은 반드시 무너진다는 원칙이 있습니다. 종교는 사람의 영혼을 살리는 영역이어야 하고, 정치는 그 삶을 보호하는 제도여야 합니다. 그러나 이 둘이 결탁하면 국민은 믿을 곳을 잃게 됩니다.

이번 사건은 단순한 불법 자금 수사가 아닙니다. 그것은 대한민국 민주주의의 자존심이 걸린 문제라는 것입니다. 특검이 이 사안을 끝까지 파헤쳐야 하는 이유가 바로 여기에 있습니다. 더 늦기 전에 정치의 이름으로 행해진 거룩하지 않은 거래에 단죄를 내려야 할 것입니다. 권성동 그는 누구인가. 그는 권력의 중심에 서 있었던 인물이 아닌가요.

## 제10장
## 검찰공화국을 넘어서

지금은 시대적 전환기
김건희와 검찰의 나라 – 정치, 사법, 자본 사이에 선 공적 책임에 대하여
검찰 공화국을 넘어, 진정한 민주 공화국을 되찾자
검찰개혁, 반드시 이루어져야 할 시대의 사명
국회의원 수를 줄여야 하는 이유
함께 사는 길, 노란봉투법의 의미를 되새기며
방송3법 개정안을 보면서 – 언론의 제자리를 위하여
세계는 이미 수사와 기소를 분리
예산 낭비를 막는 참된 행정혁신을 위하여
이제는 지방의회를 다시 생각할 때
지방 자치제 비교 사례와 대안
절약이 곧 정의, 국가 예산 줄여야
특수부의 시대는 끝내야 합니다
형사법 개정은 공정한 민주주의를 위한 선택

## 지금은 시대적 전환기

우리는 지금 시대적 전환기의 한가운데 서 있습니다. 그 중심에 선 권력기관, 특히 검찰은 이제 더 이상 법을 수호하는 기관으로서의 정체성을 유지하지 못한 채 권력의 중심으로 탈바꿈해버렸습니다.

권력을 감시하고 정의를 실현해야 할 검찰이 오히려 권력의 상층부에 군림하며 정치의 주체가 되고, 심지어 정권의 주인까지 넘보는 현실은 결코 간과할 수 없는 민주주의의 위기입니다.

우리 헌정사에서 검찰은 언제나 논란의 중심에 있었습니다. 특정 정치인에게 칼끝을 겨누거나 정권에 따라 수사의 방향이 바뀌는 일이 반복됐습니다. 이는 단순한 오류가 아니라 구조적인 병폐이며, 이제는 국민의 인내가 한계에 달했다는 신호로 읽어야 합니다. 검찰이 법을 무기로 삼아 국민을 압박하고, 정적을 제거하며, 정권 재창출의 도구로 기능하는 한 대한민국은 결코 정의로운 나라가 될 수 없습니다.

이는 검찰 권력의 자의적 행태를 제어할 견제 장치가 사라졌음을 의미하며, 삼권분립의 원칙과 공직의 중립성이라는 민주주의 기본 가치가 송두리째 흔들리는 결과를 낳고 있습니다. 특히 윤석열 전 대통령 집권 시기 이 같은 현상은 극단에 달했습니다. 검찰 출신이 대통령실 민정 라인을 넘어 법무부, 경찰, 국정원, 감사원에까지 포진하며 권력의 편중이 심각한 수준에 이르렀습니다. 이 과정에서 이루어진 수사와 기소, 그리고 언론 플레이는 정적을 탄압하는 도구로 악용되지 않았나요? 그 피해는 결국 국민에게 돌아왔습니다. 민생은 외면당하고, 정치보복과 정쟁만이 난무하는 암울한 국면이 반복되었던 것입니다.

검찰을 위한 국가라는 표현은 정말 선진국 민주주의에서 수치와 같은 단어가 아닌가요? 단지 수사기관의 과도한 권한을 말하는 것이 아닙니다. 그것은 곧 헌법이 보장한 권력분립을 무력화시키고, 사법권 독립을 침해하며, 공정과 정의의 가치를 붕괴시키는 구조적 문제를 지적한 경고입니다. 실제로 우리는 검찰이 특정 사건을 조작하거나, 피의사실을 언론에 흘리는 등 스스로 법 위에 군림하는 모습을 반복해서 목도오지 않았습니까?

지금이야말로 우리는 구조적인 검찰개혁에 나서야 할 시점입니다. 수사권과 기소권의 분리, 특수부 축소, 정치검찰 퇴출 등은 이제 선택이 아니라 필수입니다. 독립적 기소청 설치와 수사청의 분리는 선진 민주국가 대부분이 채택하고 있는 제도입니다. 우리만이 유독 기소권과 수사권을 동시에 쥔 검찰 제도를 고수하고 있는 현실은 매우 후진적이며, 검찰의 자의적 권력 남용을 제어하지 못하게 만드는 근본 요인입니다.

앞에서도 말했듯이 검찰개혁은 단지 한 정권의 정책이 아닙니다. 그것은 정의롭고 공정한 사회를 위한 최소한의 과제이며, 국민의 권리 보호를 위한 장치입니다. 대한민국은 더 이상 검찰 공화국이 아닙니다. 우리는 권력의 남용을 단호히 막고, 모든 권력이 국민으로부터 나오는 진정한 민주주의 체제를 만들어야 합니다. 국민이 납득할 수 있는 공정한 수사와 기소가 이루어져야 하며, 특정 권력 집단의 도구가 아닌 법 앞에 모두가 평등한 정의의 수호자가 되어야 합니다.

국회와 정치권, 시민사회는 이제 일제히 행동에 나서야 합니다. 정치검찰의 폐해를 끊어내고, 법치주의 본래의 의미를 회복하는 일에 주저할 이유가 없습니다. 검찰개혁은 국민이 요구하는 시대적 과제입니다. 진정한 민주주의는 투명하고 공정한 권력 행사를 통해 구현됩니다. 그것이 바로 우리가 지켜야 할 헌법의 정신이며, 미래 세대에게 남겨줄 유산이기도 합니다.

국민 모두가 납득할 수 있는 검찰, 그리고 국민과 함께 걷는 정의의 길을 만들어나가야 하지 않겠습니까? 그것이 우리가 지금 이 자리에서 선택해야 할 방향입니다.

## 김건희와 검찰의 나라

_ 정치, 사법, 자본 사이에 선 공적 책임에 대하여

대한민국 정치사에 있어 영부인이 공식 수사를 받는다는 것은 드문 일이 아닙니다. 하지만 특검이 직접 나서고, 구속 가능성까지 거론되는 상황은 이례적입니다. 김건희 여사에 대한 특별검사의 수사가 본격화되며, 단지 개인을 둘러싼 사건이 아니라, 우리 사회의 권력 구조, 사법 시스템, 자본시장과 정치의 연결고리를 되짚어야 할 시점이 되었습니다.

김건희 여사를 둘러싼 핵심 쟁점은 사모펀드와 기업공개 전 정보 제공, 그리고 자산 이동 및 투자 과정에서의 공정성과 이해충돌의 여부입니다. 현행법상, 내밀한 정보 즉 비공개 정보를 이용해 사적 이득을 취했을 경우, 이는 자본시장법 위반 소지가 다분합니다. 김 여사와 연관된 184억 원 규모의 사모펀드 투자가 자본시장법상 부정거래에 해당하는지를 가리는 것이 특검 수사의 핵심이기도 합니다.

하지만 이 문제의 핵심은 단지 사모펀드 하나에 국한되지 않습니다. 김건희 여사뿐 아니라 재계 인사인 김범수(카카오 창업자), 조현상(효성그룹), 윤창호(前 고위 공직자), 김익래(전 금감원 독립위원) 등 굵직한 인사들이 특검의 소환대상에 이름을 올리며, 자본시장과 정치권력의 교차점이란 말이 설득력을 얻고 있기 때문입니다.

한국의 자본시장은 세계적으로 볼 때 여전히 투명성이 낮고, 정치 권력에 영향을 받기 쉬운 구조를 가진 것으로 평가를 받고 있습니다. 특히 고위 공직자나 그 배우자가 시장에 미치는 영향력이 과도하게 클 경우, 이해충돌과 공정성 논란은 피할 수 없습니다. 김건희 여사의 사모펀드 투자 문제는 단지 사적인 선택이 아니라 공적 지위에서의 책임과 직결되고 있습니다.

이러한 배경 속에서 특검이라는 제도 자체에 대한 평가도 필요합니다. 특검은 본래 정치로부터 독립된 수사를 위해 설계된 장치지만, 그 운영방식이 때로는 정쟁의 도구로 변질되기도 합니다. 김건희 특검이 과연 독립성과 공정성을 유지하며 법률의 테두리 안에서 수사를 이어갈 수 있을지 그 결과는 대한민국 특검제도의 미래를 결정지을 시금석이 될 것입니다.

한편으로는 검찰 조직과의 관계도 되돌아봐야 합니다. 검찰이 기존에 김 여사에 대한 수사에 소극적이었다는 평가 속에서 특검이 출범하게 되었다는 점은 검찰의 정치화에 대한 국민적 의심이 여전히 해소되지 않았음을 방증합니다. 이는 검찰공화국이라는 오명을 넘어서기 위해 검찰 내부의 철저한 개혁이 절실하다는 사실을 말해주고 있습니다.

윤석열 정부 시기 검찰은 한때 지나치게 정치에 개입한다는 비판을 받았습니다. 대통령 본인부터가 검찰총장 출신이었기에 권력과 검찰의 거리 두기는 사실상 불가능에 가까웠습니다. 이 같은 정치적 유착 구조는 김건희 여사 관련 의혹이 공정한 수사와 심판으로 나아가지 못하게 만드는 가장 큰 걸림돌이었습니다.

　이번 특검 수사가 단지 정치 보복이 아니라, 대한민국 자본시장과 사법 정의에 대한 신뢰 회복의 첫걸음이 되기 위해서는 모든 수사기관이 협조적이고 투명한 절차를 따라야 합니다. 검찰과 경찰, 특검의 기능이 서로 충돌하는 것이 아니라 유기적으로 작동할 때, 법치주의는 비로소 실현되는 것입니다.

　김건희 여사에 대한 수사가 공정하고 정당하게 마무리된다면 그것은 특정인을 처벌하는 문제를 넘어, 대한민국이 얼마나 공정한 국가로 성숙하고 있는지를 보여주는 잣대가 될 것입니다. 누구든지 공적 권력을 가진 자는 그에 따른 책임을 지는 것, 그것이 진정한 민주주의의 시작이라고 할 수 있을 것입니다.

　정의는 결코 이름값이나 지위, 인연에 흔들려선 안 됩니다. 김건희 여사를 둘러싼 특검 수사는 바로 이 정의의 잣대를 대한민국이 온전히 세울 수 있는지 그 중대한 시험대 위에 놓여 있습니다. 정치 선진국으로 가는 길이 바로 이런 점이 바로 설 때 마련되는 법입니다. 우리는 정치적인 측면에서 여전히 후진적인 모습을 보여주고 있는 것입니다.

## 검찰 공화국을 넘어, 진정한 민주 공화국을 되찾자

대한민국에서 검찰이라는 단어는 언제부턴가 법의 수호자보다 권력의 중심이라는 인상으로 다가온다. 권한은 집중되고 견제는 사라졌습니다. 그리고 스스로 권력의 꼭대기에 올라 민의(民意)를 내려다보는 행태까지 서슴지 않습니다.

검찰은 수사와 기소, 나아가 여론을 조작하는 데까지 손을 뻗었습니다. 그 과정에서 개인의 삶은 무너졌고, 정치적 신념은 조롱받지 않았는가. 법 앞의 평등은 제도적으로 훼손되었습니다. 더 이상 검찰은 국민을 위한 수사 기관이 아닙니다. 오히려 권력 기구로 변질된 검찰은 민주주의를 위협하는 구조적 병폐의 중심에 서 있는 존재가 되었습니다.

검찰의 무소불위 권한은 오랜 세월에 걸쳐 형성된 결과입니다. 그러나 그 정점은 윤석열 전 대통령 시절 도달했습니다. 검찰총장에서 대통령에 이르기까지의 과정은 단지 한 개인의 정치적 성공이 아니라 검찰 권력 그 자체가 정권을 잡은 상징이었습니다.

이후 감사원, 국가정보원, 공정거래위원회 등 권력 기관의 주요 보직에 검찰 출신 인사들이 대거 포진하면서 사실상의 검찰 카르텔이 구축되었습니다. 국민의 이름으로 행사되어야 할 권력이 특정 부서 출신에 의해 독점되면서 무서운 기형의 모습이 되었던 것입니다.

검찰권이 정당성을 잃게 된 결정적 계기는 정치적 중립의 원칙을 스스로 훼손한 데 있습니다. 전임 정부의 정책 결정과 인사를 수사로 되갚는 보복성 수사, 야당 대표와 정치인을 겨냥한 전방위 압수수색과 기소, 언론 플레이를 통한 여론몰이는 국민들에게 검찰이 곧 정치라는 부정적 인식을 각인시켰습니다. 누구도 국민의 권한을 위임하지 않은 그들임에도 불구하고 스스로 권력 기관 위의 권력으로 자처했던 것입니다.

이재근 참여연대 사무처장이 언급했듯, 사실상 검찰을 위한 국가가 되었다는 현실은 이제 단순한 비유가 아닙니다. 권력 기관의 핵심을 검찰 출신으로 채우고, 수사권과 기소권을 독점하며 법적 권위를 방패 삼아 정치적 행위를 지속하는 것은 헌법적 민주주의의 위협입니다. 우리가 믿고 따라야 할 것은 검찰이 아니라 법과 제도입니다. 그것을 근간으로 국민의 주권이 나오고 보호받지 않은가.

검찰의 정치화를 방지하고, 다시금 국민을 위한 검찰로 되돌리기 위해선 구조적 개혁이 필수입니다. 수사권과 기소권의 분리, 고위공직자범죄수사처의 강화, 검찰 수사에 대한 시민 감시 기구의 설치 등이 절실합니다. 제도적 틀 안에서 검찰이 자기 권한을 절제하고, 정치로부터 스스로 분리할 수 있도록 강제하지 않는다면 검찰의 비대한 권력은 민주주의를 질식시킬 것으로 예상됩니다.

정치권 또한 책임에서 자유로울 수 없습니다. 검찰의 전횡을 견제하고 제어할 책임이 국회에 있음에도 불구하고 오히려 검찰과의 유착을 통해 정치적 이득을 보려 했던 구태 정치의 잔재들이 개혁을 가로막아왔습니다.

이제는 정치인들 스스로 검찰 공화국을 묵인하거나 방조한 책임을 자각하고, 초당적으로 검찰 개혁에 나서야 할 때라고 생각합니다. 검찰에 기대어 상대를 무너뜨리려 한 정치의 말로는 결코 국민의 지지를 얻을 수 없기 때문입니다.

검찰이란 조직은 본래 법 앞의 공정함과 정의를 실현하기 위해 존재합니다. 그러나 정의란 말은 절차적 정당성과 권력의 절제가 함께할 때 의미를 갖지 않겠는가. 정의의 이름으로 타인을 파괴하고, 사익과 명예를 챙긴다면 그것은 더 이상 공권력이 아니다. 그것은 국민 위에 군림하는 또 하나의 권력일 뿐이다. 병폐요 반드시 사라져야 할 폐습인 것입니다.

검찰의 기능은 필요합니다. 그러나 지금 우리 사회가 요구하는 것은 기능이 아니라 겸손한 기능입니다. 본분을 지키는 검찰, 스스로 한계를 인식하는 검찰, 국민의 권한을 위임받았다는 사실을 되새기는 검찰을 국가와 국민은 원하는 것입니다. 그러한 검찰만이 신뢰를 얻을 수 있습니다.

국민은 무소불위의 수사 권력을 원하지 않습니다. 국민은 투명하고 공정한 권한을 원할 뿐이다. 이제는 과감하게 선택해야 합니다.

검찰을 위한 나라로 남을 것인가, 국민을 위한 공화국으로 돌아갈 것인가 분명히 결단해야 하는 것입니다. 국민은 정치권이나 정부가 그리고 검찰이 스스로를 성찰하길 바라고 있다고 생각합니다. 그것이 진정한 개혁이며, 대한민국 민주주의의 회복이다. 검찰은 권력이 아니라 국민의 도구임을 절대 잊지 말아야 합니다.

## 검찰개혁, 반드시 이루어져야 할 시대의 사명

존경하는 국민여러분!

지금 이 시각에도 국민들은 묻고 있습니다. 검찰개혁은 언제 완성됩니까?

지난 수십 년간 한국 사회를 지배해온 권력기관으로서의 검찰, 그 위상은 이미 본래의 법적 권한을 넘어선 정치권력, 사회권력, 심지어 사법권력의 집합체로 작동해 왔습니다. 이제는 누군가가 반드시 이 권력을 민주적 통제 아래 두어야 합니다. 그 역할을 대통령님께서 맡아주시길 간절히 바라며 이 글을 씁니다.

지금 국회에 계류 중인 검찰개혁 4법은 단지 법률 몇 조항을 고치는 문제가 아니라 대한민국 권력 구조 전체를 재정립하는 헌정개혁입니다. 검찰청 폐지법, 공소청 설치법, 중대범죄수사청 설치법, 그리고 국가 수사위원회 설치법은 수사와 기소의 분리를 골자로 하며 이로써 검찰이 독점하고 있는 사법 권력의 구조를 혁파하자는 취지를 담고 있습니다.

그동안 개혁이란 말조차 검찰 앞에서는 무력해졌던 시대 아니겠습니까? 이제는 종지부를 찍을 때입니다.

검찰청 폐지법은 기존 검찰청을 공소청으로 전환하여 기소권만 보유한 독립기관으로 재편하자는 내용입니다. 수사권은 별도의 중대범죄수사청이 담당하게 되고, 경찰을 포함한 국가 수사기관은 국가 수사위원회의 감독 아래 두는 방식으로 검찰이라는 단일 권력기관에 집중되어 있던 수사와 기소 권한을 분산하는 구조 아니겠습니까? 이는 세계적인 사법 시스템의 흐름과도 부합합니다. 하지만 지금 국회는 여전히 이 개혁을 망설이고 있습니다. 민주당은 입으로는 개혁을 외치지만 실질적으로는 법안 처리에 협조하지 않고 있습니다. 야당이던 시절 내내 검찰개혁은 시대의 명령이라 외쳤던 그들이 정작 대통령님이 주도하는 실질적 개혁 앞에서는 침묵하거나 거리 두기를 하고 있습니다. 이대로라면 국민 앞에 모두가 부끄러워져야 할 일이 아니고 무엇이란 말입니까?

대통령님, 우리는 이미 검찰의 무소불위 권력이 민주주의를 어떻게 위협하는지를 똑똑히 보아왔습니다. 표적 수사, 정치검찰, 기획 수사, 피의사실 공표, 심지어 수사권을 무기로 한 언론 플레이까지 말입니다.

윤석열 정권 아래서 검찰은 정권을 지탱하는 정치세력의 핵심으로 기능하며 수사권을 권력 유지 수단으로 사용했습니다. 이러한 사실은 국민이 알고 있습니다. 검찰 스스로가 정치를 하고 또 선거에 개입하면서 여론을 조작한 현실은 더이상 방치할 수 없는 수준입니다.

국민은 알고 있습니다. 이 구조가 바뀌지 않으면 제2, 제3의 검찰 정치는 반복될 것입니다. 검찰이 영장을 쥐고, 피의사실을 흘리고, 권력을 견제하는 척하며, 실제로는 권력의 일부가 되는 현실을 끝내야 합니다. 국민은 권력기관의 독립성과 중립성보다 책임성과 견제 가능성을 더 중시합니다. 지금 검찰은 그 어떤 기관보다 무책임하며 견제가 되지 않는 조직입니다.

중대범죄수사청은 반부패, 경제범죄, 조직범죄 등 고난이도 수사를 전문으로 다루게 되어 있습니다. 이 수사청은 오직 수사만을 전담하고 기소는 오직 공소청이 담당하도록 함으로써 수사기관이 기소도 하고, 재판에도 개입하는 지금의 기형적 구조를 해체합니다. 이것은 어느 한 정권의 유불리를 넘어선 국가 사법질서의 대개편입니다. 권력이 아니라 상식과 균형이 작동하는 법치주의로 가는 길입니다.

검찰이 가진 특권은 너무도 견고하고, 그 뿌리는 너무 깊습니다. 하지만 대통령님은 그 특권에 손을 대는 첫 번째 실천자가 되어주셨습니다. 많은 국민들은 지금도 대통령님이 윤석열 검찰 독재에 맞서 싸우다 온갖 탄압을 받았던 그 경험을 기억합니다. 그렇기에 더더욱 지금의 개혁이 단순한 권한 다툼이 아닌 진정한 사법 정의를 위한 투쟁임을 믿고 지지합니다.

물론 저항은 클 것입니다. 검찰개혁은 정치개혁보다 더 어렵고, 교육개혁보다 더 복잡하며 언론개혁보다 더 많은 왜곡과 반발이 따를 것입니다. 그러나 누군가는 반드시 해내야 하지 않겠습니까? 국민은 이 개혁이 미완으로 끝나지 않기를 원하고 있습니다. 대통령님의 결단과 인내 그리고 국민과 끈질긴 소통이 이 길을 열어주리라 믿습니다.

대통령님, 2025년은 검찰개혁 완수의 원년이 되어야 합니다. 입법은 정부의 의지로 관철되어야 합니다. 국회의 태만은 국민의 힘으로 바로 잡아야 하겠고요. 대통령님께서 그 깃발을 끝까지 놓지 않으시기를 간절히 청원 드립니다. 그 길 위에 진정한 정의와 민주주의가 자라날 것이라고 저는 믿습니다.

## 국회의원 수를 줄여야 하는 이유

존경하는 이재명 대통령님!

요즘 국민 사이에서 가장 분노 섞인 목소리가 나오는 곳은 단연 국회입니다. 말만 많고 성과는 적으며, 비용은 눈덩이처럼 불어나는 정치의 중심 아닙니까. 그런데 그곳이 국회라는 것은 국민 모두가 체감하는 현실입니다.

대통령님께서는 늘 민심을 기반으로 실용과 효율의 정치를 강조해 오셨습니다. 그런 만큼 국회의원 정수 감축 문제는 이제 더는 피할 수 없는 국정 개혁 과제가 되었다고 믿습니다.

최근 여론조사만 살펴봐도 국민의 60~70% 이상이 국회의원 수 감축에 찬성하고 있습니다. 일부 조사에서는 85%에 이르는 국민이 현재 국회를 신뢰하지 않는다는 결과도 있습니다. 이는 단순한 민심의 불만이 아니라 제도 자체에 대한 경고라고 여겨야 할 것입니다. 국민이 만든 권력을 국민이 불신한다면 그 구조를 바꿔야 할 책임은 분명합니다.

사실 우리 국회도 과거에는 감축의 전례가 있었습니다. 6대 국회에서는 무려 116명을, 16대 국회에서도 26명을 줄인 바 있습니다. 줄이자는 여론은 언제나 있어왔지만, 실천은 늘 미뤄졌습니다. 총선이 다가오면 각 정당은 감축을 공약처럼 내걸었다가, 선거가 지나면 언제 그랬냐는 듯 말 바꾸기를 반복해왔습니다.

민심은 잊지 않지만 정치는 쉽게 잊습니다. 통계로 비교해보면 우리나라 국회의원 1인이 대표하는 국민 수는 약 17만 명으로 OECD 평균(12만 명)보다 많다고 합니다. 하지만 이 수치는 일본(27만), 미국(76만)보다는 적고, 독일(11만), 프랑스(11만), 영국(10만)보다는 많습니다.

이처럼 단순 수치 비교는 큰 의미가 없습니다. 중요한 것은 질과 효율성입니다. 우리의 국회는 대표성은 적절하더라도 신뢰와 성과 면에서는 낙제점에 가깝습니다. 서울대학교가 발표한 OECD 국가 대상 국회 경쟁력 평가에서 우리나라는 26위로 최하위권이었습니다. 심지어 20대 국회는 신뢰하는 국가기관 평가에서 1.8%로 꼴찌를 기록했습니다. 법안 가결률은 11%에 불과합니다. 입법이 난발되거나 포퓰리즘 정책이 남발되는 것도 문제지만, 그 과정에 비용만 더 들고 효율은 낮아지는 구조 자체가 비극입니다.

특권 문제도 심각합니다. 의원 연봉은 세전 기준 1억 5천만 원 수준으로, 국민 1인당 국민소득 대비 약 3.36배입니다. 이는 일본(2.31배), 미국(2.28배), 영국(2.03배)보다 훨씬 높습니다. 보좌진도 9명으로 OECD 주요국보다 훨씬 높습니다. 북유럽에서는 오히려 의원 여러 명이 비서 1명을 공유하기도 합니다. 사무실 면적 또한 평균 45평에 달하며, 영국 중진 의원보다도 더 넓습니다. 고비용 정치의 진면목이 아닐 수 없습니다.

이탈리아는 2020년 헌법을 개정해 상·하원 의원을 300명 넘게 감축했고, 독일은 2023년 106명을 줄이는 법안을 통과시켰습니다. 프랑스도 30% 감축을 추진하고 있습니다. 글로벌 흐름은 이미 의원 수를 줄여 효율성과 책임성을 강화하는 방향으로 가고 있습니다. 우리만 반대 방향으로 가고 있다면 그 이유는 정치권의 기득권 방어 외엔 달리 설명할 방법이 없습니다. 게다가 인구는 줄어들고 있습니다. 유권자 수도 줄어드는데, 의원 수를 유지하거나 늘리겠다는 논리는 민심을 역행하는 처사입니다.

국회의장과 일부 야당은 의원 수를 늘리는 대신 보수를 줄이자고 주장하지만, 세비만 줄인다고 구조가 바뀌는 것은 아닙니다. 보좌진, 사무실 운영, 특수활동비, 선거비용, 정당 보조금 등 연계된 지출이 어마어마하기 때문에 감축이 유일한 해법입니다.

비례대표 제도도 원래 취지와는 다르게 왜곡되었습니다. 다양한 전문가와 소수자의 목소리를 반영한다는 이상(理想)은 사라지고, 지금은 당내 계파 줄 세우기와 운동권 몫 나누기, 시민단체 자리 챙기기의 수단이 되어버렸습니다. 선출의 민주성과 대표성의 문제를 동시에 안고 있는 구조라면 역시 축소 또는 전면 재검토가 불가피합니다.

대통령님, 정치개혁은 말보다 결단이 중요합니다. 국회의원 수 감축은 정당 차원이 아니라 국가적 대개혁의 문제입니다. 민심은 분명합니다. 국민은 줄이자고 외치고 있습니다. 이제 정부가 그 목소리에 응답해야 합니다. 대통령님이 먼저 이 개혁의 깃발을 드시길 간곡히 요청드립니다. 대한민국 정치의 새 바람이 그 결단에서 시작되리라 믿습니다.

## 함께 사는 길, 노란봉투법의 의미를 되새기며

이제는 낯설지 않은 이름이 노란봉투법입니다. 하지만 그 이름에 담긴 아픔과 절실함, 그리고 변화의 요청을 모두 알고 있는 이는 많지 않습니다. 노란봉투법은 단지 한 가지 법률이 아닙니다.

그것은 누군가의 삶이 무너졌을 때 우리가 함께 살아야 한다는 신호입니다. 노란봉투법은 원래 노동조합 및 노동관계조정법 개정안이라는 긴 이름을 가졌습니다. 이 법이 처음 세상에 알려진 건 한 노동자의 이야기 때문입니다.

해고에 맞서 싸웠다는 이유로 수억 원에 달하는 손해배상 청구를 이들은 받게 되었습니다. 청천벽력 같은 일이었지요. 그 억울함과 고통을 알게 된 시민들이 노란 봉투에 자신들의 작은 마음을 담아 전달한 것이 시작이었죠.

그래서 우리는 이 법을 노란봉투법이라 부르게 되었습니다. 많은 사람들은 파업하면 부정적인 이미지를 떠올립니다. 출근길이 막히고, 공장이 멈추고, 뉴스에 나오는 시끄러운 장면들을 먼저 연상하지 않겠습니까? 하지만 그 이면에는 해고 통지서를 받은 아버지, 일터를 잃은 어머니 혹은 안전하지 않은 작업장에서 내일을 걱정해야 하는 수많은 평범한 이웃들이 있습니다. 그들의 싸움은 이기려는 것이 아니라 살아남으려는 것입니다.

현행법상 기업은 파업한 노동자에게 막대한 금액의 손해배상이나 가압류를 청구할 수 있습니다. 그 액수는 종종 수억에서 수십억 원에 이릅니다. 사람이 자기 목소리를 내기 위해서는 자유가 필요합니다. 하지만 이 법은 그 자유에 벌금을 매기고, 대가를 물리며, 결국 침묵을 강요합니다.

노란봉투법은 바로 그 침묵을 깨고, 말할 권리를 보호하자는 요청인 것입니다. 이 법은 노동자의 파업을 무조건 정당화하자는 것이 아닙니다. 정당한 노동쟁의 행위에 대해서는 형사처벌이나 과도한 손해배상소송이 남용되지 않도록 방지하자는 취지입니다. 실제로 OECD 국가 중에서도 한국은 노동자 손해배상 소송이 가장 자주 발생하는 나라로 꼽힙니다.

이는 국제 기준에도 맞지 않을 뿐만 아니라 사회적 갈등을 키우는 원인이 되기도 합니다. 혹자는 말합니다. 법은 이미 충분히 보장하고 있다고 말이지요. 기업의 재산권도 지켜야 하지 않느냐고 말이지요. 맞는 말입니다. 법은 양쪽을 다 지켜야 합니다.

그러나 지금까지의 현실은 무게추가 너무 한쪽으로 쏠려 있었던 것입니다. 노란봉투법은 이 기울어진 운동장을 조금이나마 평평하게 하려는 노력입니다. 인간답게 살아가자는 인권의 문제이기도 하지요.

우리가 이 법을 실천해야 하는 이유는 간단합니다. 사람이 사람답게 살기 위해서입니다. 회사의 문을 잠시 멈춰 세운 대가로 한 가정이 무너지는 일은 없어야지요. 정당한 요구를 했다는 이유로 몇 년씩 소송에 시달리는 일은 없어야겠지요. 이제는 정말 이

지긋지긋한 지옥의 과정을 끝내야 하지 않겠습니까?

  이 법은 노동자만을 위한 법이 아닙니다. 우리 모두의 내일을 위한 법입니다. 언젠가 우리 중 누구라도 약자의 자리에 설 수 있습니다. 그때 나를 지켜줄 최소한의 울타리, 그것이 바로 이 노란봉투법입니다.

  이제 국회는 결정해야 합니다. 노란봉투법을 밀어붙이라는 게 아닙니다. 진지하게 듣고 이해하고 상식에 따라 결정하라는 것입니다. 그리고 정치는 그 상식과 정의를 실현하는 도구가 되어야 합니다.

  노란봉투법은 우리가 누구인지를 묻는 질문입니다. 우리가 인간이며, 천부인권적 자유와 권리가 있고, 인간답게 살아야 할 가치가 있음을 보여주는 법입니다. 사람이 사람을 위해 만드는 법, 그것이 진짜 법 아니겠습니까?

## 방송3법 개정안을 보면서

_ 언론의 제자리를 위하여

존경하는 이재명 대통령님!

방송3법 개정안이 국회를 통과했습니다. 한때는 대통령님께서 민주당의 추진 방향과 거리를 두고 계신다는 오해도 있었습니다. 하지만 대통령님께서 이 법안에 대해 국민의 알 권리와 언론의 독립성 확보를 위한 뜻을 함께 한다고 밝히신 순간, 국민은 확신했습니다.

이제 언론이 정치의 그늘을 벗어나 공공의 빛 속으로 들어갈 수 있다는 희망 말입니다. 이번 개정안은 방송법, 방송문화진흥회법, 한국교육방송공사법에 이르는 일명 방송3법을 정비하는 조치입니다. 공영방송 이사회의 구성 방식을 근본적으로 바꾸는 내용이지요. 단순히 인원수를 늘리는 것이 아닙니다.

그 속에는 공공성의 다양성과 정치적 중립성, 그리고 시민사회의 참여라는 민주적 원리가 담겨 있습니다. KBS 이사회는 기존 11명에서 15명으로, MBC와 EBS는 각각 9명에서 13명으로 확대되었습니다. 이제 국회만이 아니라 시청자, 학계, 언론계, 법조계, 교육계가 함께 추천할 수 있게 되었지요.

공영방송은 한 사회의 공적 기억과 감시자의 역할을 수행해야 합니다. 그러나 오랜 세월 동안 이사회 구성은 여야의 정치 구도에 따라 움직이며, 권력의 그림자가 드리우곤 했습니다. 지난 정부, 윤석열 전 대통령은 이 개정안을 거부권으로 폐기시켰습니다.

 언론개혁의 필요성은 외면한 채, 정권에 유리한 구조를 유지하려 했던 모습은 민주주의 후퇴의 상징이기도 했습니다. 그 어두운 시대를 지나 이제 우리는 언론의 자율성과 독립성을 제도적으로 보장하는 문을 열었습니다.

 이사회 추천 방식의 다원화는 공영방송을 정치의 하청기관이 아닌 국민의 품으로 돌려보내는 첫걸음입니다. 대통령님께서 이 법의 취지를 인정하고, 방송 독립의 철학을 국민 앞에 밝히셨기에 이 개정안은 단지 법률의 차원을 넘어 시대정신으로 다가옵니다. 방송은 권력을 대변하는 도구가 아닌 권력을 감시하는 창이 되어야 한다는 진리를 다시금 되새깁니다.

 더 나아가 개정안은 방송사 사장의 선임 방식에도 중대한 변화를 줍니다. 앞으로 사장 선임 시 시민의 의견을 반영하고, 이사회의 절차적 공정성과 투명성을 강화하도록 한 조항은 언론사의 최고 책임자가 시대의 소명을 인식하도록 하는 최소한의 장치입니다.

 정치권의 낙하산이 아닌 언론 본연의 책임과 사명을 중시하는 인물이 그 자리를 맡아야 한다는 국민의 열망이 녹아 있습니다. 이번 개정은 단지 법률 체계의 정비를 넘어, 공적 언론의 존재 이유를 재정립하는 선언입니다.

 언론은 민주주의의 뿌리입니다. 언론이 불신의 대상이 되고, 기득권의 이익을 대변하는 창구로 전락하면 사회는 공정과 정의의 나침반을 잃게 됩니다. 언론이야 말로 제4의 권력이라고 말을 하지 않습니까? 공영방송을 통해 우리는 재난을 알았고, 부정을 고발했으며, 진실을 찾아 나섰습니다. 그런 공영방송이 진영의 전리품처럼 나눠지고 조작되는 현실을 이제는 청산해야 합니다.

물론, 이 개정안이 모든 문제를 해결해주는 만능열쇠는 아닙니다. 이사회의 구성원이 바뀌었다고 해서 방송 보도의 품질이 당장 달라지진 않을 것입니다. 그러나 적어도 공영방송이 정치로부터 한 걸음 멀어지고, 국민에게 한 걸음 더 가까워질 수 있는 제도적 기반이 마련되었다는 점에서 이번 개정은 매우 의미 있는 출발입니다.

대통령님, 정권이 바뀌어도 언론의 자유는 흔들리지 않아야 합니다. 여당일 때도, 야당일 때도 같은 원칙이 지켜져야 민주주의는 진화합니다. 대통령님께서 권력의 편이 아니라 원칙의 편에 서주셔서 감사드립니다. 언론을 권력의 도구로 보는 정치문화는 이제 사라져야 합니다.

언론은 권력과의 건강한 거리에서 진실을 말할 수 있어야 합니다. 그러한 자유가 곧 국민의 자유이기 때문입니다. 방송3법 개정안이 가져올 변화는 제도만의 문제가 아닙니다. 이는 공적 담론의 회복이며 진실의 복권입니다. 우리 아이들이 언론을 신뢰하고, 진실을 믿을 수 있는 나라에서 자라길 바랍니다.

언론이 진실을 비추는 등불이 되도록 앞으로도 대통령님께서 올곧은 길을 걸어주시기를 간절히 바랍니다. 국민의 한 사람으로서, 방송의 공공성과 언론의 자유를 지키는 대통령님의 결단을 깊이 응원하며 이 편지를 올립니다.

## 세계는 이미 수사와 기소를 분리

존경하는 이재명 대통령님!

우리 사회는 지금 정의로운 권력, 책임지는 국가를 향한 대전환의 문턱에 서 있습니다. 대통령님께서 누구보다 강력히 천명해오신 '검찰개혁'은 더 이상 미룰 수 없는 시대의 요구입니다.

오늘 저는 그 명분을 다시금 확인하고, 특히 세계의 흐름 속에서 우리가 서 있는 위치를 되짚어 보기 위해 이 편지를 씁니다. '수사와 기소의 분리', 이것은 결코 낯선 개혁이 아닙니다. 오히려 세계 대부분의 선진국은 이미 그 길을 걷고 있습니다.

먼저 유럽의 예를 들지 않을 수 없습니다. 독일은 수사와 기소, 재판이 철저히 분리된 체계를 유지하고 있습니다. 독일의 검사(Staatsanwalt)는 경찰에 수사를 지휘할 수는 있으나 수사 자체는 경찰이 수행합니다. 또한 검사는 재판과정에서 피의자의 방어권이 침해되지 않도록 스스로의 절제와 균형을 지키는 공익의 대변자입니다. 이 시스템 덕분에 독일 검찰은 국민들로부터 높은 신뢰를 얻고 있다고 합니다.

프랑스 역시 수사와 기소는 원칙적으로 분리되어 있습니다. 기소는 공소 검사가, 수사는 사법경찰과 수사 판사(Juge d'instruction)가 담당하는 이중 구조입니다. 수사 판사는 독립된 헌법기관으로서 수사 개시 여부부터 기소 이전까지 사법 통제를 담당합니다.

검찰의 권한이 분산되어 있는 구조 속에서 인권 보호와 권력 남용 방지가 가능해지는 셈입니다.

영국은 검찰과 수사기관이 완전히 분리되어 있습니다. 경찰은 수사를 하고, 검사는 독립적으로 기소 여부를 판단합니다. 왕립검사청(Crown Prosecution Service, CPS)은 수사기관이 아니며, 법률자문과 기소 전담 기관으로서 기능합니다. 이 시스템하에서는 경찰의 오남용이나 검사의 정치적 개입 여지를 최소화할 수 있지 않겠습니까?

미국은 지방 분권형 구조를 바탕으로 수사·기소 분리를 실현하고 있습니다. 연방 차원의 FBI나 지방 경찰이 수사를 주도하고, 기소는 연방검사나 각 주의 검사들이 별도로 진행한다고 합니다. 더욱이 대배심(Grand Jury) 제도를 통해 일반 시민이 기소 여부를 판단하기도 합니다. 이는 국민이 직접 사법 과정에 참여함으로써 권력기관의 자의적 판단을 견제하는 방식이라고 할 수 있을 것입니다.

이러한 각국의 사례들은 권력의 집중보다는 분산과 견제가 민주주의에 적합하다는 사실을 증명합니다. 수사와 기소가 한 기관에 집중될 경우, 자의적 수사와 표적 기소, 권력 편향의 위험이 늘 내재하게 됩니다. 우리나라의 검찰이 그 대표적 사례입니다.

오랫동안 검찰은 수사도, 기소도, 여론 플레이도, 심지어 정책 제안까지도 독점해왔습니다. 그것이 바로 오늘날 검찰개혁의 필요성이 반복적으로 제기된 근본 원인입니다.

존경하는 대통령님!

우리나라는 아직도 수사와 기소가 분리되지 않은 몇 안 되는 민주국가 중 하나입니다. 과거 권위주의 정권 아래에서 탄생한 이 구조는 민주주의의 궤도에 들어선 이후에도 개선되지 못한 채 수십 년간 유지되어 오지 않았겠습니까? 이제는 이 낡은 구조를 청산하고, 법의 공정성과 국민 기본권의 수호를 위한 구조로 재설계해야 합니다. 바로 이 시점에서 대통령님의 결단이 절실합니다.

대통령님께서는 그 누구보다 검찰의 권력 남용이 어떻게 정치를, 국민을, 나라를 망치는지를 뼈저리게 경험하셨습니다. 그렇기에 대통령님의 입에서 나온 검찰개혁은 시대의 명령이라는 말이 선언이 아닌 고백이며, 약속이고, 국민과의 계약인 것입니다. 이 약속을 실천에 옮기는 길이 바로 수사·기소 분리라고 생각합니다. 그 실현은 대한민국 법치주의의 중대한 이정표가 될 것입니다.

물론, 이 개혁은 단순히 제도만 바꿔서는 완성될 수 없습니다. 법제화는 시작일 뿐, 그 법이 작동할 수 있는 조직 구조와 인사 시스템, 권력 감시 체계를 함께 갖추어야 할 것입니다. 그렇기에 공소청·수사청·수사위원회 설치라는 3단계 구조는 단순한 기관 신설이 아니라 권력의 수평적 분산을 위한 설계입니다. 이 구조는 오히려 검찰 내부의 정의로운 검사들에게도 명예를 돌려줄 것입니다.

대통령님, 국민은 더이상 두려움에 살고 싶지 않을 것입니다.

수사기관의 칼날이 법이 아닌 권력의 방향으로 휘둘리는 세상은 이제 끝내야 합니다. 세계의 흐름에 우리는 더 이상 뒤처져선 안 됩니다. 대통령님께서 앞장서서 이 검찰개혁을 실현해주신다면 그 것은 곧 정의의 회복인 것입니다. 또한 헌정질서의 정비이자 미래 세대를 위한 역사적 사명이 되리라고 확신합니다.

## 예산 낭비를 막는 참된 행정혁신을 위하여

존경하는 이재명 대통령님!

오늘 저는 풀뿌리 행정의 현장에서 들려오는 안타까운 소리에 귀를 기울이고, 그것을 대통령님께 전하고자 이 편지를 씁니다.

대통령 님, 해마다 되풀이되는 연말의 풍경이 있습니다. 길을 걷다 보면 여기저기에서 보도블록을 들어내고, 다시 깔고 있는 광경을 쉽게 목격할 수 있습니다. 시민들은 농담처럼 연말인가 보다라고 말하지만, 그 이면에는 심각한 행정 왜곡과 예산 낭비의 문제가 도사리고 있습니다.

예산은 계획의 언어이며, 국민과의 약속입니다. 그러나 지금 지자체 곳곳에서 벌어지는 현실은 그 약속을 희화화시키고 있습니다. 연말이 되면 예산을 남기면 감점이라는 암묵적 압박 속에서 공무원들은 남은 예산을 쥐어짜듯 소진하려 합니다. 그래서 멀쩡한 보도블록이 교체되고, 의미 없는 도로 굴착이 반복되며, 불요불급한 사업이 우후죽순으로 추진됩니다.

이는 이른바 탁상행정의 전형이자 관행이라는 이름으로 포장된 구조적 낭비입니다. 행정안전부가 매년 연말 몰아 쓰기 예산 집행 금지 지침을 내리지만, 그것이 현장까지 실효성 있게 내려가지는 못합니다.

기획 단계에서부터 성실한 예산 편성이 이루어지지 않으니 집행

단계에서는 밀어내기식 소비만 반복될 뿐입니다. 이러한 구조는 단순한 예산 낭비를 넘어 행정에 대한 국민의 불신과 피로를 증폭시키고 있습니다. 결국 피해는 국민의 몫이 되고 말지 않겠습니까?

더 큰 문제는 이 예산이 본래 사용되어야 할 곳이 아닌 데 투입된다는 점입니다. 예컨대 복지 사각지대를 위한 긴급 생계지원, 아이 돌봄, 지역 의료 확충 등 절박한 수요가 산적해 있음에도 불구하고 예산은 그리로 흘러가지 못합니다. 이유는 간단합니다. 연말에는 무조건 쓰고 본다는 관성이 행정의 논리를 지배하기 때문입니다. 심지어 남은 예산으로 해외 연수를 기획하거나, 성과가 모호한 전시성 행사에 예산을 쏟아붓는 일도 빈번합니다.

대통령님, 이러한 행정의 일탈을 바로잡기 위해서는 제도적 뒷받침이 절실합니다. 우선 주민 감시 기능을 제도화해야 합니다. 예산 낭비를 신고할 수 있는 온라인 신고센터를 운영하고, 각 지자체에 민관 합동의 예산감시 전담반을 설치해야 합니다. 나아가 이 전담반이 실효성을 갖도록 주민예산감시법과 같은 특별법을 제정해서 주민 참여의 법적 근거를 마련해야 합니다. 견제 없는 행정은 늘 무뎌지게 마련이지 않겠습니까?

기금 운용도 문제입니다. 각종 지자체 기금이 목적 외로 전용되거나 집행실적 부풀리기에 활용되는 경우도 많습니다. 이는 회계의 투명성과도 직결되는 사안입니다. 기금 운용 내역을 정기적으로 공개하고, 외부 감사를 의무화하는 방안도 검토해주십시오. 이 또한 국민의 세금이기 때문입니다.

저는 대통령님께 한 가지 더 제안을 드리고자 합니다. 전국 지자체와 정부 부처를 대상으로 예산 절약 및 수입 증대 아이디어 공모제를 정례화해주시길 요청드립니다. 행정 내부자뿐만 아니라 일반 시민의 참여도 유도해서 불필요한 예산을 줄이고 재정 건전성을 높이는 참신한 제안을 수렴하는 것입니다. 더불어 채택된 아이디어에는 일정한 성과금과 포상을 제공하여 참여 동기를 높일 수 있을 것입니다.

존경하는 이재명 대통령님!

앞서도 말씀 드렸다시피, 대통령님께서는 성남시장 시절에 가로등 예산 절감만으로 70억 원을 절약하시지 않았습니까? 그 예산을 시민 복지와 도시 재정 건전성에 투입하셨습니다. 그것이 진정한 실용 행정이고, 시민이 체감하는 정치의 성과입니다. 그런 행정을 기억하는 국민이 대통령님을 선택했고, 이제는 그 실용 정신이 대한민국 전체로 확산되어야 할 시점이라고 하겠습니다.

세금은 국민이 땀 흘려 벌어서 나라에 맡긴 신뢰의 결정체입니다. 그 신뢰가 낭비되고 있다는 인식이 팽배해진 지금, 예산의 편성-집행-감사의 전 과정에 있어 한층 더 투명하고 실효성 있는 개혁이 필요합니다. 행정의 낭비를 막는 것은 곧 국민의 신뢰를 지키는 길입니다. 대통령님의 결단과 실천으로 다시 한번 국민이 주인인 나라에 더 가까워지기를 기대합니다.

## 이제는 지방의회를 다시 생각할 때

존경하는 이재명 대통령님께!

오늘 저는 고민 끝에 한 가지 뼈아픈 제안을 드리려 합니다. 바로 지방의회, 특히 구의원과 시의원 제도의 전면 폐지에 대한 제안입니다. 이 말이 지나치게 급진적이라 여겨질 수도 있겠습니다.

그러나 대통령님께서도 누구보다 현실에 근거한 실용주의를 실천해오신 분이시기에, 오늘의 이 목소리를 외면하지 않으실 거라 믿고 용기를 내어 글을 씁니다. 풀뿌리 민주주의는 본래 이상적인 제도입니다. 중앙정부로부터 멀리 떨어진 지역에서 주민들의 의견을 직접 대변할 수 있는 통로이며, 생활 정치의 실현을 위한 가장 기초적인 정치 구조이기도 합니다. 그러나 우리나라 지방의회는 그 본래 취지와는 점점 멀어져 왔습니다.

그 결과 오늘날 지방의원들은 스스로의 책임은커녕 특권과 권한만을 누리는 집단으로 전락했다는 평가를 받게 되었습니다. 지방의원들에 대한 국민들의 신뢰는 바닥에 떨어졌습니다. 수년간 반복되어온 출장비 허위 청구, 관변단체 유착, 민원청탁 뒷거래, 조례안 베끼기, 출석률 저조 등은 일일이 열거하기 어려울 정도입니다.

일부 의원들은 해외 연수를 관광으로 활용하고, 행정감사는 형식에 그치며, 지역 주민과의 소통은 선거철 인사에 불과합니다. 이런 행태가 지방자치라는 이름 아래 반복되면서 국민의 세금만

축내는 기구가 되어버렸습니다.

   대통령님, 지방의원 1인에게 지급되는 연간 예산은 수천만 원을 넘습니다. 사무실, 활동비, 각종 경비와 함께 의원 수 증가에 따라 이 부담은 전국적으로 수천억 원대에 달합니다. 문제는 이러한 예산이 주민의 삶을 변화시키는 데 거의 기여하지 못한다는 점입니다. 지역민의 대표라는 명패를 내걸었지만, 실제 주민들의 삶을 개선한 사례는 극히 드뭅니다. 존재의 이유를 스스로 입증하지 못한 기구를 과연 언제까지 유지해야 하는지 묻지 않을 수 없습니다.

   한때 지방의회는 중앙정부의 견제자, 주민의 대변자로 기대받았습니다. 그러나 지금은 오히려 기초단체장의 예산 통과를 위한 협상의 대상, 심지어는 예산 거래의 주체로 전락하고 있습니다. 감시기능은 형해화되었고, 입법기능은 탁상행정 수준에 머물렀습니다. 주민과의 거리는 가까워졌지만, 시민의 눈높이는 외면되고 있습니다. 이럴 바에는 차라리 그 기능을 광역단위로 통합하거나, 행정부 내 자문 기구로 전환하는 것이 낫다는 생각마저 듭니다.

   대통령님, 자치와 민주주의를 말하기 전에 먼저 자격과 실효성을 검토해야 합니다. 국민이 정치인에게 바라는 것은 형식이 아니라 결과입니다. 기초의회가 제 기능을 못하고 오히려 행정의 발목을 잡는 구조라면 제도의 존속 이유도 함께 사라진 것입니다.

   20년 전 지방의회가 부활할 당시의 열정은 이제 권력 분점의 수단으로 악용되고 있습니다. 부패와 무능, 그리고 그를 감시할 장치조차 미비한 현실은 더 이상 묵과할 수 없습니다. 물론 지방의회를 모두 없애는 것은 조심스러운 일이기도 합니다.

그러나 그 폐지는 곧 포기가 아니라, 보다 근본적인 제도 개선과 행정 구조 혁신의 계기일 수 있습니다. 꼭 필요한 기능은 광역의회나 공공 민관기구로 대체할 수 있으며, 주민참여형 자문회, 온라인 청원 제도, 시민 감시단 등을 통해 오히려 더 투명하고 직접적인 풀뿌리 민주주의가 구현될 수 있다고 생각합니다.

이제는 말뿐인 지방자치가 아니라 실효성 있는 지역정치가 필요합니다. 무늬만 자치, 형식만 정치인 제도를 유지하기보다는 실질적으로 시민의 삶을 바꾸는데 집중하는 것이 이 시대 행정의 덕목일 것입니다.

대통령님께서 펼치고 계신 국민이 주인이며, 실용주의 국정의 정신도 바로 여기에 있다고 믿습니다. 절약과 효율, 그리고 정의가 아니고 무엇이겠습니까? 이것이야말로 오늘의 지방정치가 반드시 되새겨야 할 원칙입니다.

대통령님, 국민은 이제 지역 정치의 진정성을 요구합니다. 감시받지 않는 권력, 책임지지 않는 기구는 지방에 있을 이유가 없습니다. 지금이야말로 지방의회 제도를 뿌리부터 재검토할 기회입니다.

대통령님께서 그 선도적 발걸음을 내딛어 주시기를 바라는 마음 간절합니다. 더 작고, 더 유능하고, 더 책임 있는 정부로 변모하여주십시오. 바로 그 출발이 지방의회 폐지와 재구성에서 비롯될 수 있다고 확신합니다.

## 지방 자치제 비교 사례와 대안

앞서 본문에서 무능과 세금 낭비의 상징이 된 지방의회를 비판했지만, 이제는 숫자가 아닌 그 구조의 재설계가 필요하다는 결론에 도달했습니다. 대통령님 말씀처럼 실용과 절약이 정치의 본령이라면, 지방 정치 또한 그 틀에서 출발해야 합니다.

① 비교 사례: 영국과 아일랜드의 지방의회 폐지 흐름
영국 슬라우 지역 내 두 개의 자치회(Parish Council)가 지역 주민의 의견과 절차적 정당성을 확보하지 못하고 폐지된 사례는 주목할 만합니다. 법원은 지속적이고 명확한 지역 주민의 폐지 지지가 있어야 한다고 판단하면서, 지방의회 폐지가 단순한 행정조정이 아닌 주민 의사 반영 과정임을 강조했습니다. 또한 아일랜드는 2014년 일부 타운 의회를 폐지하고 광역단위 행정으로 통합하면서 통합된 거버넌스가 정책 효율성과 재정 절감에 기여했다는 평가를 받습니다.

② 통계 요약: 한국 지방의회 유지비와 효과
통계청 및 국책 연구기관 자료에 따르면, 전국 기초의회 의원 약 2,927명, 1인당 예산은 활동비를 포함해 연간 약 1억 원 정도로 엄청납니다. 그런데 의정활동 건수는 평균 연 3~5건이라는데

이게 말이나 되는 소립니까?

의회 회의 출석률은 평균 67.5%에 그치고 있고, 표절 조례 비율은 약 45% 수준이라고 합니다. 이쯤되면 놀고먹는다는 말이 우스울 뿐입니다. 기초의회 1인당 연간 유지비가 평균 약 1억 원에 달하며, 전국적으로는 수천억 원대의 예산이 배정됩니다.

그러나 많은 의원이 조례 발의 한 건도 없이 임기를 마치고, 조례의 절반 이상은 타지역 사례를 그대로 차용한 표절 조례인 경우가 많습니다. 결국 이것도 놀고먹는다는 말이지요. 식충(食蟲)이라는 말이 전혀 낯설지 않을 것입니다. 그 결과 국민의 기대에 부응하는 성과는 극히 드물고, 비용 대비 효과 역시 현저히 낮습니다.

③ 국회 제출 폐지 청원 요지

최근 국회에는 지방의회의 완전 폐지를 요구하는 청원들이 제출되고 있습니다. 이들은 기초의회 예산 낭비, 기능의 중복, 지역 이권과 권력 남용 문제를 이유로 들며, 폐지와 함께 주민참여형 대체 구조 마련을 촉구하고 있습니다.

④ 잇따른 제도의 구조적 실패

현행 지방의회는 자치제의 이상과 현실 사이에 깊은 괴리가 있습니다. 지방자치법은 지방의회에 조례 제정, 예산 심의, 행정 감시 등 막중한 역할을 부여하지만, 실제 의원들은 대부분 무의미한 의정활동 또는 특권 유지에 집중해 왔습니다. 일부 의원은 관광성

해외연수 예산을 허위 청구하고, 의정 출석률이 10% 내외인 경우도 있으며, 심지어는 주민 민원 해결보다 정당공천과 세대교체에만 몰입하는 경우도 적지 않습니다.

⑤ 구의회 폐지 후 대안적 거버넌스 구조

폐지는 끝이 아닌 시작입니다. 스코틀랜드, 덴마크, 뉴질랜드 등은 주민참여 예산제, 정책심의위원회, 온라인 의정 플랫폼 등 대체 제도를 통해 지역 정치의 효율성과 투명성을 높였습니다. 한국도 이러한 모형을 도입하면 지방의회의 입법·감시 기능을 유지하면서도 비효율과 낭비를 줄일 수 있습니다.

⑥ 지방의회 폐지가 주는 재정적 여유

폐지된 지방의회 예산은 주민 복지, 교육, 지역사회 안전, 디지털 행정 인프라 투자로 전용할 수 있습니다. 현재의 절감 효과를 계산하면 최소 수천억 원 규모의 재정 압박을 완화할 수 있을 것입니다. 동시에 지방세 부담도 경감되어, 세금 절약의 철학이 실질적 정책 변화로 이어질 수 있습니다.

⑦ 정치 특권의 종말과 책임 정치

폐지는 곧 정치 특권의 종말입니다. 지금까지 지방의원들은 미미한 책임과 과대한 권한을 누려왔지만, 주민과의 거리감은 점점 커졌습니다. 이를 통해 정치권은 책임 없는 기득권을 낳았고, 지역 정치의 신뢰는 땅에 떨어졌습니다. 폐지 후에는 행정부 내 시민 참여 기구 중심으로 책임 있는 구조가 필요합니다.

⑧ 대통령님의 실용주의와 구조 혁신
대통령님께서 성남시에서 가로등 절약으로 70억 원을 절감하신 실천력이 지금까지 이어지고 있습니다. 용산 집무실 활용 결정, 대통령 시계 중단 결정 등은 모두 국가 살림을 위한 철저한 실용주의의 표현이었습니다. 지방 정치도 이제 그 철학에 따라 구조를 혁파해야 할 때입니다.

⑨ 지방의회 제도, 이제는 멈춤과 개편의 과제
이 제도는 더 이상 유지될 이유가 없습니다. 그러나 폐지는 단순히 없애는 것이 아닌 재구성과 혁신의 계기로 삼아야 합니다. 대통령님의 실현된 절약과 실용주의 국정철학이 지방 정치에도 적용되어 더 작지만 유능하고 책임 있는 제도로 나아가길 바랍니다.

⑩ 마무리 소망
국민은 이제 의미 있는 지방 정치를 원합니다. 존재의 이유 없는 구조는 국민 세금의 낭비일 뿐입니다. 대통령님께서 지방의회 폐지와 재구성을 통해, 진정한 풀뿌리 민주주의의 새로운 그림을 그려 주시길 고대하며 이 글을 마칩니다.

## 절약이 곧 정의, 국가 예산 줄여야

 나라 살림을 걱정하는 국민의 한 사람으로서 오늘은 절약이라는 주제에 대해 간곡한 마음으로 이 편지를 씁니다. 요즘처럼 경제의 그늘이 짙어질수록 국가의 방향타는 더욱 정교하고도 절제되어야 합니다.

 대통령께서 예산을 낭비하지 않는 정치를 실현하고자 하시는 실용주의 행정 철학은 우리 국민에게 매우 특별한 희망으로 다가옵니다. 돌이켜보면 대통령님께서 성남시장으로 재임하실 때 보여주셨던 절약 행정은 지금도 회자됩니다.

 특히 가로등 예산만으로 70억 원을 절감하신 일은 단순한 절약이 아니었습니다. 그 70억은 세금을 덜 걷게 했고, 성남시의 빚을 갚는 데 사용되었으며, 무엇보다 복지의 손길을 기다리던 분들에게 따뜻하게 돌아갔습니다. 이 사례 하나만으로도 예산은 줄이되 국민의 삶은 키우는 것이 가능하다는 사실을 증명하셨습니다.

 이러한 실천적 경험이 있었기에 대통령께서 청와대 집무실 정비 전까지 용산을 사용하겠다고 하신 결정이 단순한 공간 선택이 아닌, 국가 경비의 절감이라는 명확한 철학을 가진 선언으로 읽혔습니다.

 장식보다 기능, 권위보다 실용을 앞세운 선택이었기에 많은 국민들은 박수를 보냈습니다. 나아가 대통령 시계조차 낭비라며 제

작을 중단시킨 결단에는 작은 것 하나까지도 국민의 세금이 낭비되어선 안 된다는 엄정한 국가관이 느껴졌습니다.

이러한 절약 행정의 바탕에는 감시와 통제, 곧 감사(監査)가 있습니다. 감사는 누구를 처벌하기 위한 도구가 아니라 세금이 제대로 쓰이는지를 살피는 가장 기본적인 절차입니다. 따라서 행정 각 부처의 일상 감사가 생활화되어야 합니다. 그것이야말로 공무를 공적으로 수행하는 최소한의 예의이며 낭비를 막는 첫걸음이 될 것입니다.

대통령님께서 지향하시는 실용 행정은 감성적 수사보다는 이성적 성과를 요구합니다. 이를 위해 디지털 시대에 걸맞은 행정 혁신이 함께 이뤄져야 할 것입니다. 인공지능과 빅데이터 같은 도구를 활용하면 공공업무의 중복을 줄이고, 인력과 예산을 보다 필요한 곳에 재배치할 수 있습니다.

절약은 곧 미래를 향한 투자입니다. 한 푼 한 푼 줄인 예산이 국민의 교육, 복지, 안전망으로 돌아간다면 그것은 곧 절약을 통한 정의를 실현하는 길이 되지 않겠습니까?

우리는 이미 알고 있습니다. 대통령께서 잘 자고, 잘 먹고, 잘 사는 나라를 만들고자 하신다는 것을 말입니다. 그 단순하지만 깊은 바람은 모든 행정의 지향점이 되어야 합니다. 이 말에는 위로도, 철학도, 실천까지 모두 담겨 있습니다. 그리고 그것은 다름 아닌 절약과 실용이라는 실천적 원칙을 통해 가능해진다고 하겠습니다.

물론 모든 행정을 돈만으로 평가할 수는 없습니다. 때로는 과감한 투자도 필요하고, 긴 안목에서 결단해야 할 일도 있습니다. 하지만 그 모든 결단에도 낭비하지 않는다는 전제는 반드시 살아있어야 한다고 믿습니다. 국민이 납부한 세금은 단 한 푼도 헛되이 쓰여서는 안 됩니다. 국민의 땀에서 나온 세금은, 그만큼 절박하고도 소중한 자산이기 때문입니다.

존경하는 이재명 대통령님! 우리는 지금 전환의 시대를 지나고 있습니다. 정치가 바뀌고, 행정이 바뀌고, 경제의 질서도 바뀌고 있습니다. 이 모든 변화 속에서 우리 국민이 바라는 것은 단 하나 바로 믿을 수 있는 정부입니다. 절약하고, 감사하고, 책임지는 정부가 되어야 하지 않겠습니까? 저는 그 중심에 이재명 대통령님이 서 계신다고 믿습니다.

이제 국민은 기대합니다. 거창한 개혁보다 세심한 절약을 통해 국민이 더 쉽게 숨 쉴 수 있는 나라를 만들어주시기를 말입니다. 잘 먹고, 잘 자고, 잘 사는 삶이 당연해지는 그날까지 대통령님의 살림 정권이 흔들림 없이 나아가시기를 응원합니다.

## 특수부의 시대는 끝내야 합니다

 검찰개혁의 큰 줄기를 바라보며 그 안의 핵심적 골조 중 하나가 바로 검찰 특수부의 폐지와 직제조정이라 믿습니다. 지금 이 편지를 쓰는 마음은 단순한 비판이나 해체의 외침이 아니라 헌정 질서에 맞는 사법 권력의 재편이라는 보다 크고 깊은 염원에서 비롯됩니다.

 특수부라는 이름은 오랫동안 검찰 권력의 상징이자 그림자였습니다. 원래의 취지는 고위공직자, 기업, 권력형 비리를 수사하는 전문부서였으나, 실제로는 검찰권이 정치에 개입하고 정국을 좌우하는 창구로 기능해왔습니다. 이들이 다룬 사건의 성격과 수사 방식, 언론 플레이 및 피의사실 공표 등은 정권의 부침에 따라 검찰이 정치에 얼마나 개입할 수 있는지를 명백히 보여줍니다.

 사실 검찰 특수부는 헌법이 규정한 수사기관이라기보다는 검찰 스스로가 창조해낸 권력기구였습니다. 1990년대부터 검찰총장의 의지나 정치적 요구에 따라 편성·강화되었고, 이후에는 청와대나 법무부 장관과 긴밀한 사전 교감 없이도 자율적 정치 수사를 수행하는 조직으로 자리 잡았습니다. 특히 중앙지검 특수 1·2·3부는 대한민국의 검찰 권력 핵심으로 불리며 사실상 비공식 권력의 한 축이 되어버렸습니다.

 그나마 국민적 분노가 정점을 찍은 시점이 바로 2016년 국정농단 수사와 2019년 조국 장관 사태였습니다. 그 당시 검찰 특수부는 사실상 국가기관 전체를 뒤흔드는 권한을 행사했습니다. 정치적 중립성은커녕, 특정 정파에 유리한 수사 흐름과 선택적 기소, 그리고 피의사실의 무분별한 유출 등으로 검찰의 독립성과 공정성은 결정적 타격을 입지 않았겠습니까? 이에 따라 2019년 문재인 정부 하에서 법무부는 중앙지검·대구지검·광주지검 세 곳을 제외한 나머지 특수부를 형사부나 공판부로 직제 전환하도록 조치했습니다. 그나마 남겨진 특수부도 반부패수사부라는 명칭으로 변경하였고, 수사의 개시나 범위, 인력 배치에 대해 법무부 장관과의 보고 체계를 강화하였습니다. 하지만 이 조치는 부분적이고 임시방편에 그쳤습니다. 검찰 스스로를 개혁하지 않는 한 이름만 바뀐 특수부는 언제든지 부활할 수 있기 때문입니다.

실제로 윤석열 정부가 출범한 이후, 서울중앙지검 반부패수사 1·2부는 특수수사 본류로 복귀했고, 대검찰청의 지휘 체계도 과거의 중앙집중적 구조로 회귀하는 경향을 보였습니다. 인력은 다시 특수부로 재배치되었고, 고위공직자나 야권 인사에 대한 표적 수사는 되살아났습니다. 그 결과, 다시금 검찰은 정치하는 수사기관이라는 오명을 벗지 못한 채 국민 앞에 불신을 증폭시키고 있는 것입니다.

대통령님, 이제는 특수부의 존재 자체를 헌법적 기준에서 다시 판단해야 할 시점입니다. 수사는 경찰, 기소는 공소청으로 분리하는 시스템하에서 특수부의 존재는 불필요한 중복일 뿐 아니라 권한 남용의 온상이 될 뿐입니다. 특히 대형사건이나 정무적 수사를 명분으로 수사 독점권을 행사하는 특수부는 형사사법 정의가 아닌 권력의 편익에 따라 움직이는 제도적 괴물이 되기 십상입니다.

검찰의 직제조정은 단순한 조직개편이 아닙니다. 국민 기본권 보호, 권한 남용 방지, 권력 분산이라는 헌정의 원칙 실현을 위한 구조 개편입니다. 특수부는 없어져야 하며 그 기능은 중대범죄수사청 등 별도의 수사기구로 이관되어야 합니다. 이러한 기관들은 대통령 직속이 아니라 독립기구로 존재함으로써 국민에 대한 책무만을 지는 구조가 되어야 합니다.

대통령님의 검찰개혁은 단절의 선언이 아니라 헌법의 회복입니다. 특수부 폐지와 직제조정은 그 회복의 중요한 첫걸음입니다. 정치 없는 검찰, 기소와 수사의 분리, 권력 감시로서의 공정한 사법, 이 모든 가치가 바로 대통령님의 철학 속에 있습니다. 국민은 대통령님의 그 소신을 지지하고 함께 걸어갈 것입니다. 이렇게 될 때 대한민국의 미래는 한층 밝을 것이며, 국민이 누리는 자유는 무한할 것입니다.

## 형사법 개정은 공정한 민주주의를 위한 선택

먼저 지난 대선에서 국민의 압도적 지지를 받아 당선되신 것을 다시 한번 진심으로 축하드립니다. 대통령님의 정치 여정은 그 자체로 우리 민주주의의 실험이자 희망이었습니다.

그러나 그 여정 속에 놓인 위태로운 고비들 역시 우리 정치와 사법체계의 문제점을 여실히 드러냈습니다. 특히 대통령 후보 시절, 대통령님께서 진행 중인 형사재판에 휘말린 상황은 단순한 개인적 곤란을 넘어 헌법과 형사소송법, 정치제도의 근본을 되짚어야 하는 과제를 우리 모두에게 남겼습니다.

대통령님, 대통령 후보자에게는 국민의 피선거권을 침해받지 않을 권리가 보장되어야 하고, 동시에 국민에게는 자기가 선택한 후보가 법적 방해 없이 공정한 선거를 치를 수 있는 환경이 제공되어야 합니다. 그러나 당시 대통령님은 기소된 상태로 대선을 치르셨고, 자칫 구속 수사와 공판절차가 진행되었다면 선거운동조차 불가능할 수 있었습니다. 이러한 사태는 단순한 법적 절차의 문제가 아니라 헌법이 보장한 참정권, 공정한 선거제도의 실질적 보장을 위협하는 것이었습니다.

헌법 제84조는 대통령은 내란 또는 외환의 죄를 범한 경우를 제외하고는 재직 중 형사소추를 받지 아니한다고 규정하고 있습니다. 하지만 이 조항은 통상적으로 대통령 재직 중 기소 자체를 금지한다는 뜻으로 해석되지 않았습니까?

그간 학계와 실무에서 소추 개시 이후의 공판절차 진행이 포함되는지의 여부는 명확히 정리되지 않았습니다. 공소 제기가 재직 전에 이루어졌다면, 재판이 계속될 수 있다는 해석도 있는 반면, 형사소추의 본질은 재판의 진행이므로 공판 정지 역시 헌법정신에 부합한다는 반론도 존재합니다.

더욱이 대통령 후보의 경우는 헌법 제68조와의 충돌 가능성까지 내포하고 있습니다. 제68조는 대통령이 궐위되거나 당선 무효 등으로 궐석된 경우 60일 이내에 선거를 실시하도록 규정하고 있습니다.

형사재판 중에 후보가 구속되거나 유죄 확정판결을 받게 되면 당선 무효나 자격 박탈로 이어질 수 있는데, 이는 선거 자체의 신뢰를 붕괴시키고, 헌법적 시한 내에 국가의 수반을 구성하지 못하게 될 위험을 야기할 수 있습니다. 법리와 현실의 괴리가 불러올 위기를 우리가 미연에 방지해야 하는 이유입니다.

이러한 점에서 최근 논의되는 형사법 개정안은 국가수반의 피선거권과 대통령제의 안정성을 지키기 위한 중요한 입법적 조정입니다. 구체적으로는 대통령에 당선된 자에 대하여 그 당선일로부터 임기 종료일까지 진행 중인 형사사건의 공판절차를 정지하도록 하는 내용을 담고 있습니다. 이는 새로운 형사소송법상 조항을 도입하는 것이며, 헌법 제84조의 취지를 보다 명확히 현실에 적용하려는 시도라 할 수 있습니다.

물론 우려도 존재합니다. 법무부는 이 개정안이 권력자에 대한 사법적 면책으로 오해될 수 있고, 위헌적 요소를 포함할 수 있다는 의견을 내고 있습니다. 그러나 형사법 개정의 본질은 권력에 대한 특혜가 아니라 사법절차와 정치절차 간의 충돌을 방지하고, 민주주의의 대표성과 절차적 정당성을 보장하자는 데 있습니다. 공판절차를 정지한다고 하여 사건 자체가 소멸하는 것이 아니며, 임기 종료 후 반드시 다시 재개되어 법적 판단을 받게 됩니다.

형사소송법 제306조는 공판절차의 정지를 예외적으로 허용하고 있습니다. 특히 피고인의 사망, 질병, 소재 불명 등의 경우 재판정에서 심리가 불가능할 경우 공판을 중지할 수 있다는 규정입니다. 이 원칙은 실질적 심리가 불가능한 경우 재판을 미룬다는 형사소송의 기본 원칙을 반영하고 있습니다. 대통령의 직무수행이 사실상 법정 출석과 양립 불가능한 상황이라면 그 사유 역시 공판 정지 사유로 인정될 수 있습니다. 여기에 합리적 입법적 근거를 보완한다면 위헌 논란은 충분히 해소될 수 있습니다.

무엇보다 중요한 것은 이 개정 논의가 특정 정치인의 이익을 위한 것이 아니라, 앞으로 어떤 인물이든 대통령 후보가 되는 순간 정치적 의사결정권자로서의 권리를 박탈당하지 않도록 하기 위한 제도 정비라는 점입니다.

유권자의 선택은 법적 판결보다 우선할 수 없지만, 적어도 선거라는 절차에 부당하게 영향을 미치는 형사 절차의 진행은 일정 기간 유보될 수 있어야 합니다. 그렇지 않다면 정치가 사법에 종속

되고, 사법은 정치의 도구가 되어버립니다.

대통령님, 우리 국민은 더는 정권교체가 사법절차의 결과로 이루어지는 정치 현실을 원하지 않습니다. 정권은 국민이 바꾸고, 법은 정의를 위해 작동해야 합니다. 이번 형사법 개정은 단순한 절차 개선이 아닙니다. 이는 대한민국 민주주의가 일정 수준의 성숙 단계에 도달했음을 선언하는 제도 개혁이며, 권력과 법의 건강한 분리를 위한 법률적 안전장치입니다.

대통령님께서도 그 누구보다 이러한 사법·정치 간 긴장의 경험을 직접 체득하신 만큼, 이 법률 개정의 필요성과 정당성을 가장 깊이 이해하고 계시리라 믿습니다.

대통령직의 권위가 아니라 대통령 후보자의 피선거권을 지키고, 국민의 선택권을 지키기 위한 입법적 노력에 대통령님의 지혜와 결단이 더해지길 간곡히 바랍니다.